DARÍO LÓPEZ R.

LA MISIÓN LIBERADORA DE JESÚS

El mensaje del Evangelio de Lucas

3ra Edición

La misión liberadora de Jesús

EL MENSAJE DEL EVANGELIO DE LUCAS
© *Darío López Rodríguez*

© 2017 Centro de Investigaciones y Publicaciones (CENIP) – Ediciones Puma

Hecho el Depósito Legal en la Biblioteca Nacional del Perú N° 2017-12989
ISBN N° 978-612-4252-20-4

Tercera edición, octubre 2017

Categoría: Teología y doctrina – Doctrina

Primera edición, 1997
Segunda edición, 2004

Editado por:
© 2017 Centro de Investigaciones y Publicaciones (CENIP) – Ediciones Puma
Av. 28 de Julio 314, Int. G, Jesús María, Lima
Telf./Fax: (511) 423–2772
Apartado postal: 11-168, Lima - Perú
E-mail: Administración: puma@cenip.org
            Perú: pedidos@edicionespuma.org
            Internacional: ventas@edicionespuma.org
Web: www.edicionespuma.org
Ediciones Puma es un programa del Centro de Investigaciones y Publicaciones (CENIP)

Diseño de carátula: Eliézer Castillo
Diagramación: Hansel James Huaynate Ventocilla

A la Iglesia de Dios del Perú «Monte Sinaí», una congregación pentecostal en la que conocí y aprendí a amar al Dios de la Vida.

A las mujeres pentecostales que insertadas en las organizaciones de sobrevivencia luchan día a día contra la pobreza, dando así testimonio de su compromiso insobornable con el Dios de la Vida. A ellas, mi reconocimiento y homenaje.

Contenido

Prólogo

Es motivo de verdadera y profunda alegría saber que un libro de tema teológico y doctrinal publicado en el Perú ha alcanzado una tercera edición. El Obispo Darío López nos ofrece aquí una lectura del Evangelio de Lucas desde su perspectiva pastoral, pentecostal y latinoamericana. Esta nueva edición registra también algunos cambios, precisiones y profundizaciones que brotan del ministerio docente y pastoral de su autor, como él mismo nos lo explica en su Introducción. En otras palabras, este libro viene acompañando el peregrinaje de su autor al servicio de su propia iglesia local en Villa María del Triunfo en Lima, y de todo el pueblo evangélico, desde sus responsabilidades cumplidas en instituciones como el Concilio Nacional Evangélico del Perú. Es esta expresión escrita brotada de la práctica cotidiana de su autor una de las cosas que más aprecio en el libro.

El propio Evangelio de Lucas, lo mismo que Hechos de los Apóstoles, tienen la intención de ofrecernos un relato de la vida de Jesús y luego de las primeras décadas de las iglesias. Es un relato que refleja una visión de la revelación de Dios en su Pueblo y en su Palabra, y desde esa perspectiva nos va exponiendo los hechos, nos narra los acontecimientos. Quienes tienen más posibilidades de descubrir el significado de esos acontecimientos, hoy en día, son aquellas personas que colaboran activamente en la prolongación de esa acción misionera, en obediencia al Señor que los envía y sostiene. El Obispo López se doctoró en Teología y dispone de las herramientas académicas que permiten entender el texto bíblico en sus lenguas originales. Por otra parte su práctica pastoral y docente en varios niveles, en el Perú y en el extranjero, le permiten plantear las preguntas que permiten una comprensión actual y contemporánea del texto de Lucas.

Se conoce al Obispo Darío López Rodríguez en el Perú y América Latina por su labor de animador de comunidades estudiantiles, de pastor de una iglesia pentecostal en las afueras de Lima, de participante activo en las gestiones del Concilio Nacional Evangélico del Perú (CONEP), del cual fue Presidente (2000–2004), en la lucha contra la corrupción y a favor de los derechos humanos de los sectores marginados de la sociedad peruana. Varios libros del Obispo López dan testimonio de su militancia y de su esfuerzo por interpretar la realidad del movimiento pentecostal latinoamericano, desde dentro. Sin embargo, este libro acerca del Evangelio de Lucas nos muestra la espiritualidad que nutre la acción ministerial y ciudadana de su autor. En sus páginas nos acercamos a la intimidad de su relación con Cristo y al esfuerzo por articular la fe evangélica como reflexión sobre la propia práctica de alguien que escucha al Señor de la vida, se entrega a una vida de obediencia al llamado de Jesús y reflexiona a la luz de la Palabra de Dios.

Como persona que gusta de escribir y publicar felicito al Obispo López que se haya dado a la tarea de mejorar el texto de su libro y que comparta una vez más con nosotros lo que ha ido encontrando. El trabajo que esto supone requiere de una vocación literaria auténtica y de muchas horas, días y meses de trabajo. Es mi deseo también que este libro contribuya a un crecimiento hacia esa madurez que tanta falta nos hace en el pueblo evangélico del Perú. Gracias al Obispo López y a Ediciones Puma por esta tercera edición de un libro tan importante.

Samuel Escobar
Valencia, octubre de 2017

Prólogo

Estamos ante un libro que expresa bien lo que el autor enfatiza al decirnos que se trata siempre de una obra en diálogo, es decir abierta a seguir construyéndose, a someterse a autocríticas resultado de nuevas prácticas sociales desde los complejos campos de la misión, del estudio y desde la contemplación activa de quienes constituyen la clave hermenéutica y el lugar teológico para los escritos de Lucas. Sale así esta tercera adición veinte años después que apareciera y con renovada solidez exegética y profundo sentido pastoral. Y es que lo evangélico, lo wesleyano y lo pentecostal se retroalimentan de forma fecunda como para entregarnos la fuerza de la esencia compasiva del Dios de la Vida, de su exigente ternura y de la ética del Reino.

El pastor Darío, siempre en misión como teólogo y biblista de la espiritualidad de la liberación, nos ofrece un Lucas crítico que convoca y no descalifica y que inaugura un estilo profético radicalmente amigable. Un Lucas que rompe rediles culturales, religiosos, políticos y sociales, de género y de generación. Que afirma sin titubear la universalidad como condición de liberación, de emancipación esencial. Lucas convoca a un *panecumenismo* siempre necesitado de diálogo, de apertura, de la sabiduría y audacia del Espíritu. El capítulo 13 recoge una hermosa e innovadora expresión, *la amistad especial de Dios por los pobres*. La radicalidad no está reñida con la universalidad. Es que todo es prójimo y de todo somos prójimo.

Cada experiencia misionera por más modesta que se presente, es la afirmación de la fuerza profética de las Galileas. Misionar no es otra cosa que persistir en hacer de la Tierra toda una nueva Galilea. Desde allí se renueva el jubileo permanente de la dignidad, la justicia y la vida.

Gracias hermano lucano Darío López por tanta vitalidad obra del Espíritu.

Alejandro Cussiánovich V.
AETE-Facultad de Teología y Religión

Introducción
a la primera edición

Una de las razones que me impulsó a estudiar en los últimos años con mayor frecuencia la perspectiva lucana de la misión, fue la estrecha relación que Jesús de Nazaret tuvo con los frágiles —los pobres y los excluidos— de la sociedad judía de ese tiempo (publicanos, leprosos, samaritanos, mujeres, enfermos y niños), tema que se presentaba como una nota característica del tercer evangelio. El amor especial de Dios por los desposeídos y los desheredados, unido a la universalidad de la misión, dos de las claves teológicas lucanas, señalan tanto el compromiso que las iglesias evangélicas tienen que asumir en todo tiempo como la ruta que deben seguir en todo contexto histórico.

Conocer a la luz del mensaje del Evangelio de Lucas, la manera cómo Jesús de Nazaret trataba y valoraba a los menesterosos y a los desvalidos, ha sido de bastante ayuda para mi tarea pastoral en uno de los barrios pobres del sur de la ciudad de Lima (Villa María del Triunfo). Particularmente, porque en este documento del Nuevo Testamento se destaca el valor imponderable de la vida, principio de la buena noticia del reino de Dios, que pone en tela de juicio las prácticas religiosas deshumanizantes y los patrones culturales que cosifican a los seres humanos creados a la imagen de Dios.

De acuerdo con Lucas, durante su recorrido misionero por las ciudades y aldeas de Palestina, Jesús de Nazaret se vinculó permanentemente con todos aquellos que estaban ubicados en los niveles más bajos de la sociedad y confinados al ostracismo social. Esto explica por qué, según el horizonte teológico lucano, la misión liberadora de Jesús, cuyo núcleo fue la proclamación de las buenas nuevas del reino de Dios con palabras y hechos concretos, se expresa visiblemente en la relación estrecha que existe entre los siguientes elementos que perfilan la cadena inquebrantable del amor-entrega:

Salir, ver, compasión, compromiso, transformación[1].

En esta relación que sintetiza la misión liberadora de Jesús, más que una lista de pautas opcionales para la acción o un recetario de simples pautas hermenéuticas desconectadas entre sí, se establece un programa integral para la defensa de la vida y la dignidad humana. Una tarea que las iglesias evangélicas no pueden eludir.

Los diferentes capítulos de este libro buscan explicar y ampliar los alcances concretos de los principios o pautas para la misión indicados previamente. En cada uno de ellos se aborda un tema específico conectado con el énfasis lucano del amor especial que Dios tiene por los pobres y los indefensos del mundo. Éste es el tema clave sobre el cual gira mi lectura del testimonio lucano; por supuesto, todo ello a la luz de la universalidad del amor de Dios o del alcance universal de la salvación. Además, cada capítulo intenta relacionar la teología bíblica con los desafíos éticos particulares de nuestro campo de misión.

Los temas que aquí se abordan fueron compartidos primeramente en los cultos y en las reuniones de trabajo con los líderes de la Iglesia de Dios del Perú «Monte Sinaí», una congregación pentecostal localizada en el distrito de Villa María del Triunfo. Los tiempos comunitarios de estudio bíblico y las conversaciones con los miembros de la iglesia local, fueron sumamente útiles para profundizar el estudio de los textos escogidos deliberadamente para responder a las preguntas sobre la misión de la Iglesia que, día a día, se presentaban como asuntos recurrentes en la tarea pastoral.

El primer capítulo fue escrito para una Consulta sobre *Perspectivas Bíblicas de la Misión* organizada por el Dr. C. René Padilla en octubre de 1995. Este capítulo forma parte del libro *Bases Bíblicas de la Misión: Perspectivas latinoamericanas* (Nueva Creación 1998) editado por C. René Padilla y ha sido publicado también en la revista *Transformation* (Vol. 14, N.° 3, 1997).

El segundo capítulo es una versión corregida de uno de los capítulos de la tesis de maestría que presenté a la Facultad Evangélica «Orlando Costas» de Lima en 1993 (*Misión, pobreza y marginalidad: Una lectura contextual del Evangelio de Lucas*).

Todos los demás capítulos son inéditos. Varios de ellos circularon como documentos de trabajo que fueron utilizados tanto en reuniones

---

[1] René Padilla, cuando se refiere a lo que él denomina la cadena del amor-entrega, precisa que tiene tres principios: *ver, compadecerse, actuar* (Padilla 1978: 148). Guillermo Cook, por su parte, prefiere utilizar el trinomio: *ver, juzgar y actuar* (Cook 1992: 96).

con los estudiantes de la Asociación de Grupos Evangélicos Universitarios del Perú (1995 y 1996), como en los tiempos de estudio bíblico de Compasión Internacional-Perú (1997) y en el Primer Encuentro de Derechos Humanos organizado por la Iglesia de Dios del Perú (1997).

Estos trabajos incubados a lo largo de los últimos seis años, aparecen en forma de libro, con el único propósito de dialogar públicamente con todos aquellos que están comprometidos con la misión de Dios en distintas fronteras sociales, políticas y culturales. Particularmente, considero que si el diálogo es mejor que el monólogo y el trabajo colectivo más saludable que el protagonismo individual, entonces, siempre será útil y necesario retroalimentarse mutuamente en el camino del servicio al Señor de la Misión. Es mi oración que las siguientes reflexiones coadyuven al logro de ese propósito.

Darío López Rodríguez
Villa María del Triunfo, diciembre de 1997

Introducción
a la segunda edición

Todos los libros tienen una historia. Ciertos libros se gestan, se hilvanan, se construyen, desde experiencias particulares y desde compromisos concretos con una causa superior. No niego, sería deshonesto hacerlo, que este libro fue gestado dentro de una realidad concreta de miseria y opresión. Y tiene, por eso mismo, una lectura del Evangelio de Lucas que puede parecer incómoda para los cristianos evangélicos que no se atreven a enfrentarse cara a cara con la abyecta situación de pobreza material extrema en la que se encuentran millones de seres humanos de carne y hueso; entre ellos, miles de creyentes.

Pero Lucas es el evangelio para los proscritos de la tierra, para los parias que forman parte de la «basura humana» que la mano invisible del mercado expectora abusivamente, para los desvalidos y los menesterosos del mundo que tienen al Dios de la Vida como su *goël*. En efecto, según el testimonio del tercer evangelio, Dios tiene un amor especial por todos aquellos que han sido condenados —por los que detentan el poder político y económico— al ostracismo social y al desván de la historia.

Lucas enfatiza que la misión liberadora de Jesús tiene como horizonte concreto revertir el destino de los pobres y de los excluidos. El Jesús lucano saca la cara por los desvalidos y por los desposeídos, incluye a los excluidos, reinserta socialmente a los parias, humaniza lo que la sociedad cosifica, dignifica a aquellos que los poderosos tienen como desecho social.

Este libro, que por la gracia de Dios está en su segunda edición, intenta explicar el mensaje del tercer evangelio, y propone que la misión liberadora de Jesús tiene como dos de sus ejes innegociables la universalidad de la misión y el amor especial de Dios por los pobres y por los excluidos. Ambos pilares sobre los que se asienta la propuesta teológica lucana están presentes en el manifiesto mesiánico de Nazaret

(Lc 4.16–30), cuya conexión con el tema del jubileo no se puede negar. Se trata de un texto clave que tiene connotaciones sociales y políticas precisas, es un resumen de todo el evangelio, y que cumple la misma función que Hechos 1.8, que es un compendio del mensaje de Hechos de los Apóstoles.

La segunda edición de este libro tiene nuevos capítulos y todos los capítulos anteriores han sido completamente revisados; nuevo material ha sido incorporado y varias precisiones sobre diversos puntos críticos para la misión se han añadido. Sin embargo, la intención sigue siendo la misma que cuando se publicó la primera edición en 1997. Allí expresábamos que este libro, *incubado a lo largo de muchos años, fue escrito con el único propósito de dialogar públicamente con todos aquellos que están comprometidos con la misión de Dios en distintas fronteras sociales, políticas y culturales*. La intención no ha cambiado. Y es mi oración que el Señor de la Misión nos ayude en la tarea impostergable de proclamar públicamente en todos los auditorios humanos nuestra fe inquebrantable en Jesús de Nazaret crucificado y resucitado.

Darío López Rodríguez
Villa María del Triunfo, abril de 2004

Introducción
a la tercera edición

Después de doce años va la tercera edición de un libro que me ha brindado muchas satisfacciones. Fue escrito en el camino como respuesta a los desafíos pastorales, docentes y misioneros que encaro cada día en mi Galilea: Villa María del Triunfo. Da cuenta de mi peregrinaje teológico y de la forma como comprendo, proclamo y vivo mi identidad evangélica, wesleyana, pentecostal.

Todos los capítulos han sido revisados y actualizados. El capítulo «La opción galilea de Jesús» tiene nueva información. Asimismo, he incorporado tres nuevos capítulos: a) «El tiempo crucial de Dios», b) «La liberación de un excluido», c) «Una comunidad liberada y liberadora». Los tres últimos capítulos —dos de ellos nuevos— son una suerte de apéndice: a) «El amor especial de Dios por los pobres y los excluidos», b) «La política del imperio», c) «La religión en el espacio público». Aunque no son estudios bíblicos basados en el Evangelio según Lucas, los temas que se abordan tienen una conexión estrecha con el mensaje social y político del tercer evangelio.

Es mi esperanza que esta tercera edición de *La misión liberadora de Jesús: El mensaje del Evangelio de Lucas*, sea un instrumento útil para el pueblo de Dios en América Latina y el Caribe: tierra de promesa que espera su liberación definitiva.

Darío López Rodríguez
Villa María del Triunfo, enero de 2016

Capítulo 1

La misión liberadora de Jesús

Ejes temáticos clave

Desde que Hans Conzelmann publicó en 1953 su libro *Die Mitte der Zeit: Studien zur Theologie des Lukas* (*El centro del tiempo: Estudio de la teología de Lucas*), propuesta teológica que generó un amplio debate en los círculos académicos vinculados a la exégesis del Nuevo Testamento[2], otros autores le han dado también en los últimos años una atención particular a la teología lucana. Los libros escritos por Lucas, el tercer evangelio y Hechos de los Apóstoles, están actualmente en el fuego cruzado del debate académico (Marshall 1992: 13) y son el foco en el que se centran los estudios de los especialistas en Sagrada Escritura (Senior 1985: 345)[3]. ¿Cuáles son los temas clave o los ejes transversales que articulan la teología lucana? ¿Qué desafíos pastorales y qué pautas concretas para la misión cristiana se desprenden de esos temas clave o ejes transversales?

---

[2] Según Conzelmann: «… Lucas es el primero en ser plenamente *consciente* […] de la *diferencia* entre el ayer y el hoy, del tiempo de Jesús y del tiempo de la iglesia. El tiempo de *Jesús* y el tiempo de la *iglesia* son expuestos como épocas distintas de un englobante decurso histórico-salvífico, épocas que son diferenciadas respectivamente merced a sus características peculiares […] El tiempo de Jesús y el tiempo de la iglesia se representan como dos épocas distintas pero mutuamente referidas conforme a un plan […] Lucas se plantea la situación a la que ha llegado la iglesia por la tardanza de la parusía y la génesis de una historia intramundana» (Conzelmann 1974: 27–28).

[3] En la discusión contemporánea sobre la misión de la iglesia, los escritos de Lucas ocupan también un lugar destacado. De acuerdo con Bosch: «En años más recientes […] otro pasaje neotestamentario ha llegado a ocupar un lugar prominente en el debate sobre el fundamento bíblico para la misión, a saber, la versión de Lucas del sermón dado por Jesús en la sinagoga de su pueblo natal de Nazaret, donde se aplica a sí mismo y a su ministerio la profecía de Isaías 61.1s. El incidente, como tal, aparece únicamente en el Evangelio de Lucas. Todo el contexto en que está situado habla a las claras del lugar crucial que ocupa […]. Lucas 4.16–21 ha reemplazado, en términos prácticos, a la *Gran Comisión* de Mateo como el texto clave para comprender no sólo la misión de Cristo sino también la misión de la iglesia. Esta sola circunstancia se constituye en razón suficiente para justificar un acercamiento más detenido al concepto lucano de la misión» (Bosch 2000: 113–114).

Uno de los temas teológicos clave al que se le ha dedicado especial atención en el campo de los estudios bíblicos es el concepto lucano de la salvación[4]. Lucas utiliza esta palabra para referirse al contenido de la buena noticia del reino de Dios proclamado por Jesús de Nazaret; una buena noticia cuyo correlato es la liberación de todas las opresiones. Desde la óptica lucana, la salvación es una experiencia accesible a todos los seres humanos, subrayándose así el tema de la universalidad de la misión. Lucas puntualiza también que Dios tiene un amor especial por los pobres y los marginados, los seres humanos que la sociedad predominante ha condenado al desván de la historia.

Teniendo en cuenta el debate actual sobre la obra lucana, la propuesta que subyace en este estudio del mensaje del Evangelio de Lucas, es que en el tercer evangelio se presenta la misión liberadora de Jesús de Nazaret como paradigma para el testimonio individual y colectivo de los creyentes en todas las fronteras sociales y culturales. Es una propuesta que parte de un marco temporal concreto en el que millones de seres humanos, de todas las edades son tratados como basura social por aquellos que tienen en sus manos el poder político y económico. La tesis central es que en el Evangelio de Lucas se intersectan y confluyen diversos temas teológicos que en conjunto articulan una comprensión de la misión en términos de liberación integral.

El debate actual sobre el Evangelio de Lucas

A pesar de que el Evangelio de Lucas ha sido ampliamente estudiado desde diferentes marcos teóricos y metodológicos, los expertos en estudios del Nuevo Testamento de las distintas familias confesionales cristianas, no siempre están de acuerdo ni en sus énfasis particulares ni en las líneas misioneras que de esos énfasis se derivarían. La diversidad de opiniones parece tener como punto crítico el carácter peculiar del tercer evangelio, particularmente el concepto lucano de la salvación, que es un concepto inclusivo que no da lugar a dicotomías entre lo espiritual y lo social o entre lo individual y lo comunitario (Green 1997: 24–25).

Uno de los expertos en la obra lucana, sugiere que Lucas hilvana una teología de la pobreza influenciada por los factores sociales, políticos y económicos presentes en su marco histórico específico (Esler 1987:

---

4 Un tema asociado íntimamente al de la salvación es el concepto lucano de la conversión: «El tema de la *conversión* y del *perdón* está presente [...] en el Evangelio de Lucas en proporciones excepcionales y en modo alguno comparables con los otros evangelios; reaparece en todas las secciones de su obra, constituyendo el alma de toda ella. Es *el mensaje* que el evangelista envía a *su iglesia* y sobre él construye toda su catequesis» (Laconi 1987: 34).

2, 164–169). Este mismo autor, siguiendo a Peter Berger, señala que ese hecho particular confirma que existe una *relación siempre dialéctica entre religión y sociedad* (Esler 1987: 2).

Desde un enfoque misiológico, Donald Senior sugiere que la nota clave de la teología de la misión en Lucas es la conexión entre la historia de Jesús y la historia de la iglesia; y resalta, también, tanto el énfasis lucano en la universalidad de la misión y la continuidad con la historia de Israel como la inserción de Jesús en el mundo de los pobres y los marginados (Senior 1985: 345–366). Desde su punto de vista:

> Para San Lucas el concepto del Espíritu sella la íntima relación entre la universal voluntad divina de salvar, el ministerio liberador de Jesús y la misión universal de la iglesia. Durante la historia de Israel, ese potencial universal está oculto en la promesa: Dios redimiría un día a su pueblo y daría la vuelta a la situación de opresión en la que vivían los humildes [...]. Durante la vida terrena de Jesús, el Espíritu de Dios comienza a cumplir la promesa: los que sufren son liberados, los pobres reciben atenciones, los marginados y rechazados son conducidos de nuevo a casa [...]. Por la forma en que narra la historia evangélica, Lucas sabe fundamentar el alcance y el carácter de misión de la iglesia en la persona y en el ministerio de Jesús. (Senior 1985: 366)

Donald Senior señala también que el relato de las apariciones del resucitado en Lucas 24.44–49 y su eco en Hechos 1.3–8 sintetiza la propuesta teológica de Lucas. En este texto altamente significativo, están presentes temas clave como la naturaleza universal de la misión, la muerte y la resurrección de Jesús como el acontecimiento cumbre de la historia de Jesús, el llamado a la conversión, la promesa de perdón y el lugar de la comunidad de discípulos como testigos empoderados por el Espíritu (Senior 1985: 366).

Howard Marshall, por su parte, comparando el Evangelio de Lucas con los otros sinópticos, sostiene que, en contraste con el Evangelio de Marcos, Lucas resalta la naturaleza del mensaje de Jesús sobre el reino de Dios como salvación para los perdidos. Para este autor, mientras Mateo presenta a Jesús de Nazaret como Maestro de la verdadera justicia, Lucas pone más el acento en su acción como salvador, puntualizando el interés particular que tuvo por los pobres y los marginados (Marshall 1991: 829). Según Marshall:

> Lucas llama la atención particularmente al interés que el Señor mostró por los marginados. Todos los evangelios testifican de este

indudable hecho histórico, pero es Lucas quien se deleita más en ponerlo de manifiesto [...]. Otro aspecto de Jesús que Lucas se ocupa de hacer resaltar es su interés por los pobres, y sus advertencias de que los ricos que viven para sí, se excluyen del reino de Dios... (Marshall 1991: 830)

Para Gustavo Gutiérrez, uno de los aspectos más desafiantes del enfoque teológico de Lucas es su especial sensibilidad hacia los sectores sociales menos favorecidos (Gutiérrez 1989: 342). Este autor, analizando la condición de exclusión en la que se encontraban las mujeres en el mundo cultural judío del primer siglo, sostiene que:

El solo hecho de que hubiera mujeres colaborando con Jesús muestra la originalidad de su actitud [...] esto no hacía sino alimentar los prejuicios y la hostilidad de quienes se sentían cuestionados por el ministerio del predicador galileo. (Gutiérrez 1989: 317)

Desde otro marco interpretativo, siguiendo la propuesta teológica de Schottroff y Stegemann, David Bosch propone que Lucas no debe ser llamado realmente el evangelista de los pobres. Desde su punto de vista, debe ser llamado el evangelista de los ricos, porque el deseo de Lucas es que sus lectores conozcan que hay esperanza para los ricos en la medida en que estos actúen y sirvan en solidaridad con los pobres y los oprimidos (Bosch 2000: 136). Según Bosch, en su conversión a Dios, ricos y pobres se convierten el uno al otro (Bosch 2000: 136). Afirma, además, que la perspectiva lucana de la salvación tiene seis dimensiones: económica, social, política, física, psicológica y espiritual, precisando que Lucas en su evangelio le presta mayor atención a la primera de ellas (Bosch 2000: 152).

Bosch reconoce también que es un piso común el reconocimiento de que Lucas tiene un interés especial por los pobres y otros grupos marginados, y que todo el evangelio mantiene en alto esa sensibilidad (Bosch 2000: 129–130). Sostiene que la misión de Jesús tiene tres énfasis inseparables e indistinguibles que en conjunto articulan una respuesta multifacética al sufrimiento: a) Potenciar a los débiles y humildes; b) Sanar a los enfermos; c) Salvar a los perdidos (Bosch 1989: 4–5)[5].

---

5 David Bosch precisa que en el Evangelio de Lucas los indefensos y los marginados son los samaritanos, las mujeres, los cobradores de impuestos y los pobres. Los pobres son primariamente los destituidos y los que se encuentran debajo de la línea de pobreza. La palabra *pobres* es también un término colectivo para designar a todos aquellos que en la Palestina del primer siglo estaban en desventaja, particularmente los cautivos, los ciegos y los leprosos (Bosch 1989: 5–7).

Bosch afirma que cada uno de estos ministerios presupone los otros dos, no sólo porque los débiles, los enfermos y los perdidos fueron frecuentemente las mismas personas, sino porque —y esto es lo más importante— es imposible, incluso en nuestra misión hoy, involucrarse en uno de estos ministerios, excluyendo totalmente a los otros dos (Bosch 1989: 5).

Desde otro ángulo, Luise Schottroff y Wolfgang Stegemann, cuando se refieren a *Jesús de Nazaret* como la *esperanza de los pobres*, precisan que el núcleo de su mensaje social en la versión lucana está constituido por las consignas a los ricos y a los socialmente bien considerados (Schottroff y Stegemann 1981: 219)[6]. Ambos sostienen que Lucas tiene presente un objetivo social concreto: *el equilibrio económico intracomunitario* (Schottroff y Stegemann 1981: 220).

William Barclay y F. F. Bruce, aparte de reconocer como uno de los temas dominantes del tercer evangelio el ministerio de Jesús entre los despreciados y los menesterosos (Barclay 1973: 19–20; Bruce 1975: 76), señalan que Lucas fue el primer autor de los evangelios que situó la historia de Jesús y la historia de la iglesia cristiana en su marco temporal más amplio. Bruce precisa que todo el desarrollo de los orígenes del cristianismo se ubica en el contexto de la historia mundial contemporánea (Bruce 1975: 65). Según Barclay:

> Lucas es el primer hombre que ve los eventos cristianos desde la perspectiva de la historia mundial [...]. Para Lucas, los eventos del cristianismo no se realizaron en forma aislada sino que él los contempla a la luz de la historia [...]. Sólo Lucas comprende el impacto de la historia pasada, presente y futura. (Barclay 1973: 17–18)

David Gooding, por su parte, opina que Lucas presenta la historia de Jesús en dos grandes momentos, señalando que al interior de estos se entrecruzan varios temas teológicos. En la propuesta de Gooding, el primer momento corresponde a la venida del Señor del cielo a la tierra y, el segundo momento, corresponde a su regreso de la tierra al cielo (Gooding 1987: 9). Según este autor, el punto de cambio entre

---

6 Schottroff y Stegemann afirman que: «Lucas no es el evangelista de los pobres en el sentido que sugiere esta fórmula. Ni los pobres (mendigos) constituyen el centro de sus intereses ni su programa social es una ética de la limosna, sin más precisiones. Sería más lógico llamar a Lucas el evangelista de los ricos. Pero no como director espiritual de los mismos, para edulcorar el mensaje *Jesús esperanza de los pobres*. Sino en el sentido de ser un severísimo crítico de los ricos y estar vivamente interesado en su conversión. Esta conversión sólo puede realizarse a través de dolorosas renuncias (renuncia a la mitad de sus bienes) o incómodas consignas (prestar con riesgo, condonar deudas, dar) [...]» (Schottroff y Stegemann 1981: 220).

ambos momentos se encuentra en Lucas 9.51, un texto en el que se narra el inicio del ascenso de Jesús a la ciudad de Jerusalén (Gooding 1987: 9).

Quizá por esa razón, Joseph Fitzmyer enfatiza la perspectiva geográfica presente en Lucas, ya que en este evangelio se resalta el lugar de Jerusalén como la ciudad del destino y se describe la actividad de Jesús como un *camino* o como una *carrera* que se expresa claramente en el movimiento ascendente de Galilea a Jerusalén (Lc 9.51; 19.28) que en este evangelio se remarca notablemente (Fitzmyer 1981: 165, 169).

Esta breve discusión sobre los diversos enfoques interpretativos del Evangelio de Lucas, conduce a establecer que varios temas se intersectan o entrecruzan para perfilar el horizonte teológico del tercer evangelio, siendo cada uno de ellos sumamente valioso como insumo para la misión de la iglesia en cualquier coyuntura histórica.

En primer lugar, como lo reconoce la mayoría de los expertos, uno de los ejes teológicos dominantes que articula la perspectiva lucana de la misión es el amor especial que Dios tiene por los pobres y los excluidos (publicanos, samaritanos, leprosos, mujeres, niños y enfermos), en un clima cultural en el que se consideraba a las mujeres como menos importantes y a los niños como seres humanos incompletos.

En segundo lugar, se destaca el énfasis en la naturaleza universal del amor de Dios, ya que a lo largo del evangelio se puntualiza que la buena noticia del reino de Dios cruza las fronteras geográficas de Palestina y las barreras religiosas, culturales, sociales, políticas y económicas.

En tercer lugar, se resalta el esfuerzo del autor de este evangelio por conectar los eventos de la historia de Jesús y de la historia de la iglesia, con la historia secular. Según Lucas, Dios es el Señor de la historia y de todas las naciones. En tal sentido, los procesos sociales y los eventos políticos, son canales a través de los cuales su amor y su justicia se manifiestan alcanzando a todas las personas, culturas y pueblos.

En síntesis, el horizonte teológico lucano se caracteriza por el anuncio de la buena noticia del reino de Dios como esperanza de liberación integral para los pobres y los excluidos. Lucas subraya, sin perder de vista el tema de la universalidad de la salvación, el amor especial que Dios tiene por los desheredados y por todos los que están en la periferia del mundo.

Temas teológicos clave

Como ya se ha mencionado, la universalidad de la salvación y el amor especial de Dios por los pobres y los excluidos, son dos de los temas dominantes en el tercer evangelio. Existen también otros temas que hilvanan la propuesta teológica de este evangelio, Uno de ellos es el tema del **Espíritu Santo**, que está presente particularmente en el evangelio de la infancia (Lc 1–2)[7]. La experiencia de Juan el Bautista (Lc 1.41), de la doncella María (Lc 1.35), del sacerdote Zacarías (Lc 1.67), de la anciana Elisabet (Lc 1.41), del justo y piadoso Simeón (Lc 2.25–27), confirman esta observación.

Más aún, Jesús mismo antes de comenzar su ministerio itinerante por las ciudades y aldeas de la marginada y despreciada Galilea (Lc 8.1; *cf.* Mt 4.23; 9.35; Mr 1.39), tuvo que ser ungido con el Espíritu Santo (Lc 4.1, 14, 18). Y la comunidad de discípulos hubo de ser investida con poder desde lo alto (Lc 24.49; Hch 2.1–13), antes de dar testimonio de las buenas noticias de salvación en Jerusalén, en toda Judea, en Samaria, y hasta lo último de la tierra (Hch 1.8).

El jubileo es también un tema recurrente en el tercer evangelio. Lucas enfatiza que Jesús vino para liberar de todas las opresiones a los seres humanos. El canto de María es un primer indicativo de esa realidad (Lc 1.46–55) que luego se proclamaría públicamente en el manifiesto de Nazaret (Lc 4.16–30). En esa ocasión, Jesús presentó su ministerio en términos de liberación integral y puntualizó que la acción de Dios no estaba limitada ni por las fronteras geográficas ni por las fronteras culturales o sociales. Los ejemplos de la viuda pagana de Sarepta (Lc 4.25–26) y del leproso Naamán de origen sirio (Lc 4.27), casos que provocaron una violenta reacción de parte de los judíos (Lc 4.29), ilustran ampliamente este punto de vista.

La oración es otro de los temas transversales en el Evangelio de Lucas (Rigaux 1973: 323). El autor de este evangelio muestra a Jesús en oración en nueve ocasiones (Lc 3.21; 5.16; 6.12; 9.18, 29; 11.1–4; 22.39–46; 23.34, 46). Dos hermosas parábolas, exclusivamente lucanas, destacan también la centralidad de la oración en la vida de los discípulos (Lc 18.1–8; 18.9–14). En palabras de Barclay:

> Es claro que Lucas está tratando de demostrarnos el lugar de la oración en la vida de Jesús y, por lo tanto, el lugar de la oración en nuestra propia vida personal […]. El Evangelio de Lucas es el evangelio de la oración, y es el evangelio del misionero de Jesús, quien también ha de ser un hombre de oración. (Barclay 1973: 52, 59)

---

[7] Así denomina a estos capítulos Carlos Escudero en su libro *Devolver el evangelio a los pobres: A propósito de Lucas 1–2.* Escudero, en la presentación de su obra, reconoce que ha querido subrayar la importancia que el Evangelio de Lucas da a los marginados como destinatarios privilegiados del mensaje de Jesús (Escudero 1978: 9).

Otros temas que articulan la propuesta teológica lucana son el **ministerio itinerante** de Jesús de Nazaret por las ciudades y aldeas (Lc 4.15, 43–44; 8.1; 13.22), **el seguimiento** o discipulado como respuesta al llamamiento (Lc 5.1–11; 5.27–32; 9.57–62; 14.25–33), **la expulsión de los demonios** como una dimensión innegable de la misión liberadora de Jesús (Lc 6.18; 7.21; 8.26–39; 9.37–43; 10.17; 11.14–23; 13.10–17) y **el gozo** que acompaña la experiencia incomparable del encuentro con el Señor en cierto trecho del camino (Lc 1.44, 58; 2.10, 20; 24.41, 52–53).

Todos estos temas tienen un aporte singular para perfilar la propuesta teológica lucana. Sin embargo, como se viene señalando, dos temas son medulares para captar la riqueza de la textura teológica lucana. Uno de ellos es la universalidad de la misión; y el otro, el amor especial que Dios tiene por los pobres y los excluidos, los menesterosos y los indefensos, según las categorías sociales y culturales predominantes del primer siglo (Cassidy 1978: 24). Ambos temas sintetizan la naturaleza y el alcance de la misión liberadora de Jesús y, considerados en conjunto, articulan una plataforma teológica indispensable para una inserción misionera integral en el mundo de los pobres y los excluidos.

Ya en el relato del nacimiento del Mesías, están presentes estos temas que son recurrentes a lo largo del evangelio y que expresan su extraordinaria preocupación por los seres humanos que estaban fuera del marco de referencia social y religioso establecido en la Palestina del primer siglo. Según Lucas, cuando un ángel le comunicó a los pastores —gente menospreciada y considerada como ladrones— la buena noticia del nacimiento del Mesías en Belén, estas fueron sus palabras: *Esto os servirá de señal: Hallaréis al niño envuelto en pañales, acostado en un pesebre* (Lc 2.12). La misma idea se encuentra también en Lucas 2.7, 16.

¿Cuál es el significado teológico de esta señal que tiene dos elementos clave: *envuelto en pañales* y *acostado en el pesebre*? La frase *envuelto en pañales* indica la identificación del Mesías, desde su nacimiento, con todo el ser humano y con todos los seres humanos, y constituye una clara señal de la universalidad de la misión. La frase, *acostado en un pesebre*, expresa la identificación del Mesías con todos los desvalidos e indefensos del mundo. Al tener como cuna un comedero de animales, un recipiente localizado en un ambiente de sudor y de trabajo, el Mesías se solidarizó con los pobres y los excluidos.

La universalidad de la misión

La universalidad de la misión o la universalidad de la salvación es uno de los ejes clave de la teología lucana (Rigaux 1973: 293–296; Escudero

1978: 284). En el tercer evangelio, se enfatiza que la salvación alcanza a todos los seres humanos de todas las culturas, pueblos y naciones. Este aspecto singular de la propuesta teológica lucana se subraya notablemente cuando, a diferencia del Evangelio de Mateo, Lucas no comienza la genealogía de Jesús de Nazaret con Abraham el padre del pueblo de Israel, sino que se remonta hasta Adán (Lc 3.23–38). Indica así claramente que Jesús vino a traer la salvación, no sólo a los judíos, sino a toda la humanidad.

La parábola del buen samaritano (Lc 10.25–37), la sanidad del leproso samaritano (Lc 17.11–19) y la versión lucana de la Gran Comisión (Lc 24.44–49) son pasajes clave que corroboran este énfasis teológico. El canto de Simeón durante la presentación de Jesús en el templo de Jerusalén, fue un claro indicador de esa realidad (Lc 2.28–32). En aquella ocasión, el justo y piadoso Simeón, que esperaba la liberación de Israel (Lc 2.25), públicamente manifestó lo siguiente:

> Ahora, Señor, despides a tu siervo en paz, conforme a tu palabra; porque han visto mis ojos tu salvación, la cual has preparado en presencia de todos los pueblos; luz para revelación a los gentiles, y gloria de tu pueblo Israel. (Lc 2.29–32)

En este texto clave, se puntualiza que Simeón entendió el advenimiento del Mesías como el cumplimiento de la promesa de que todos los pueblos serían testigos de la intervención poderosa del Señor en la historia para liberar a su pueblo (Lc 2.30). Pero eso no fue todo, ya que como él mismo testifica, sus ojos habían visto al *Christós Kyrios* o al *Ungido del Señor* (Lc 2.26), al Mesías que sería *luz para revelación a los gentiles* (Lc 2.32) o *luz de las naciones* (Is 42.6). A la luz del marco teológico más amplio en el que se sitúa el canto de Simeón, cuya relación estrecha con Isaías 42.1–9 no se puede negar, esta declaración profética es hondamente significativa porque allí se afirma que la venida del Mesías traería *justicia a las naciones* (Is 42.1).

Cuando Jesús expuso públicamente las notas distintivas de su misión liberadora, según el texto conocido como la plataforma mesiánica de Nazaret (Lc 4.16–30), la mención de dos personajes no judíos como la viuda pagana de Sarepta y Naamán el sirio, cuyas historias se encuentran en el Antiguo Testamento (1R 17.8–24; 2R 5.1–19), indicaba que los gentiles estaban incluidos en el propósito salvífico de Dios. Lucas destaca que los judíos presentes en la sinagoga de Nazaret comprendieron claramente el significado de las palabras de Jesús y que por esa razón:

> Al oír estas cosas, todos en la sinagoga se llenaron de ira; y levantándose, le echaron fuera de la ciudad, y le llevaron hasta la cumbre del monte sobre el cual estaba edificada la ciudad de ellos para despeñarle. (Lc 4.28–29)

Como se indica en este pasaje, para la mentalidad provincialista y el etnocentrismo cultural y religioso de los judíos, resultaba bastante ofensivo y chocante que el *hijo de José* (Lc 4.22), públicamente proclamara que dos personas no judías, una mujer pagana de Sarepta y un leproso de origen sirio, fueran seres humanos dignos del amor de Dios. Pero la intención del relato lucano fue más allá. El Jesús lucano subraya con estas palabras que desde el tiempo del Antiguo Testamento ya estaba claro que Dios no era propiedad exclusiva de ninguna cultura, pueblo o raza en particular.

Está claro entonces que durante la exposición de su programa mesiánico enraizado en los principios del jubileo, Jesús afirmó que todos los seres humanos —judíos y no judíos— eran destinatarios de las buenas nuevas de liberación. Y no se debe olvidar que el discurso de la sinagoga de Nazaret es una versión condensada del evangelio (Bosch 2000: 119) y cumple la misma función que Hechos 1.8, como clave para captar la propuesta teológica que subyace en el relato lucano de la historia de Jesús y de la historia del avance misionero de la iglesia.

La versión relatada por Lucas de la curación del siervo de un centurión confirma también que las buenas nuevas del reino de Dios estaban también al alcance de los no judíos (Lc 7.1–10). El relato es bastante sugestivo, principalmente por las palabras finales de Jesús luego de escuchar las razones que el representante del Imperio romano expuso para ser atendido en su necesidad concreta:

> Pero cuando ya no estaban lejos de la casa, el centurión envió a él unos amigos, diciéndole: Señor, no te molestes, pues no soy digno de que entres bajo mi techo; por lo que ni aun me tuve por digno de venir a ti; pero di la palabra, y mi siervo será sano. Porque también yo soy hombre puesto bajo autoridad, y tengo soldados bajo mis órdenes; y digo a éste: Ve, y va; y al otro; Ven, y viene; y a mi siervo: Haz esto, y lo hace. Al oír esto, Jesús se maravilló de él, y volviéndose, dijo a la gente que le seguía: Os digo que ni aún en Israel he hallado tanta fe. (Lc 7.6–9)

Dos datos valiosos destacan en este relato. Primero, llama la atención que algunos dirigentes judíos (*ancianos de los judíos*) consideraron a este soldado extranjero como digno de que el Señor le conceda su petición (Lc 7.4), siendo sus razones bastante claras: *porque ama a nuestra nación, y nos edificó una sinagoga* (Lc 7.5). Segundo, llama la atención que la fe y la actitud humilde de este soldado extranjero fuera reconocida públicamente por Jesús: *ni aún en Israel he hallado tanta fe* (Lc 7.9). ¿Una crítica sutil a la falta de sensibilidad espiritual de los judíos para reconocer la presencia del Mesías en medio de su pueblo? Las continuas controversias que Jesús tuvo con los dirigentes judíos sobre varios asuntos relacionados con el propósito del día de reposo (Lc 6.6–11; 13.10–17), parece confirmar que en relatos como el de la sanidad del siervo del centurión, hubo en efecto una crítica sutil a la falta de fe de escribas y fariseos.

Lucas presenta también el ejemplo de la reina del Sur que vino a escuchar la sabiduría de Salomón y el ejemplo de los habitantes de Nínive que se arrepintieron de sus pecados por la prédica de Jonás (Lc 11.31–32), como señales de juicio para una generación perversa que no conoció lo que era bueno *para su paz* (Lc 19.42) ni el *tiempo de su visitación* (Lc 19.44). Dos referencias asociadas íntimamente con la presencia y la tarea del Mesías en el escenario de la historia. De acuerdo con el Evangelio de Lucas, individuos y pueblos gentiles fueron puestos como ejemplos de apertura a la voz de Dios, contrastándose la fe de ellos con la dureza de corazón de escribas y fariseos.

Otro texto clave es el relato de la curación de los diez leprosos (Lc 17.11–19). Aquí es bastante significativo el acento que se pone en la gratitud del samaritano, un despreciable extranjero para los judíos, en contraste con la actitud desagradecida de los otros nueve leprosos, todos ellos probablemente de nacionalidad judía. Lucas subraya que únicamente el samaritano glorificó *a Dios a gran voz y se postró rostro en tierra* a los pies de Jesús (Lc 17.16).

Dos hechos son relevantes en este texto. El primero de ellos es que el ministerio de Jesús alcanzó también a los samaritanos, una raza mixta, odiada y despreciada por los judíos. El segundo es que este samaritano, a quien Jesús reconoció como un extranjero, respondió con gratitud al milagro que el Señor había realizado en su vida. En otras palabras, a diferencia de los otros nueve leprosos que también fueron sanados por Jesús, sólo un extranjero samaritano fue sensible al amor de Dios. Las preguntas formuladas por Jesús y sus palabras finales, son suficientemente elocuentes, respecto a la forma como él valoró a este extranjero agradecido:

Respondiendo Jesús dijo: ¿No son diez los que fueron limpiados? Y los nueve, ¿dónde están? ¿No hubo quien volviese y diese gloria a Dios sino este extranjero? Y le dijo: Levántate, vete; tu fe te ha salvado. (Lc 17.17–19)

De acuerdo con el relato lucano, el samaritano fue liberado no sólo de una enfermedad como la lepra, que la ley judía consideraba impura, sino también de su condición de paria social. A la luz del concepto lucano de salvación, cuando este hombre doblemente excluido —tanto por su condición de samaritano como por estar enfermo de lepra— tuvo un encuentro con Jesús, fue liberado integralmente, ya que la salvación otorgada por Jesús, además de liberarlo de la terrible enfermedad de la lepra, lo reinsertó nuevamente en la sociedad.

La parábola del buen samaritano (Lc 10.25–37) jalona otro momento clave que perfila la perspectiva lucana de la universalidad de la misión. Frente a las preguntas teológicas interesadas de un intérprete de la ley: *Maestro, ¿haciendo qué cosa heredaré la vida eterna? ¿Y quién es mi prójimo?* Jesús respondió comparando la reacción de un levita y de un sacerdote que descendían de Jerusalén —ambos representantes del pueblo judío— con la reacción de un samaritano ante la situación apremiante de un hombre que estaba *medio muerto* en el camino. De acuerdo con el relato, mientras los dos primeros pasaron *de largo* o cambiaron de acera, solamente el samaritano fue *movido a misericordia*.

En esta parábola lucana, la generosidad del samaritano se expresó en acciones concretas de amor, que fueron desde vendar las heridas y cargar al herido hasta cuidar de él y gastar de su tiempo y de su dinero para procurar el bienestar del prójimo. La generosidad del samaritano de la parábola explica por qué Jesús lo puso como ejemplo de misericordia y como modelo de prójimo. En ese contexto, las palabras de Jesús al intérprete de la ley: *Ve, y haz tú lo mismo*, fueron una crítica pública a la mentalidad estrecha y a los prejuicios de los religiosos judíos, quienes limitaban el amor de Dios a las fronteras de Palestina y el concepto de prójimo a sus connacionales. Teniendo en cuenta la óptica lucana de la salvación, una lectura de esta parábola revela que allí se enfatiza la naturaleza inclusiva del amor de Dios, ya que un despreciado y odiado samaritano, que según la opinión corriente de los judíos no era prójimo ni podía actuar como prójimo, contra todo pronóstico, actuó como prójimo.

La declaración del Cristo resucitado (Lc 24.44–49), cuyo telón de fondo son las profecías del Antiguo Testamento relacionadas con la persona y la obra del Mesías, establece claramente el carácter universal de la misión. Lucas registra con estas palabras su peculiar versión de la Gran Comisión:

> Entonces les abrió el entendimiento, para que comprendiesen las
> Escrituras; y les dijo: Así está escrito, y así fue necesario que el
> Cristo padeciese, y resucitase de los muertos al tercer día; y que se
> predicase en su nombre el arrepentimiento y el perdón de pecados
> en todas las naciones, comenzando desde Jerusalén. (Lc 24.45–47)

Este texto, hondamente significativo, confirma que la misión tiene un alcance universal, cuestionando así los prejuicios religiosos culturales impuestos por la religión judía. En tal sentido, el horizonte del mensaje de arrepentimiento y perdón de pecados en el nombre de Jesús, fue y sigue siendo *todas las naciones: pánta tá éthnos* (Lc 24.47). Hechos de los Apóstoles, que da testimonio de la expansión misionera de la iglesia en el primer siglo, comenzando desde Jerusalén hasta alcanzar la capital del Imperio romano, corrobora ampliamente esta perspectiva.

La ruta misionera perfilada por Lucas en su evangelio indica que no existe lugar geográfico o espacio social prohibido para la acción evangelizadora y para el compromiso social de la iglesia. De acuerdo con Lucas, todas las fronteras culturales, religiosas, sociales, políticas y económicas, son espacios naturales de misión para el pueblo de Dios. Y en todos estos lugares y estructuras de la sociedad, el evangelio del reino de Dios tiene que ser anunciado y vivido diariamente por testigos empoderados por el Espíritu Santo.

La voluntad de Dios es que todas las personas y todos los pueblos conozcan su propósito de salvación. Dios es Luz para todas las naciones. El mensaje de arrepentimiento y perdón de pecados tiene que ser proclamado y vivido en todo lugar donde se encuentre un ser humano necesitado de la gracia de Dios. En ese sentido, es profundamente significativo que la narración lucana de la crucifixión y muerte de Jesús subraye que en ese momento dramático, uno de los malhechores o ladrones (un marginado y excluido), haya recibido una promesa de parte de Jesús: *De cierto te digo que hoy estarás conmigo en el paraíso* (Lc 23.43). Allí se registra también que al pie de la cruz, un centurión romano (un extranjero), reconoció que Jesús era justo: *cuando el centurión vio lo que había acontecido, dio gloria a Dios, diciendo: Verdaderamente este hombre era justo* (Lc 23.47)[8].

En otras palabras, en esa hora decisiva, al pie de la cruz, dos seres humanos representantes de dos sectores sociales distintos y distantes entre sí, un marginado y excluido como el ladrón, y un funcionario

---

[8] Los otros evangelios sinópticos señalan que el centurión romano reconoció que Jesús era *el hijo de Dios* (Mt 27.54; Mr 15.39).

del Imperio romano como el centurión, fueron confrontados con el mensaje liberador de Jesús.

A la luz de todos estos datos, está suficientemente claro que los discípulos de Jesús de Nazaret son desafiados permanentemente a ser como el buen samaritano de la parábola, ya que pasar de largo frente a las necesidades espirituales y sociales de los seres humanos de carne y hueso, como el sacerdote y el levita, significa una negación de la naturaleza liberadora del evangelio y una traición a la vocación misionera integral de la Iglesia. Consecuentemente, ser como Jesús, que extendió su amor a los samaritanos despreciados y segregados por los piadosos judíos, es tejer un camino de esperanza y de alegría en un marco temporal marcado por formas de violencia sutiles o abiertas que desprecian la dignidad y los derechos de los frágiles y de los menesterosos de la sociedad. De acuerdo con el testimonio lucano, el Dios de la Vida exige a sus discípulos que dejen a un lado todos los prejuicios políticos, culturales y religiosos que cosifican a los seres humanos.

El amor especial de Dios por los pobres y los excluidos

El amor especial que Dios tiene por los pobres de la tierra (Mears 1979: 368), los débiles y los oprimidos (O'Toole 1983: 4, 9), los que están en la periferia y que son tratados como basura desechable, es otro de los temas teológicos dominantes en el Evangelio de Lucas. Desde el inicio de la historia de Jesús, Lucas resalta la particular preocupación que Dios tiene por los sectores sociales que estaban considerados como sobrantes o desechables, según las regulaciones religiosas y los patrones culturales de la sociedad judía del primer siglo.

En el llamado *evangelio de la infancia* (Escudero 1978: 9) se percibe este énfasis característico del tercer evangelio. En efecto, tanto en el Magnificat (Lc 1.46–55) como en el Benedictus (Lc 1.67–79), se enfatiza la intervención poderosa de Dios en la historia para hacer justicia a los débiles y para traer salvación a los justos y piadosos (Lc 1.6; 2.25) que esperaban la *consolación de Israel* (Lc 2.25) y la *redención en Jerusalén* (Lc 2.38). De esa manera, desde el comienzo del evangelio, Lucas indica que los sectores sociales ubicados en la «otra orilla de la historia», los humildes ante Dios como Zacarías, Elisabet y María, Simeón y Ana, fueron los más sensibles a la voz del Señor.

Más aún, Lucas subraya que la gente pobre y excluida, como los menospreciados pastores, fueron los primeros destinatarios de la buena noticia del advenimiento del Mesías (Lc 2.8–11). Además, Lucas en esta sección de su evangelio, puntualiza que dos indefensos niños considerados como insignificantes y como seres humanos incompletos, según los patrones culturales predominantes del primer siglo, iban a dar cumplimiento a las profecías del Antiguo Testamento relativas a la misión liberadora del Mesías (Lc 1.68–80; 2.10–11, 27–32).

Lucas enfatiza que Jesús comenzó su ministerio itinerante por ciudades y aldeas, predicando el evangelio del reino de Dios desde la despreciada provincia de Galilea (Lc 4.14, 15, 42–43; 8.1), y que fue en la sinagoga de Nazaret donde expuso su programa mesiánico (Lc 4.16–30). Programa en el que especificó que había venido a *predicar el año agradable del Señor* o el jubileo (Lc 4.19). En aquella ocasión, delante de un público judío, proclamó un mensaje de liberación integral con claras consecuencias sociales y políticas. Según Yoder:

> El pasaje de Isaías 61 que Jesús utiliza aquí para aplicarlo a sí mismo, no sólo es uno de los más explícitamente mesiánicos: es también el que establece las expectativas mesiánicas en los términos sociales más expresivos. (Yoder 1985: 32–33)

Desde la perspectiva de Yoder, lo más probable es que estas expectativas mesiánicas estuvieran asociadas al impacto igualitario del año sabático o jubileo (Yoder 1985: 33). El Mesías había venido para proclamar *buenas nuevas a los pobres*: **euaggelizo ptojós** (Lc 4.18). Además, resulta significativo notar que esta proclamación comenzó en la provincia subdesarrollada de Galilea, poblada por una raza mixta que los piadosos judíos de Jerusalén despreciaban, y en la que había cientos de viudas, huérfanos, pobres y desempleados (Saracco 1982: 9, Gutiérrez 1989: 197–198). Desde la despreciada Galilea comenzó, entonces, el anuncio de la buena noticia de liberación para los pobres y los oprimidos (Lc 4.18).

Al respecto, la respuesta de Jesús a los discípulos de Juan el Bautista es bastante elocuente:

> Juan el Bautista nos ha enviado a ti para preguntarte: ¿Eres tú el que había de venir, o esperaremos a otro? En esa misma hora sanó a muchos de enfermedades y plagas, y de espíritus malos, y a muchos ciegos les dio la vista. Y respondiendo Jesús, les dijo: Id, haced saber a Juan lo que habéis visto y oído; los ciegos ven, los cojos andan, los leprosos son limpiados, los sordos oyen, los muertos son resucitados, y a los pobres (**ptojós**) es anunciado el evangelio. (Lc 7.20–22)

La despreciada Galilea fue entonces el espacio geográfico en el que comenzó la misión liberadora de Jesús. Y fue precisamente en una sinagoga de la periférica Galilea donde Jesús expuso su programa mesiánico[9]. Pero más allá de estos datos significativos para captar la textura teológica de la misión liberadora de Jesús, a diferencia de los otros evangelios, lo característico del Evangelio de Lucas es que allí se puntualiza la permanente relación y contacto que Jesús tuvo con los pobres y los oprimidos. Según Gustavo Gutiérrez:

> Lucas es el evangelista de mayor sensibilidad a las realidades sociales. Tanto en su Evangelio como en los Hechos de los Apóstoles, los temas de la pobreza material, de la puesta en común de los bienes, de la condenación de los ricos, son frecuentes. (Gutiérrez 1988: 423)

En el mismo sentido, Howard Marshall sostiene que en Lucas se destaca la preocupación especial que Jesús tiene por la gente menos privilegiada: los pobres materiales, las mujeres, los niños y los pecadores declarados (Marshall 1991: 830). Indudablemente, uno de los temas teológicos centrales de Lucas en su evangelio es la presentación del ministerio de Jesús como el anuncio de la buena noticia de liberación a los pobres y los excluidos. La evidencia acumulativa presente en este evangelio es suficientemente sólida. Al respecto, haciendo una novedosa exégesis de pasajes como Lucas 1.46 y ss., 68 y ss.; 3.21–4.14; 4.14 y ss.; 6.12 y ss.; 9.1–22; 12.49–13.9; 14.25–36; 19.36–46; 22.24–53, Yoder ha demostrado ampliamente las implicancias sociales y políticas del enfoque teológico lucano (Yoder 1985: 27–48). Este mismo autor sugiere también que pasajes como el Magníficat hacen pensar en *la doncella María como una macabea* (Yoder 1985: 27).

Pero ¿quiénes son los pobres y los excluidos en el Evangelio de Lucas? No resulta fácil establecer con precisión tanto las características

---

[9] Los evangelios de Mateo y Marcos dan testimonio también de la Opción Galilea de Jesús. Desde Galilea comenzó el anuncio de las buenas nuevas del reino de Dios (Mt 4.12–23; Mr 1.14–15), a orillas del Lago de Galilea Jesús llamó a sus primeros seguidores (Mt 4.18–25; Mr 1.16–20). Fue en Galilea donde Jesús se apareció a sus discípulos (Mr 16.6–7) y donde les dio el encargo de anunciar el evangelio a todas las naciones (Mt 28.16–20). Todos estos datos contrastan, indudablemente, con la opinión generalizada que los judíos tenían acerca de Galilea: *¿De Nazaret puede salir algo bueno?* (Jn 1.46). *¿Eres tú también galileo? Escudriña y ve que de Galilea nunca se ha levantado profeta* (Jn 7.52). Dentro de esta misma línea interpretativa —la Opción Galilea de Jesús— dos hechos complementarios destacan notoriamente. En primer lugar, que en su revelación a Saulo de Tarso en el camino a Damasco, el Señor se presentó como Jesús de Nazaret: *Yo soy **Jesús de Nazaret**, a quien tú persigues* (Hch 22.8). En segundo lugar, que en su predicación y testimonio, la comunidad de discípulos se identificó públicamente con el predicador galileo que había sido crucificado: *sea notorio a todos vosotros, y a todo el pueblo de Israel, que en el nombre de **Jesucristo de Nazaret**, a quien vosotros crucificasteis y a quien Dios resucitó de los muertos, por él este hombre está en vuestra presencia sano* (Hch 4.10).

básicas que definían a los pobres y los excluidos como los límites de los espacios sociales donde estos se movilizaban. A pesar de estos inconvenientes, ciertos factores teológicos, culturales y políticos, pueden ser bastante útiles para explicar cuáles son los sectores sociales a los que nos referimos cuando hablamos de los pobres y los excluidos.

En la Palestina del primer siglo, el mundo de los excluidos estaba integrado principalmente por los leprosos, los cobradores de impuestos o publicanos, los samaritanos, las mujeres, los enfermos de todo tipo y los niños. Todos estos sectores sociales estaban condenados al ostracismo social. Dicho de otra manera, en una sociedad marcada por los valores religiosos de un fariseísmo insensible y los intereses políticos mezquinos de escribas y saduceos, la marginación y la exclusión tuvo niveles económicos (los pobres), sociales (mujeres, niños, enfermos, cobradores de impuestos), culturales (samaritanos, mujeres, niños) y religiosos (mujeres, cobradores de impuestos, samaritanos, enfermos).

Dentro de ese contexto, si bien los pobres formaban parte del mundo de los excluidos, no todos los excluidos formaban parte del mundo de los pobres. Como ejemplo de esto podemos mencionar a dos de ellos, Zaqueo y Mateo, no eran pobres en el sentido material del término, pero sí se ubicaban en el mundo de los marginados y excluidos debido a su condición de cobradores de impuestos vinculados al poder imperial. Teniendo en cuenta esa realidad, se puede comprender mejor por qué escribas y fariseos murmuraron cuando Jesús y sus discípulos entraron a los hogares de estos dos conocidos pecadores públicos. En el caso de Leví o Mateo, se señala lo siguiente:

> Y Leví le hizo gran banquete en su casa; y había mucha compañía de publicanos y de otros que estaban a la mesa con ellos. Y los escribas y los fariseos murmuraban contra los discípulos, diciendo: ¿Por qué coméis y bebéis con publicanos y pecadores? (Lc 5.29–30)

Sobre la presencia de Jesús en casa del cobrador de impuestos o publicano Zaqueo, se subraya que *todos murmuraban, diciendo que había entrado a posar con un hombre pecador* (Lc 19.7).

También varias de las mujeres que seguían a Jesús, siendo excluidas cultural y religiosamente, tenían, sin embargo, bienes materiales que las ubicaban socialmente como miembros de un sector privilegiado. Juana, esposa de Chuza, intendente de Herodes, y Susana, entre otras mujeres que le servían a Jesús de sus bienes (Lc 8.3), son ejemplos que ilustran esta afirmación.

A pesar de no tener datos precisos sobre la condición social y económica de cada uno de los leprosos, enfermos, samaritanos y otros no judíos con los que Jesús tuvo contacto, probablemente la mayoría de ellos —social, cultural y económicamente— formaban parte del mundo de los pobres materiales. Además, teniendo en cuenta los ejemplos anteriormente mencionados de los cobradores de impuestos y de las mujeres, se puede sostener que no todos los excluidos con quienes Jesús se relacionó fueron pobres en la acepción material del término, como los casos de los publicanos Zaqueo y Mateo, o los de Juana y Susana[10].

En primer lugar, cuando hablamos de los excluidos, nos referimos a los pobres en el sentido sociológico y económico del término. Es decir, a ese inmenso contingente de seres humanos que habitan en espacios sociales marcados por niveles de vida infrahumanos, con carencias materiales definidas y con expectativas sociales y políticas limitadas por el egoísmo de los sectores dominantes. Hablamos de los pobres materiales que viven debajo de la línea de pobreza y que no tienen lo necesario para su sustento de cada día[11].

En segundo lugar, cuando hablamos de los excluidos, nos referimos a los sectores o subculturas que al interior de cualquier sistema social están en la periferia o son considerados como descartables. Ese fue, por ejemplo, el caso de los cobradores de impuestos y los leprosos en el mundo cultural judío del primer siglo.

Sin embargo, rompiendo con las categorías sociales y culturales de su tiempo, Jesús se vinculó permanentemente con los menesterosos y los menospreciados por la sociedad. Una práctica misionera inclusiva que explica por qué escribas y fariseos criticaron a Jesús en distintos momentos, acusándolo de amigo de publicanos y pecadores (Lc 7.34;

---

[10] Actualmente ocurre lo mismo. Los enfermos de SIDA, los homosexuales, los drogadictos, las prostitutas, los minusválidos y los delincuentes, entre otros marginados, están presentes en todos los sectores sociales. También en este tiempo, entonces, la marginalidad constituye un problema complejo que cruza fronteras de todo tipo.

[11] La palabra griega *ptojós* que aparece 34 veces en todo el Nuevo Testamento, se refiere mayormente al indigente, carente de lo necesario para vivir (Gutiérrez 1988: 425). Este término es utilizado diez veces en el Evangelio de Lucas para designar a aquellas personas que viven en una situación social caracterizada por la carencia o ausencia de bienes materiales (4.19; 6.20; 7.22; 14.13, 21; 16.20, 22; 18.22; 19.8; 21.3). En contraste con los evangelios de Marcos y Mateo en los que el término *ptojós* aparece cinco veces, en Lucas ocurre diez veces.

David Bosch afirma que en Lucas la pobreza es primariamente una categoría social y *ptojós* es usualmente un término colectivo para todos los que se encuentran en una situación de desventaja (Bosch 2000: 130-131). Beda Rigaux, por su parte, afirma que: «el pobre que Lucas magnifica no es el que lo es *en espíritu*. Es el que está verdaderamente en la necesidad y que es despreciado a causa de su condición material [...] Los pobres son los que tienen hambre ahora (Lc 6.20-21; 24-25) [...]» (Rigaux 1973: 299).

15.1–2). La asociación de Jesús con personas subestimadas en su dignidad y excluidos de la sociedad explica también las razones por las que los representantes de la sociedad judía vieron en el ministerio del predicador galileo una permanente amenaza para sus intereses religiosos y sus aspiraciones políticas particulares.

Además, las reiteradas referencias a la sistemática oposición y conspiración de escribas y fariseos (Lc 6.7–11; 7.49; 11.53–54; 14.1–6; 19.47–48; 20.1–8, 19–40; 22.1–6; 23.1–25), dan cuenta de la incomodidad que tenían los dirigentes judíos, frente al anuncio del reino de Dios, por parte de Jesús, que Lucas resalta en su evangelio (Lc 4.43; 6.20; 7.28; 8.1, 10; 9.2, 11, 27, 60, 62; 10.9, 11; 11.2, 20; 12.31–32; 13.18–20, 28–29; 14.15; 16.16; 17.20–21; 18.16–17, 24–25, 29; 21.31; 22.16–18, 29–30).

Sin embargo, más allá de ese ambiente de continuos desencuentros con los escribas y fariseos, Lucas nos presenta a un Jesús que se sienta a la mesa con los odiados publicanos e invita a uno de ellos a ser su discípulo, que se contacta con los leprosos considerados como impuros, y que tiene entre sus seguidores a varias mujeres. Como lo ha señalado Donald Senior:

> Aunque Jesús [...] ejerce su ministerio dentro de Israel, el estilo de dicho ministerio conserva el potencial ilimitado anunciado en Nazaret. Jesús ofrece su amistad y se sienta a la mesa con recaudadores de impuestos y con pecadores [...]. Más que ningún otro evangelista, San Lucas acentúa la asociación y trato de Jesús con las mujeres, derribando así —para asombro de todos— una barrera social y religiosa impuesta por la sociedad patriarcal de sus días. El Jesús lucano está abierto a los que *oficialmente* quedan al margen, como el centurión gentil [...] y los samaritanos [...]. Jesús se llega a los leprosos [...] y la solicitud por los pobres es tema constante de su predicación... (Senior 1985: 354)

Lucas resalta también insistentemente la misión liberadora de Jesús en el día de reposo (Lc 4.31–37; 6.6–11; 13.10–17; 14.1–6). Una práctica misionera inusual que provocó en más de una ocasión la airada reacción de escribas y fariseos que comenzaron a buscar motivos para matar a Jesús. El pasaje de la sanidad del hombre de la mano seca es sumamente paradigmático:

> Aconteció también en otro día de reposo, que él entró en la sinagoga y enseñaba; y estaba allí un hombre que tenía seca la mano derecha. Y le acechaban los escribas y los fariseos, para ver

si en el día de reposo lo sanaría, a fin de hallar de qué acusarle […].
Y ellos se llenaron de furor; y hablaban entre sí qué podrían hacer
contra Jesús. (Lc 6.6–7, 11)

En los textos bíblicos en los que se registra las controversias respecto al día de reposo, se contrasta la diferencia entre la comprensión que Jesús tenía sobre el significado de ese día con la miopía teológica de escribas y fariseos que limitaban el amor de Dios a seis días de la semana. Las palabras del principal de la sinagoga en la que Jesús sanó a una mujer que por dieciocho años anduvo encorvada, ilustra ampliamente la perspectiva teológica que escribas y fariseos tenían sobre este punto: *Seis días hay en que se debe trabajar; en estos, pues, venid y sed sanados, y no en día de reposo* (Lc 13.14).

A diferencia de este representante de la religión establecida, para Jesús, el sábado era día de afirmación de la vida y de valoración de la dignidad humana: *Os preguntaré una cosa: ¿Es lícito en día de reposo hacer bien, o hacer mal? ¿Salvar la vida, o quitarla?* (Lc 6.9). Desde la perspectiva de Jesús, el día de reposo era también un tiempo legítimo para desatar las ligaduras de opresión: *Y a esta hija de Abraham, que Satanás había atado dieciocho años, ¿no se le debía desatar de esta ligadura en el día de reposo?* (Lc 13.16). La relevancia de este pasaje descansa en las preguntas formuladas por Jesús que denunciaban tanto los valores de una sociedad que había colocado sus prejuicios religiosos y sus prácticas culturales por encima del valor de la vida humana como la falta de misericordia de los religiosos que a sí mismos se consideraban como personas piadosas.

Varias de las historias registradas por Lucas en su evangelio se pueden analizar con la intención de hilvanar los ejes teológicos y los desafíos éticos que se presentan como temas constantes en la relación de Jesús con los pobres y los marginados de su tiempo. El relato del llamamiento de Mateo es una de ellas (Lc 5.27–32). En este pasaje, la conexión entre **salir** y **ver** es particularmente valiosa. Cuando Jesús salió a caminar por el mar vio a Mateo inmerso en su trabajo cotidiano, es decir, Jesús no encontró a Mateo fuera de su ambiente laboral habitual. La invitación a seguirle ocurrió en el marco de su espacio marginal: *sentado al banco de los tributos públicos* (Lc 5.27).

De allí se deriva una lección concreta. Para ver y conocer, para descubrir el mundo de los marginados y los excluidos, tenemos que salir de nuestros estrechos marcos teológicos y culturales limitados y limitantes. Debemos cruzar las barreras que nos impiden sumergirnos en el mundo de los pobres y los excluidos por el sistema predominante y tenemos que insertarnos visiblemente en los espacios sociales críticos. Las palabras no son suficientes.

La aceptación de participar en una misma mesa con los publicanos y los pecadores, bajo el techo de un excluido por el sistema (la casa de Mateo o Leví), jalona otro principio misionero clave. En ese sentido, la solidaridad con los excluidos, más que un interesante discurso teológico o una relevante propuesta política, tiene que ser una experiencia cotidiana que descanse en el riesgo de identificarse públicamente con los sectores social y culturalmente excluidos. Consecuentemente, sentarse en la misma mesa y partir el pan en comunión con los desheredados de este mundo, forma parte de una práctica misionera que tiene como punto de partida un encuentro con el prójimo en algún tramo del camino. De esta práctica misionera, brotan los cinco principios que moldean la cadena inquebrantable del amor-entrega:

Salir, ver, compasión, compromiso, transformación.

Estos cinco principios, más que simples etapas de un proceso hermenéutico o una forma de caminar entre los pobres y los marginados, constituyen y jalonan un **estilo de vida** que reconoce en el otro no a un objeto o cosa, sino a un sujeto con dignidad y derechos. Al respecto, las palabras de Jesús en respuesta a la murmuración de los escribas y fariseos son bastante explícitas:

Y los escribas y los fariseos murmuraban contra los discípulos, diciendo: ¿Por qué coméis y bebéis con publicanos y pecadores? Respondiendo, Jesús les dijo: Los que están sanos no tienen necesidad de médico, sino los enfermos. No he venido a llamar a justos, sino a pecadores al arrepentimiento. (Lc 5.30–32)

El texto que se narra la ofrenda de la viuda pobre (Lc 21.1–4) delinea también valiosos principios misioneros. Nuevamente, la acción de **ver** como una vía para **conocer** lo que ocurre en el entorno social, es relevante para comprender la pedagogía de Jesús. Es un **ver** que sabe diferenciar las motivaciones y la práctica religiosa de los ricos y de una viuda muy pobre. Lucas enfatiza que se trata de una forma de ver que trasciende el mundo de las apariencias, que discierne y valora la intención del corazón, antes que el poder del dinero. La viuda triplemente marginada —por ser mujer, viuda y muy pobre o una *penicrós*— confió en Dios como Dios de la Vida. La ofrenda de dos blancas, dos monedas insignificantes en el mercado cambiario y en el mundo de los negocios, expresaron la riqueza de una fe humilde que espera en Dios. La viuda no echó de lo que le sobraba sino de lo que necesitaba para sobrevivir en ese día.

En otras palabras, ella dio todo lo que tenía para su sustento, confiando únicamente en la misericordia del Dios de la Vida. Con este hermoso ejemplo de compromiso hasta las últimas consecuencias, Jesús nos desafía a ser como esta viuda muy pobre y no como muchos ricos que viven de las apariencias, convirtiendo de esta manera la fe en una mercancía barata. Una mujer muy pobre, tres veces marginada, fue puesta como paradigma de espiritualidad evangélica en la que se subraya que para ella Dios era una realidad cotidiana. El ejemplo de esta viuda muy pobre establece claramente que la confianza en Dios, como Dios el Dios de la Vida, nos libera del amor al dinero:

> En verdad os digo, que esta viuda pobre echó más que todos. Porque todos aquéllos echaron para las ofrendas de Dios de lo que les sobra; mas ésta, de su pobreza echó todo el sustento que tenía. (Lc 21.4)

La condición de pobreza y la situación de marginalidad no son —ni deben ser— impedimentos para hacer teología. La experiencia de esta viuda muy pobre indica que desde la periferia de la sociedad se puede articular una propuesta teológica que anuncia y confiesa a Dios como Dios de la Vida. Los casos de Mateo el publicano y de la viuda pobre son dos paradigmas para el compromiso misionero de la iglesia en este tiempo. Ambos relatos, que se encuentran también en los evangelios de San Mateo (9.9–13) y San Marcos (2.13–17; 12.41–44), conectados con el énfasis lucano del amor especial que Dios tiene por los sectores sociales menospreciados, tienen implicaciones y significado teológico precisos para la misión de la iglesia.

Además, textos lucanos como las parábolas de los convidados a las bodas (Lc 14.7–14), la gran cena (Lc 14.15–24) y el rico y Lázaro (Lc 16.19–31), ahondan el significado teológico del amor especial que Dios tiene por los pobres, los marginados y los excluidos. Las parábolas de la oveja perdida (Lc 15.1–7) y del hijo pródigo (Lc 15.11–32), son también claros testimonios del amor especial de Dios por los desheredados del mundo.

Desde otro ángulo, los casos paradigmáticos y singulares del joven rico (Lc 18.18–30) y de Zaqueo, un jefe de los cobradores de impuestos (Lc 19.1–10), dan cuenta de dos formas como los ricos responden a la invitación de Jesús. Según Lucas, los ricos no quedan a un lado, pero el acento de este evangelio recae en los otros, en los olvidados, que son recogidos del camino, tal como se expresa en la parábola de la gran cena:

> Ve pronto por las plazas y las calles de la ciudad, y trae acá a los pobres, los mancos, los cojos y los ciegos. Y dijo el siervo: Señor, se ha hecho como mandaste, y aún hay lugar. Dijo el Señor al siervo: Ve por los caminos y por los vallados, y fuérzalos a entrar, para que se llene mi casa. Porque os digo que ninguno de aquellos hombres que fueron convidados, gustará mi cena. (Lc 14.21–24)

Queda claro, entonces, que en el Evangelio de Lucas, los pobres y los excluidos son seres humanos dignos del amor de Dios. El amor especial que Dios tiene por estos sectores sociales, despreciados y ninguneados, se constituye en un desafío misionero permanente para los discípulos del Señor crucificado y resucitado, dentro de cualquier realidad histórica.

Ver y actuar como el buen samaritano es el modelo misionero concreto que Lucas nos propone. Desde la óptica teológica lucana, sentarse a la mesa de las personas excluidas, como los publicanos, y entregar como ofrenda dos blancas siguiendo el ejemplo de la viuda muy pobre, más que simples estilos misioneros o caminos alternativos de servicio al prójimo, constituyen formas concretas de asumir una opción galilea que confiesa y celebra a Dios como Dios de la Vida.

Seguir el camino de Jesús, sumergirse en el mundo de los olvidados de la historia, conocer desde dentro sus esperanzas y desesperanzas, ser solidario con ellos en la lucha por una democratización de la política y la economía, identificarse con sus necesidades cotidianas, puede llevar a que nos acusen y digan de nosotros: *Éste es un hombre comilón y bebedor de vino, amigo de publicanos y pecadores* (Lc 7.34). Éste puede ser el costo del seguimiento a Jesús, dentro de un clima religioso, social y político que no ve con «buenos ojos» la defensa de los derechos humanos de los desheredados, como un compromiso indeclinable con la lucha de la justicia social.

Denunciar proféticamente el provincialismo, la hipocresía y el déficit de misericordia de los fariseos contemporáneos, puede provocar reacciones políticas que ponen en riesgo la seguridad personal de los creyentes que tienen el valor de proclamar la integralidad del evangelio, antes que acomodarse al discurso teológico de moda o venderse a la ideología dominante en el mercado religioso contemporáneo. Al respecto, Lucas es suficientemente claro cuando narra la reacción de los escribas y los fariseos frente a la denuncia pública hecha por Jesús de su hipocresía religiosa:

> Mas ¡ay de vosotros, fariseos! que diezmáis la menta, y la ruda, y toda hortaliza, y pasáis por alto la justicia y el amor de Dios. Esto os era necesario hacer, sin dejar aquello. ¡Ay de vosotros, fariseos! Que amáis las primeras sillas en las sinagogas, y las salutaciones en las plazas. ¡Ay de vosotros, escribas y fariseos, hipócritas! que sois como sepulcros que no se ven, y los hombres que andan encima no lo saben [...]. Diciéndoles él estas cosas, los escribas y los fariseos comenzaron a estrecharle en gran manera, y a provocarle a que hablase de muchas cosas; acechándole, y procurando cazar alguna palabra de su boca para acusarle. (Lc 11.42–44, 53–54)

En suma, el costo del seguimiento nunca debe llevarnos a rebajar las demandas del evangelio, tener temor de anunciar las buenas nuevas de liberación a todos los públicos humanos en todas las coyunturas históricas, cambiar el propósito de Dios de que toda rodilla se doble y confiese a Jesús como Señor, limitar las implicaciones concretas de la naturaleza universal de la misión que cruza todas las fronteras sociales y culturales, o desconocer, por nuestros prejuicios teológicos, el amor especial que Dios tiene por los pobres y los marginados.

Conclusiones

La misión liberadora de Jesús tiene un alcance universal. El anuncio del evangelio del reino de Dios cruza fronteras de todo tipo. Los pobres y los excluidos, son tanto sujetos como agentes de la misión de Dios. Esto significa que, dentro del mundo de la pobreza y de la exclusión, tenemos que plantar una tienda misionera permanente que sea un espacio de solidaridad y un canal abierto para la búsqueda colectiva de la justicia social.

Las buenas nuevas de liberación, un mensaje para todos los seres humanos y todos los pueblos, tienen un doble efecto. En primer lugar, transforman y liberan integralmente a todos los seres humanos que responden al llamado de Jesús y obedecen las exigencias del evangelio, asumiendo con alegría el costo del discipulado. En segundo lugar, relativiza las estructuras sociales, políticas, económicas y culturales que cosifican a los seres humanos creados a la imagen de Dios, y desnuda los prejuicios religiosos, sociales y culturales deshumanizantes.

La perspectiva lucana de la misión de Jesús, propone una plataforma de acción hondamente relevante para una inserción de la iglesia en todas las fronteras misioneras. El amor especial que Dios tiene por los pobres y los excluidos, es uno de los temas teológicos clave que Lucas delinea y propone como un punto de agenda ineludible de la misión integral de la iglesia.

En tal sentido, a pesar de que desde nuestra perspectiva teológica o política interpretemos las demandas misioneras concretas del Evangelio de Lucas de distintas maneras, no se puede desconocer que uno de los énfasis centrales de este evangelio es la afirmación del amor especial que Dios tiene por los pobres y los excluidos. Lucas subraya que los discípulos de Jesús tienen que ser como el buen samaritano y como la viuda pobre. Los discípulos de Jesús no han sido llamados para ser indiferentes o *pasar de largo* frente a las necesidades concretas de los seres humanos de carne y hueso (Lc 10.31–32), esquivando de esa manera, su responsabilidad misionera integral. Tampoco han sido llamados para acumular egoístamente pensando que la vida del hombre *consiste en la abundancia de los bienes que posee* (Lc 12.15).

En consecuencia, individual y colectivamente, los discípulos tienen que ser como su Señor y Maestro: *amigo de publicanos y pecadores* (Lc 7.34), proclamando todos los días la buena noticia del reino de Dios por ciudades y aldeas (Lc 8.1). De acuerdo con Lucas, no existe otra ruta misionera. Como lo indicó Jesús en la sinagoga de Nazaret, impulsados por el poder del Espíritu Santo, los discípulos están llamados *a predicar el año agradable del Señor* (Lc 4.19) en sus contextos históricos particulares. Así tiene que ser. Los discípulos no tienen otra alternativa, no existe una ruta distinta, no tienen otra alfombra misionera sobre la cual descansar su testimonio personal y colectivo.

Capítulo 2

La opción galilea de Jesús:

Una teología de la vida desde la periferia de la sociedad

Desde Galilea

La presente reflexión teológica ha sido escrita desde una experiencia pastoral particular: un compromiso político concreto con el Dios de la Vida en favor de los indefensos de la sociedad. La he escrito desde mi Galilea: *Villa María del Triunfo*, un barrio urbano marginal localizado al sur de la ciudad de Lima, Perú, mi campo de misión y de servicio pastoral desde hace tres décadas. Se ha gestado dentro de una realidad de pobreza, opresión e injusticia que la vivo y palpo cada día en mi servicio pastoral a los pobres y los excluidos. Da cuenta de una lectura del Evangelio de Lucas, lectura que puede parecer incómoda a los pastores y miembros de las iglesias evangélicas poco dispuestos a luchar contra la pobreza y la exclusión, argumentando que esa lucha no forma parte del testimonio cristiano.

Todo lo que aquí se afirma se ha incubado en diálogo constante con el contexto misionero desde el cual siento, pienso, confieso y sirvo al Dios de la Vida. Fue forjado como respuesta a las preguntas cotidianas sobre las diversas necesidades humanas de los miembros de la Iglesia de Dios del Perú «Monte Sinaí», y de las familias no evangélicas vinculadas a los programas sociales con los niños y adolescentes de esta congregación pentecostal. Mis interlocutores han sido las mujeres que participan en los movimientos sociales como dirigentes o socias, las mujeres agredidas física y verbalmente, las madres solteras, las familias inmigrantes, los niños que viven en hogares en los cuales la carencia de pan y de los servicios básicos son recurrentes (agua, desagüe, luz), y los adolescentes que provienen de hogares con preocupantes índices de violencia intrafamiliar[12].

---

[12] He escrito ampliamente sobre estos asuntos en los libros *Pentecostalismo y transformación social* (Buenos Aires: Ediciones Kairós, 2000), *El nuevo rostro del*

En la búsqueda de una mejor comprensión de mi identidad pentecostal y rastreando los hilos de mi herencia teológica, fui descubriendo que la experiencia del bautismo en el Espíritu Santo exige encarnarse en el contexto de misión y, desde esa realidad concreta, dar testimonio de la buena noticia del reino de Dios a todos los seres humanos. Descubrí que para un discípulo lleno del Espíritu Santo no tiene que existir dicotomía entre lo espiritual y lo material, lo religioso y lo secular, lo sagrado y lo profano, lo privado y lo público. Comprendí entonces que la defensa de la dignidad humana de los pobres y de los excluidos, la lucha contra la pobreza y el racismo, así como la acción social y política con el propósito de lograr transformaciones sociales significativas favorables a los pobres y los excluidos, antes que una politización del evangelio, son una exigencia evangélica para los discípulos de Jesucristo y expresiones concretas de vivir en el poder del Espíritu[13].

En este documento se afirma que desde un sector minoritario de las iglesias evangélicas situadas en la periferia de la sociedad se ha comenzado a tejer una teología de la vida. Una teología que se visibiliza en una resistencia activa no violenta a las fuerzas de la anti-vida que actúan impunemente en nuestras sociedades afectadas por el abuso de poder, las injusticias, la corrupción, la marginación y la exclusión, y altos niveles de pobreza y pobreza extrema[14]. Una teología que valora y defiende la vida de todos los seres humanos como creación de Dios

---

pentecostalismo latinoamericano (Lima: Ediciones Puma, 2002), *La fiesta del Espíritu: Espiritualidad y celebración pentecostal* (Lima: Ediciones Puma, 2006) y *Pentecostalismo y misión integral* (Lima: Ediciones Puma, 2008).

[13] Ver los libros *Los evangélicos y los derechos humanos* (Lima: Ediciones CEMAA, 1998) y *La seducción del poder: Los evangélicos y la política en el Perú de los noventa* (Lima: Ediciones Puma, 2004). También mi artículo «The God of Life and the Spirit of Life: The Social and Political Dimension of Life in the Spirit» (*Studies in World Christianity Volume 17 Part 1, The Edinburgh Review of Theology & Religion*, 2011, págs. 1–11) y el capítulo que escribí para un libro sobre la Justicia, «Just Wealth: How Is the Poverty of the Poor in the Global South a Matter of Justice for the Rich in the Global North?» (*The Justice Project*, Eds. Brian McLaren, Elisa Padilla y Ashley Bunting, Grand Rapids: Baker Books, 2009, págs. 151–157).

Una mayor explicación sobre mi compromiso concreto con la defensa de los derechos humanos y la lucha contra la pobreza se puede encontrar en el capítulo que escribí para un libro sobre evangélicos y política: «Evangelicals and Politics in Fujimori´s Peru» (*Evangelical Christianity and Democracy in Latin America*, Ed. Paul Freston, Oxford. Oxford University Press, 2008, págs. 131–161).

[14] Se trata de un número pequeño pero creciente de miembros y pastores de diversas congregaciones evangélicas de la ciudad de Lima que desde una perspectiva integral de la misión cristiana participan activamente en los movimientos populares que luchan contra la pobreza, defienden los derechos humanos, velan por el cuidado responsable del medioambiente, y luchan contra la exclusión social y política.

y que se ahonda cuando se proclama la justicia del reino de Dios en un contexto de injusticia institucionalizada. La hebra teológica de esta teología, anclada en la buena noticia del reino de Dios, es el amor preferencial de Dios por los pobres y los excluidos[15]. Amor preferencial que es un tema transversal en las Sagradas Escrituras que presenta a Dios como el *go'el* de los desheredados, que defiende a los desvalidos, incluye a los excluidos, reinserta a los parias, humaniza lo que la sociedad cosifica y dignifica a las personas que los poderosos tienen como sobrantes[16].

¿Por qué Galilea?

¿Por qué comenzó Jesús su misión liberadora en Galilea? ¿Qué tenía en especial Galilea para convertirse en el espacio geográfico privilegiado desde el cual se comenzó a pregonar la buena noticia del reino de Dios? ¿Por qué Galilea y por qué no Jerusalén? ¿Por qué desde la periferia y por qué no desde el centro del poder? Estas preguntas para

---

[15] En este trabajo se utilizan dos categorías: **pobres y excluidos**. Cuando nos referimos a los menesterosos, desvalidos, desposeídos y desheredados, tenemos en mente a los pobres y pobres extremos, así como a las personas que sufren de alguna forma de exclusión social, política, cultural, religiosa o económica.

Utilizamos la palabra **pobre** en el sentido económico y sociológico. Hablamos de los pobres materiales que viven debajo de la línea de pobreza, con limitado acceso a los servicios de salud pública y a una educación de calidad, que habitan en lugares que no tienen los servicios básicos de agua y desagüe y que son subempleados o tienen trabajos eventuales.

Utilizamos la palabra **excluido** para referirnos a todas las personas segregadas o discriminadas por razones sociales, políticas, culturales, religiosas o económicas. Los pobres materiales pertenecen al mundo de los excluidos; sin embargo, no sólo ellos forman parte de ese mundo de múltiples caras. Excluidos son los inmigrantes del sur en el norte del mundo, los inmigrantes de las zonas rurales en las ciudades, los miembros de los pueblos amazónicos y los habitantes de los pueblos andinos. Excluidas son las personas que padecen de enfermedades terminales, los miembros de las minorías religiosas, las prostitutas, los drogadictos, los homosexuales y las personas con discapacidad física o habilidades diferentes.

[16] Desde mi perspectiva, opción preferencial no significa exclusividad o una completa apropiación del amor de Dios. El Dios de la Vida, si bien es imparcial en su amor, opta por los pobres y los excluidos. Se identifica con los desposeídos, con los indefensos, con las víctimas de la injusticia legalizada, con los desheredados del mundo condenados a vivir en situaciones de muerte y violencia. Esto no significa que todos los pobres y todos los excluidos, por su condición de pobres o excluidos sean necesariamente creyentes, o que serán salvos debido a sus carencias materiales o a su condición de excluidos. Los pobres y excluidos, como cualquier otro ser humano, para formar parte de la comunidad del reino de Dios, tienen que responder a las demandas del evangelio. En otras palabras, necesitan arrepentirse de sus pecados, aceptar a Jesucristo como Señor y Salvador, y obedecer los principios del reino de Dios en su vida privada y en su vida pública.

nada teóricas y menos aún especulativas, mediante las cuales buscaba comprender la perspectiva lucana sobre la misión liberadora de Jesús, me las formulé una y otra vez en los últimos años, y paso a paso se me fueron aclarando varios asuntos que me ayudaron a replantear mi comprensión de la misión cristiana y de mi servicio pastoral a los pobres y los excluidos.

¿Qué pensaban los judíos de Jerusalén sobre Galilea? Juan en su evangelio registra que ellos preguntaban: *¿De Nazaret puede salir algo de bueno?* (Jn 1.46). *¿Eres tú también galileo? Escudriña y ve que de Galilea nunca se ha levantado profeta* (Jn 7.52). Ambas preguntas, así como la afirmación al final de la segunda pregunta, expresan la opinión que los judíos tenían sobre Galilea, que en ese tiempo estaba considerada como:

> Una región de poca importancia. Casi ignorada en el Antiguo Testamento, «comarca de los gentiles» será llamada en Isaías 8.23 (texto citado por Mt 4.15, 16), los evangelios la mencionarán sin embargo repetidas veces. Se trata de una región despreciada por los habitantes de Judea en donde se encuentra Jerusalén. Galilea es zona provinciana, vecina a poblaciones paganas e influida por ellas en su habla de marcado acento [...] en sus costumbres y en sus poco ortodoxas prácticas religiosas. Nada bueno puede salir de Galilea, de eso están convencidos los buenos judíos. (Gutiérrez 1989: 196–197)

La situación de pobreza y marginalidad de Galilea contrastaba con los privilegios de Jerusalén como centro religioso, político, cultural y económico de Palestina. La diferencia entre Galilea y Jerusalén era abismal. Mientras que la primera era sinónimo de pobreza y marginación, la segunda disfrutaba de una serie de privilegios que ahondaba mucho más las diferencias. Esa realidad explica por qué los judíos de Jerusalén trataban con desprecio a los incultos galileos, como puede deducirse de la referencia registrada en Hechos 4.13: *ántropoi agrammatoí kai idiotai* (gente sin estudios ni preparación).

Un autor resume así el contraste que existía entre Galilea y Jerusalén:

> En los tiempos del ministerio de Jesús, como resultado de las inmigraciones producidas desde Judea en busca de mejores condiciones de vida, había en Galilea muchos desheredados, hombres sin patria. Es muy posible que toda Galilea estuviera superpoblada en relación con las posibilidades de la tierra. Abundaban los

huérfanos, las viudas, los pobres y los desempleados. Esta situación contrastaba con la vida que los judíos llevaban en Jerusalén. En ésta las cosas eran distintas. Jerusalén era el centro religioso y esto le daba una serie de beneficios que ponían a sus habitantes en una real situación de privilegio... (Saracco 1982: 9)

Esta provincia carenciada fue el espacio geográfico que Jesús escogió para comenzar a predicar la buena noticia del reino de Dios (Mr 1.14–15; Mt 4.12–25). De acuerdo con un autor:

Jesús, el Galileo [...] anuncia su mensaje desde la insignificancia y la marginalidad. Desde los pobres y despreciados llega la palabra de amor universal del Dios de Jesucristo. Esa misión lo encamina a la confrontación con los grandes de su pueblo que residen en Judea, concretamente en Jerusalén. (Gutiérrez 1989: 197)

Así fue, en efecto. Desde el comienzo de la historia de Jesús, Lucas acentúa la predilección de Dios por los pobres y los excluidos. Los dos primeros capítulos dan testimonio de esa realidad. Personas de la periferia, como el sacerdote Zacarías y la anciana estéril Elisabet, la campesina María, el anciano Simeón, la anciana profetisa Ana y los despreciados pastores de las montañas de Judea, fueron los primeros testigos del cumplimiento de las profecías del Antiguo Testamento referidas al Mesías. Fueron testigos del comienzo del tiempo de liberación anhelado por los judíos piadosos que esperaban *la consolación de Israel* y *la redención en Jerusalén* (2.25, 38).

Más aún, los evangelios sinópticos indican que Jesús comenzó su misión liberadora en Galilea, anunciando la buena noticia del reino de Dios en los pueblos y aldeas de la región (Mt 4.12–23; Mr 1.14–15; Lc 4.14, 16, 43–44)[17]. Mateo y Marcos señalan que Jesús, luego de enterarse de que Juan el Bautista estaba preso, regresó a Galilea (Mt 4.12; Mr 1.14). Lucas registra que Jesús *volvió en el poder del Espíritu a Galilea* y que en la aldea de Nazaret expuso públicamente su plataforma mesiánica (4.16–30). A orillas del lago de Galilea llamó a sus primeros

---

[17] Paul Hertig en un interesante artículo sobre Jesús y su relación con Galilea sostiene lo siguiente: «The Gospel of Matthew emphasizes Galilee more than other Gospel. Matthew introduces Jesus's ministry by emphasizing that it began in Galilee (4.12–16), and he climaxes it with the great commission in Galilee (28.16–20). Galilee is highlighted as the hub of Jesus's ministry in Matthew 4.12–16... I propose that he is not only utilizing the term *Galilee* as geographical evidence for the messiahship of Jesus, but also uses the term Galilee as a key missiological theme throughout the Gospel. That theme indicates that Jesus accepts the rejected ones of the world and commissions them as his change agents in the world» (Hertig 1997: 155).

discípulos (Mt 4.18-25; Mr 1.16-20). Luego de su resurrección se apareció a sus discípulos en Galilea (Mt 28.16; Mr 16.6-7). Allí les dio el encargo misionero de hacer discípulos en todas las naciones (Mt 28.16-20). Toda esta información puede explicar por qué se afirma que «el movimiento de Jesús estuvo anclado originariamente en el campo [...] y era un movimiento galileo» (Theissen 1976: 47)[18]. Así parece indicarlo Lucas en su referencia a las mujeres galileas que habían seguido a Jesús, quienes permanecieron al pie de la cruz y fueron las primeras testigos de su resurrección (Lc 23.49, 55; 24.1-10). Además, se debe tener en cuenta que Lucas y los otros evangelios sinópticos registran que la gente pensaba que se trataba de un movimiento formado por galileos (Mt 26.69-73; Mr 14.70; Lc 22.59; Hch 2.7).

A la luz de la información que proporcionan los evangelios, así como de los datos que se tienen sobre las condiciones sociales y políticas de Galilea[19], se puede afirmar que la opción galilea de Jesús enunciada en su plataforma mesiánica (4.16-30) y reiterada en la respuesta que dio a los mensajeros de Juan el Bautista (7.18-22), no fue circunstancial o casual. Fue una clara opción por los pobres, los excluidos y los oprimidos. Fue una opción por las víctimas de todas las injusticias. Fue una opción en favor de la vida que provocó continuos desencuentros con los representantes de la religión establecida que planificaron matar al predicador galileo (Mt 12.14). Los agentes del anti-reino y de la anti-vida no toleraban la práctica misionera liberadora de Jesús de opción preferencial por los desheredados, la propuesta de liberación integral que provenía desde la oscura región de Galilea, la buena noticia del reino de Dios proclamada por un despreciado galileo (Mt 13.54-55; Mr 6.2-3; Lc 4.22).

---

[18] Gerd Theissen señala también que «la tradición sinóptica está localizada en pequeños lugares, a menudo anónimos, de Galilea. Silencia los lugares mayores como Séforis, Tiberias, Qanah, Jotapata o Giscala [...] Originariamente el movimiento [de Jesús] se circunscribe al campo. Oímos hablar mucho de campesinos, pescadores, viñadores y pastores y muy poco de artesanos y comerciantes. También son raras las personas instruidas» (Theissen 1976: 47-48).

[19] Paul Hertig señala lo siguiente: «In fact, about 90 percent of the Jews in Galilee could have been classified as *poor*» (Hertig 1998: 172). Y añade que «peasants were required to pay tribute, taxes, tithes, and offerings to the political and priestly elite... historically Galilean *people of the land* were not only despised, but also exploited» (Hertig 1997: 157). Gerd Theissen precisa que había «en Galilea, poco antes de comenzar Jesús su vida pública, desheredados e incluso, posiblemente, hombres sin patria [...] Según Josefo se encontraban allí juntos hacendados y desheredados» (Theissen 1976: 37). Luise Schottroff expresa que Jesús fue probablemente «el iniciador de un movimiento judío en el que participaban gentes de baja extracción social, cuyas posibilidades de subsistencia eran escasas, dada su situación real» (Schottroff y Stegemann 1981: 13).

La opción galilea de Jesús subraya entonces que, desde la solidaridad con los indefensos de la sociedad y las víctimas de las violencias, desde un compromiso hondo con los menospreciados del mundo, desde los pobres de la tierra, comenzó a proclamarse la buena noticia del reino de Dios. El pregón del reino empezó a proclamarse en Galilea, desde la marginalidad y la insignificancia, y se fue difundiendo desde el mundo de los pobres y los excluidos hacia el centro del poder. La buena noticia del reino de Dios fue avanzando desde Galilea a Jerusalén y desde Palestina a Roma. La opción galilea de Jesús nos recuerda que anunciar el reino de Dios es «restaurar la vida, prometer la vida, celebrar la vida» (Arias 1998: 59). Pero ¿cómo restaurar, prometer y celebrar la vida en un contexto de violencia institucionalizada contra los pobres y los excluidos?

En mi caso, la respuesta a la pregunta «¿por qué Galilea?», rediseñó mi comprensión de la misión cristiana y, consecuentemente, mi práctica pastoral y mi compromiso ciudadano. Comencé a plantearme preguntas que debían ser respondidas con acciones sociales y políticas concretas en favor de las víctimas de la injusticia legalizada: ¿Cuál tiene que ser la opción misionera de las iglesias pentecostales? ¿La justicia de los que detentan el poder político utilizando el dinero y las armas o la justicia del reino de Dios que exalta a los humildes y derriba de su trono a los poderosos? ¿Una teología legitimadora y justificadora de las opciones de muerte maquilladas con un discurso religioso o una teología de la vida bajo el impulso del Espíritu de vida? ¿Debe ser nuestra opción misionera el silencio cómplice cuando se asesina vilmente a cientos de seres humanos indefensos, la indiferencia frente al escándalo de la pobreza y la pobreza extrema, o la pasividad cuando cientos de seres humanos mueren de hambre o no tienen un trabajo digno y viven en condiciones infrahumanas?

La misión liberadora de Jesús

Examinando el Evangelio de Lucas descubrí que cuatro ejes temáticos estaban conectados con la misión liberadora de Jesús y vertebraban su opción galilea. Cada uno de estos temas tenía connotaciones sociales y políticas concretas que desafiaban mi compromiso pastoral y mi acción ciudadana. ¿Cuáles son estos ejes temáticos y cuáles sus implicaciones sociales y políticas para la misión liberadora de las iglesias evangélicas en sus realidades misioneras concretas?

El manifiesto mesiánico de Nazaret

La declaración mesiánica de Jesús (4.16–30), con su eco combinado del Éxodo y del Jubileo (Wright 2006: 309), es un texto clave en el cual se perfila y sintetiza la misión liberadora de Jesús[20], misión liberadora que se concretiza en su opción galilea.

Sobre el manifiesto mesiánico de Jesús, siguiendo la opinión de Robert McAfee Brown, Gustavo Gutiérrez sostiene que se trata de «un texto que cumple en el Evangelio de Lucas una función semejante al del Éxodo en el Antiguo Testamento. Ambos expresan la voluntad liberadora de Dios» (Gutiérrez 1989: 40). ¿Cuál es el contenido y el alcance liberador de la declaración mesiánica de Jesús? Para Gustavo Gutiérrez:

> En un pasaje del Evangelio de Lucas que nos es muy familiar (4.16–20), Jesús, valiéndose de un texto del profeta Isaías (61.1–2 y 58.6), da cuenta pública de su programa [...] Con este pasaje de su evangelio, Lucas nos presenta el comienzo del ministerio de Jesús [...] Lucas aprovecha la escena de la visita a Nazaret, que nos cuentan también Mateo y Marcos (13.53–58 y 6.1–6), para decirnos en qué consistirá la obra mesiánica y pone además esmero en hacer ver su alcance universal [...]. Las diferentes situaciones humanas enunciadas (pobreza, cautividad, ceguera, opresión) aparecen como expresiones de muerte [...] En este texto programático encontramos por consiguiente la disyuntiva muerte-vida, central en la revelación bíblica, frente a la cual [...] se nos exige una opción radical. (Gutiérrez 1989: 39–40, 41–42)

John Yoder, por su parte, sostiene que:

> El pasaje de Isaías que Jesús utiliza aquí para aplicarlo a sí mismo, no sólo es uno de los más explícitamente mesiánicos; es también el que establece las expectativas mesiánicas en los términos sociales más expresivos [...] Es muy posible que *el año aceptable del Señor* en el libro del profeta, se refiera a algún evento en particular hacia el fin de la era, o en el futuro inmediato de los cautivos de Babilonia (o a ambos); pero para el judaísmo rabínico y, por lo tanto, para los oyentes de Jesús, es más probable que no significara ninguno de

---

[20] El manifiesto mesiánico de Jesús no se limita a Lucas 4.16–21. Para una mejor compresión de su contenido y de su alcance liberador concreto, se tiene que considerar Lucas 4.16–30 como un solo bloque, teniendo como telón de fondo o como alfombra teológica, todo el Evangelio de Lucas.

> los dos, sino el año del jubileo, el tiempo en que las desigualdades acumuladas a lo largo de los años son olvidadas, y todo el pueblo de Dios comienza otra vez desde el principio. La expectativa, por lo tanto, no es que Jesús vendría a sacar a Palestina del último peldaño de la escala temporal, sino más bien que estaba por llegar a Palestina el impacto igualitario del año sabático. (Yoder 1985: 32–33)

René Padilla, sobre este mismo pasaje, afirma lo siguiente:

> Al comienzo mismo de su ministerio, en su manifiesto sobre su misión anunciado en la sinagoga de Nazaret, lee la profecía de Isaías 61.1–2 y afirma que el día del cumplimiento ha llegado. De su interpretación de ese pasaje bíblico se deriva que Jesús entiende su misión en términos de la inauguración de una nueva era —*el año favorable del Señor*— [...] caracterizado por el anuncio de la buena noticia a los pobres, la libertad de los presos, la restauración de la vista a los ciegos, la liberación de los oprimidos. Con el Antiguo Testamento como telón de fondo, Jesús concibe su actividad mesiánica en términos de la instauración del *año favorable del Señor*, es decir, el año de jubileo y, consecuentemente, de la reestructuración de la sociedad según los dictados del amor y la justicia. Es el portador de las bendiciones del reino, las mismas que son derramadas sobre gente que vive en condiciones de privación y opresión, pobreza y explotación. (Padilla 1986: 169)

Teniendo en cuenta la información que Lucas nos proporciona en su evangelio, así como el aporte de las personas que han estudiado este pasaje, se puede afirmar que cualquiera sea la óptica teológica desde la cual se lea y analice este pasaje, no se pueden desconocer cuatro asuntos que están bastante claros y que no requieren de mayor explicación o análisis crítico:

a. Jesús se aplica a sí mismo las palabras de Isaías 61.1–2. En él se cumple esta profecía mesiánica de Isaías. Jesús afirma que en su persona y ministerio el reino de Dios se ha hecho presente en el seno de la historia[21]. Sus palabras y sus acciones liberadoras en

---

[21] Carlos Escudero señala lo siguiente: «Al aplicarse Jesús a sí mismo el texto de Is 61,1–2, entramos en el *kairós*, que es el tiempo definitivo de la visita salvífica de Dios» (Escudero 1978: 267). Mortimer Arias, sobre este mismo pasaje, expresa que en su mensaje inaugural «en la sinagoga de Nazaret, Jesús se aplica a sí mismo las promesas de Is 61.1–2; 58.6; y anuncia que la promesa de liberación que forma parte del jubileo se encarna ahora en su propio ministerio» (Arias 1998: 29).

beneficio de seres humanos concretos como los enfermos, las viudas, los publicanos, los samaritanos y los endemoniados, dan cuenta de esa realidad.

b. Es un pasaje que está conectado con el año de jubileo. Un año de liberación en el cual se daba una nivelación social, se condonaban las deudas, los pobres recuperaban sus tierras y los esclavos eran liberados (Lv 25.1–55)[22].

c. Tiene una dimensión social y política incuestionable relacionada con la liberación de las personas que se encontraban en situaciones de opresión como los pobres. Los pobres (un término que se halla también en Isaías 61.1, *anawin*, *ptojós* como se traduce en la Septuaginta) «significan claramente en Lucas los desprovistos de lo que es necesario para vivir» (Gutiérrez 1989: 42)[23], como en Lucas 6.20; 7.22; 14.13–21.

d. Aparecen en este pasaje las dos notas claves del Evangelio de Lucas: el amor universal de Dios y su opción preferencial por los pobres y los excluidos. Ambas son dimensiones irrenunciables de la buena noticia del reino de Dios y no pueden relegadas o recortadas, bajo ningún pretexto.

Respecto a la imparcialidad del amor de Dios y a su predilección por los pobres y los excluidos, que destaca notoriamente cuando se lee Lucas 4.16–30, a la luz de Isaías 61.1–2 e Isaías 58.6, se tiene que precisar lo siguiente:

---

[22] Xabier Pikaza señala que en ese «año, según la ley israelita (Lv 25.8–55), los bienes retornaban a sus dueños primitivos, quedaban libres los esclavos, y todos los hombres y mujeres de Israel volvían a empezar la vida en hermandad, sin diferencias [...] Jesús anuncia ahora ese año decisivo, para siempre» (Pikaza 1985: 223).

Según Mortimer Arias, «la proclamación del jubileo, que se refleja en la cita escogida por Jesús, apuntaba a la necesidad de restitución de los medios de vida —en cuanto al acceso a la tierra y la remisión de las deudas— y exigía la emancipación de los esclavos» (Arias 1998: 30).

John Yoder sostiene que es necsario «concluir que —en el sentido corriente que tenían sus palabras— Jesús, lo mismo que María y Juan, estaba anunciando la inminente entrada en vigencia de un nuevo régimen, cuyas características serían que el rico compartiría con el pobre, los cautivos serían liberados, y los hombres tendrían una nueva mentalidad (*metanoia*), si creían en esta noticia» (Yoder 1985: 34).

[23] Luise Schottroff afirma lo siguiente: «El término empleado por los evangelios (*ptochos*) tiene sin duda una connotación social. Toda la tradición en torno a Jesús viene a apoyar la idea de que los evangelios sinópticos, cuando hablan de los pobres (*ptochoi*), se refieren a la extrema miseria, y con frecuencia a la mendicidad. Describen a los pobres recibiendo limosna (Mr 10.21 par.); Lázaro el pobre es un mendigo enfermo (pasaje prelucano Lc 16.19s), y los mendigos acogidos en el gran banquete son los pobres y los enfermos de la localidad y los vagabundos de fuera (Lc 14.21, 23)» (Schottroff y Stegemann 1981: 38–39).

En primer lugar, cuando cita a Isaías 61.1-2, Jesús no lee la última parte de Isaías 61.2 (*el día de la venganza del Dios nuestro*), evitando de esa manera toda referencia de hostilidad a los gentiles. Proclamó así la gracia imparcial de Dios, subrayada además en la referencia a dos despreciables gentiles que recibieron el favor de Dios, como la viuda de Sarepta y Naamán, el leproso sirio (Hertig 1998: 167-179). La gratuidad y la imparcialidad del amor de Dios afloran entonces como notas claves de la misión liberadora de Jesús en su discurso programático de Nazaret, notas claves que se expresan notoriamente en su opción galilea y que son ejes transversales del tercer evangelio.

a. En segundo lugar, cuando en Lucas 4.18, Jesús inserta una frase tomada de Isaías 58.6 (*a poner en libertad a los oprimidos*), introduce un correctivo necesario para una religión despreocupada por las condiciones materiales concretas en las cuales vivían los pobres y los oprimidos (Hertig 1998: 167-179). Este texto del profeta Isaías, si se examina a la luz de toda la propuesta que subyace en Isaías 58 en la cual se denuncian las prácticas religiosas hipócritas y en la que se enfatiza que el verdadero ayuno consiste en romper las cadenas de injusticia y preocuparse por la situación de los pobres, tiene una indudable dimensión social y política. En otras palabras, la misión liberadora de Jesús no puede espiritualizarse o entenderse como la simple salvación de almas incorpóreas, ya que la palabra *ptojós* (pobres) utilizada en Lucas 4.18, tiene la connotación de carencia material, privación y miseria[24]. Además, porque *los quebrantados de corazón, los cautivos y los ciegos*, mencionados en Lucas 4.18, expresan formas concretas de privación y miseria material en la cual se encuentran seres humanos concretos.

En la aldea de Nazaret, Jesús, ungido por el Espíritu, expuso un programa misionero liberador en favor de los pobres y los excluidos. Este programa misionero liberador que se expresa en su opción galilea es una clara opción por la vida y la justicia del reino de Dios. Su predicación y sus acciones liberadoras dieron cuenta de esa opción galilea que le granjeó la enemistad y el rechazo de los poderosos de su tiempo. Frente al testimonio del Evangelio de Lucas, acerca de la plataforma

---

[24] La palabra *ptojós* es utilizada 10 veces en el Evangelio de Lucas (4.18; 6.20; 7.22; 14.13, 21; 16.20, 22; 18.22; 19.8; 21.3) para designar a todos aquellos que se encuentran en una situación de extrema pobreza y que están obligados a la mendicidad, indigencia y miseria (Gutiérrez 1988: 425).

mesiánica de Jesús, como miembros de iglesias pentecostales, tenemos que preguntarnos cuál es nuestra plataforma de acción misionera en favor de los menesterosos y los desheredados del mundo y para qué nos ha ungido el Dios de la Vida con el Espíritu de vida; ¿para favorecer y defender acríticamente políticas económicas criminales en contra de seres humanos indefensos o para buscar que todos los seres humanos disfruten de una calidad de vida plena, digna y justa como creación de Dios?

La buena noticia del reino de Dios

La otra pregunta que guió mi búsqueda teológica sobre la opción galilea de Jesús que se presentaba como un eje teológico transversal en el Evangelio de Lucas fue la siguiente: ¿Qué se afirma acerca del mensaje liberador subyacente en el discurso mesiánico de Jesús expuesto en la sinagoga de Nazaret? Si bien es cierto que en Lucas 4.16–30 no se utiliza directamente la expresión *reino de Dios*, las palabras de Jesús en su manifiesto mesiánico contienen el meollo del mensaje que comenzó a proclamar por las ciudades y aldeas de Galilea. Un mensaje de liberación que transformó radicalmente la calidad de vida de los pobres y los excluidos que se encontraron con Jesús, como la viuda de Naín, y que se resume en las palabras de las personas que presenciaron esta acción liberadora en favor de una mujer viuda en peligro de ser una persona muerta en vida si su hijo no hubiera resucitado: *Dios ha visitado a su pueblo* (Lc 7.16).

Lucas en su evangelio —en sintonía con el testimonio de Mateo y Marcos (Mt 4.17, 23; Mr 1.14)— enfatiza que la buena noticia que Jesús comenzó a proclamar fue la irrupción del reino de Dios en el escenario de la historia (4.43–44). En su relato utiliza en dos ocasiones la expresión *evangelio del reino de Dios* (4.43; 8.1); en otros momentos utiliza la palabra *reino* (11.2; 12.32; 22.29, 30; 23.42), pero en la mayoría de los casos utiliza la expresión *reino de Dios* (6.20; 7.28; 8.10; 9.2, 11, 27, 60, 62; 10.9, 11; 11.20; 12.31; 13.18, 20, 28, 29; 14.15; 16.16; 17.20, 21; 18.16, 17, 24, 25, 29; 19.11; 21.31; 22.16, 18). Sin embargo, independientemente de las palabras que utiliza para referirse a la misión liberadora de Jesús, lo que está claro es que el mensaje que Jesús proclamó, con palabras y acciones de liberación en favor de los desvalidos, fue que en su persona y ministerio se estaba dando cumplimiento a las promesas del Antiguo Testamento relacionadas con el Mesías.

En su registro del discurso mesiánico de Jesús en la sinagoga de Nazaret, Lucas expresa claramente cuál era la identidad y la misión del Mesías: *El Espíritu del Señor está sobre mí […] Hoy se ha cumplido esta Escritura delante de vosotros* (4.18, 21). Estas palabras indican, como ya se ha señalado en otros momentos, que el reino de Dios se había acercado y que Jesús de Nazaret era el *autobasileia*. Dicho de otra manera, en Él y por medio de Él, Dios se había insertado en la historia, Dios se había contextualizado en Jesucristo (Padilla 1986: 80). Las palabras pronunciadas por Jesús durante su recorrido misionero, según el testimonio de Lucas, daban cuenta de que una nueva realidad se había introducido en la historia (11.20), o como lo ha precisado David Bosch:

> Si Jesús, ungido por el Espíritu de Dios, proclama buenas nuevas a los pobres, libertad a los cautivos y vista a los ciegos, y si Jesús anuncia el año favorable del Señor, está diciendo, entonces, que el Reino de Dios se ha acercado, y llama a todos al arrepentimiento y a la fe. (Bosch 2000: 152)

El meollo del mensaje de Jesús fue el anuncio de la irrupción del reino entre nosotros mediante su persona y sus acciones liberadoras. Para eso había sido enviado (4.43). Pero esto no es todo lo que Lucas destaca en su evangelio. En varios momentos de su relato, resalta tanto la dimensión presente como la dimensión futura del reino:

> En el Evangelio según San Lucas, Jesús es, ante todo y por encima de todo, el gran proclamador del reino. En Lucas, el primero en proclamar el reino es indiscutiblemente Jesús (Lc 4.43) [...] Cuando Jesús proclama por primera vez *el reino de Dios*, subraya vigorosamente la significación de este anuncio. *Para eso he sido enviado* (Lc 4.43) [...] En la narración lucana, Jesús habla del reino en el sentido de una realidad inminente: *sabed que está cerca el reino de Dios* (Lc 21.31, *cf.* 10.11). Pero al mismo tiempo no duda en proclamarlo como una magnitud ya presente en su propia persona y en su actuación: *El reino de Dios está en medio de vosotros* (Lc 17.2) [...]. Es más, Jesús habla incluso de ciertas actividades que se cumplirán cuando llegue el reino (Lc 22.16, 20). En estos pasajes específicamente lucanos, se observa una polaridad diferencial: por una parte, se contempla el reino como una dimensión presente, mientras que, por otra, queda proyectada hacia el futuro. (Fitzmyer 1986: 257–258)

Se tiene que señalar también que la referencia a la irrupción del reino de Dios en la historia implica el uso de un lenguaje social y político concreto, lenguaje que, para la mentalidad judía del primer siglo, tenía una connotación precisa:

> El lenguaje (*Reino, Evangelio*) fue elegido del campo político. Esta selección particular del vocabulario hubiese estado totalmente fuera de lugar si todo el énfasis de Jesús hubiese estribado en que, a diferencia de las expectativas de Juan, él mismo no estaba interesado en ese campo. Casi no necesita argumentarse que *reino* es un término político, el lector común de la Biblia tiene menos conciencia de que también el término *evangelio* significa no sólo alguna antigua fórmula de bienvenida, sino una proclamación pública importante, digna de ser enviada con un mensajero y que provoca una celebración al ser recibida. (Yoder 1985: 32)

La realidad de la irrupción del reino en el escenario de la historia se nota claramente en el efecto liberador integral de las acciones públicas de Jesús en favor de los pobres y los oprimidos. Los evangelios registran que cuando Jesús proclamaba la buena noticia del reino de Dios los enfermos sanaban, los posesos eran liberados, cambiaba la calidad de vida de las personas oprimidas, es decir, resucitaban socialmente (Mt 8.16–17; Mr 1.32–34; Lc 4.40–41). En la respuesta de Jesús a los enviados de Juan el Bautista se percibe con claridad la misión liberadora de Jesús como expresión concreta de la presencia del reino de Dios (7.21–22). En todos los casos mencionados en este pasaje se trata de seres humanos que sufrían distintas formas de opresión, se encontraban en una situación de indefensión y formaban parte del mundo de los excluidos. Las acciones liberadoras de Jesús constituían entonces señales visibles de la instauración del año de jubileo, signos concretos de la presencia del reino de Dios en el seno de la historia, señales claras del inicio del *kairós* anunciado por los profetas del Antiguo Testamento. Si seguimos esa misma ruta misionera, no nos tiene que extrañar que las fuerzas del anti-reino se opongan frontalmente a la proclamación de la buena noticia del reino de Dios en todos los espacios sociales. Sin embargo, a pesar de esa realidad, tenemos el encargo de amar la vida y de defenderla de todas las violencias. Entonces, ¿cuál es nuestro mensaje en la realidad misionera en la que nos encontramos como discípulos del Dios de la Vida? ¿Un evangelio mutilado, acomodado al gusto de los opresores, maniatado por la ideología del mercado, subordinado al poder político? ¿Un mensaje adormecedor, desmovilizador, legitimador del sistema?

Los destinatarios de la buena noticia del reino

¿Hacia qué sectores sociales Jesús orientó preferencialmente su misión liberadora? Lucas enfatiza en primer lugar que los destinatarios de la buena noticia del reino de Dios son todos los seres humanos, pobres y ricos, varones y mujeres, niños y adultos. Claros indicativos de esa realidad son la intención teológica que subyace en la genealogía de Jesús, que se remonta hasta Adán (3.23–38) y el canto del anciano Simeón en el cual se señala que el advenimiento del Mesías *sería luz para revelación a los gentiles* (2.32). Esta misma realidad se afirma en los relatos de la sanidad de un siervo de un centurión (7.1–10) y de un samaritano que padecía de lepra (17.11–19). La naturaleza inclusiva del amor de Dios se nota también en la referencia a la reina del sur que vino para oír la sabiduría del rey Salomón (11.31), en la referencia a los habitantes de Nínive que se arrepintieron cuando Jonás predicó sobre el juicio inminente de Dios (11.32), y en la referencia al encargo final de que la buena noticia de arrepentimiento y perdón de pecados se predique en todas las naciones (24.47). Este parece ser, además, el tema dominante en la parábola de la gran cena (14.15–24).

Sin embargo, como se ha señalado en varios momentos, Lucas en su evangelio subraya que Jesús tuvo una preocupación preferencial por los pobres y los excluidos. Lucas y los otros evangelios registran que los pobres y los excluidos fueron seres humanos concretos, con necesidades humanas concretas y con aspiraciones sociales concretas. Fueron personas que se encontraban en la periferia de la sociedad judía del primer siglo, como los cobradores de impuestos (Mt 9.9–13; Lc 19.1–10), los leprosos (Mt 8.1–4; Lc 17.11–19), las mujeres (Mt 8.14–17; 9.18–26; Mr 12.41–44; Lc 7.11–17; Jn 4.42), los enfermos de todo tipo (Mt 9.1–8; Mr 2.1–2; Lc 7.1–10), los niños (Mt 19.13–15; Lc 18.15–17) y los samaritanos (Lc 17.15–19; Jn 4.1–12). Lucas en particular registra que Jesús se sentaba a la mesa con los proscritos y los parias sociales (5.27–32; 8.36–50), tocaba con sus manos a personas intocables como los leprosos (5.12–16), incorporaba como seguidores suyos a mujeres galileas (8.2–3), se relacionaba con samaritanos enfermos de lepra (17.11–19), se hacía amigo de pecadores públicos como el despreciado recaudador de impuestos Zaqueo (19.1–10), y tenía una predilección especial por los niños (9.46–48; 18.15–17). La predilección que Jesús tenía por los frágiles y los despreciados de la sociedad es bastante clara en el relato lucano:

> Jesús ofrece su amistad y se sienta a la mesa con recaudadores de impuestos y pecadores [...] Más que ningún otro evangelista Lucas acentúa la asociación y trato de Jesús con las mujeres [...] El Jesús lucano está abierto a los que *oficialmente* quedan al margen, como el centurión gentil [...] y los samaritanos [...] Jesús se llega a los

leprosos [...] y la solicitud por los pobres es tema constante de su predicación... (Senior 1985: 354)

Más aún, Jesús puso a los pobres y excluidos como ejemplos de apertura a Dios (7.43–48; 17.16–19), exigiendo que los demás sean como ellos (18.15–17). En sus parábolas los colocó como ejemplo para seguir, contrastando su sensibilidad espiritual con la insensibilidad e hipocresía de los religiosos (10.25–37; 18.9–14). Jesús se arriesgó además a ser acusado de *comilón, bebedor de vino, amigo de publicanos y pecadores* (7.34); de transgredir el día de reposo cuando liberó a seres humanos oprimidos (6.7; 14.1–6), y de juntarse con la escoria de la sociedad (5.30; 19.7).

En suma, Jesús vio lo que los hombres de su tiempo marginaban, menospreciaban y consideraban como desecho humano[25]. Todos estos sectores humanos confinados al ostracismo social, tratados como inservibles, condenados al silencio, fueron los destinatarios privilegiados de la buena noticia de liberación. Los pobres y los excluidos, cuando se encontraron con Jesús de Nazaret, afirmaron su dignidad humana y pasaron de muerte a vida. Estas víctimas de la injusticia y los prejuicios deshumanizantes fueron liberadas de opresiones sociales, económicas, religiosas y espirituales concretos. A la luz de esa realidad, si seguimos fielmente la opción galilea de Jesús, tendríamos que estar del lado de la justicia, nos opondríamos a cualquier forma de opresión y explotación de los indefensos de la sociedad, y lucharíamos incansablemente para que todos los pobres y los excluidos sean tratados como seres humanos plenos y dignos. Éstas son las acciones misioneras que Jesús esperaría de discípulos que afirman estar llenos del Espíritu. Pero ¿cómo nos relacionamos actualmente con los pobres y los excluidos? ¿Velamos para que tengan acceso justo a una adecuada alimentación, a los servicios de salud, educación de calidad, vivienda digna, trabajo permanente, y un salario digno y justo? ¿Los defendemos cuando su vida y su dignidad humana son violentadas impunemente por los que están en la cima del poder?

---

[25] Gustavo Gutiérrez señala que en el mundo judío del primer siglo el niño estaba considerado como un ser humano incompleto y formaba parte de los no importantes junto con los pobres, los enfermos, las mujeres (Gutiérrez, 1989: 222–223). Precisa, además, que aquellos que padecían de una enfermedad seria o de alguna mala conformación corporal eran estimados pecadores (*cf.* Jn 9), y que, debido a esa situación, los leprosos eran segregados de la vida social (Gutiérrez 1989: 225). Añade también que los pecadores públicos, como los publicanos y las prostitutas, eran tenidos también como la escoria de la sociedad (Gutiérrez 1989: 225).

Un discipulado radical

El examen del Evangelio de Lucas me llevó a comprender que la opción galilea de Jesús iba de la mano con un discipulado radical, es decir, con un compromiso a tiempo completo con el reino de Dios y su justicia. Esto implica proclamar y vivir la buena noticia del reino de Dios en toda su radicalidad, sabiendo de antemano que los agentes del anti-reino utilizarán toda su maquinaria político-religiosa para presionar, perseguir, comprar, silenciar o asesinar a todos los que se atreven a ser fieles al Dios de la Vida hasta las últimas consecuencias.

En varios pasajes del Evangelio de Lucas se delinean las marcas del seguimiento a Jesús y la radicalidad de este seguimiento (5.1–11; 6.12–16; 9.1–6; 57–62; 10.1–12; 14.25–35). Desde la óptica lucana, no resulta fácil ser un discípulo de Jesús; el precio es bastante alto y las exigencias son elevadas. Para Lucas, el seguimiento es vocación indeclinable que exige renuncias voluntarias y compromisos impostergables con Jesús y su reino de vida y de justicia plenas (14.25–27; 32). El seguimiento a Jesús demanda una reorientación total de la vida, una conversión epistemológica, un cambio radical de valores, un compromiso a tiempo completo. En otras palabras, una vez que se ha tomado la decisión de seguir a Jesús, ya no es posible retroceder, ya no se puede volver atrás (9.62). Lucas enfatiza, además, que es Jesús quien escoge a sus discípulos, desafiándoles al seguimiento, y dándoles encargos específicos relacionados con la misión que les espera como ciudadanos del reino de Dios y como pregoneros de la justicia del reino (5.10–11, 27–32; 6.12–13; 9.1–6; 10.1–12). Jesús hace surgir lo que un autor ha denominado «una comunidad de compromiso voluntario»:

> Lo importante es que, en una sociedad caracterizada por tener lazos familiares muy estables de raíz religiosa, Jesús hace surgir una comunidad de compromiso voluntario, dispuesta por causa de su llamado a llevar sobre sí la hostilidad de la sociedad [...]. Lo que importa es la calidad de vida a la que es llamado el discípulo. La respuesta es que para ser un discípulo es necesario compartir el estilo de vida cuya culminación es la cruz [...] Hay en la comunidad de discípulos esas señales sociológicas características de aquellos que se proponen cambiar la sociedad: una estructura visible de compañerismo, una decisión sobria que garantiza que el costo del compromiso ha sido aceptado conscientemente, y un estímulo de vida claramente definido, distinto del resto de la gente. (Yoder 1985: 38–40)

A partir de su incorporación visible a la comunidad de Jesús (comunidad del reino), el discípulo tiene el compromiso irrenunciable de ser embajador del reino, defensor incansable de la vida, pregonero de la justicia del reino y artesano de la paz de Dios. En el seguimiento la cruz es señal inconfundible de pertenencia al reino, y la esperanza de la resurrección es el horizonte de vida. El seguimiento es Gracia cara, no gracia barata:

> Es cara porque llama al seguimiento, es gracia porque llama al seguimiento de Jesucristo; es cara porque le cuesta al hombre la vida, es gracia porque le regala la vida; es cara porque le ha costado la vida de su hijo —Habéis sido adquirido a gran precio— y porque lo que ha costado caro a Dios no puede resultarnos barato a nosotros. (Bonhoeffer 1986: 16–17)

Como ocurrió hace muchos años con los primeros discípulos, cuando las personas están en la faena cotidiana, echando la red en el mar (Mt 4.18) o remendando las redes (Mt 4.21), Jesús les sale al encuentro. Y cuando dice *sígueme*, espera respuestas definitivas, compromisos plenos, seguimiento a tiempo completo. De acuerdo con Fitzmyer:

> Ser discípulo de Jesús significa seguir sus pasos, acompañarle en su viaje a Jerusalén, donde va a cumplir su destino de muerte, su Éxodo, su paso al Padre [...] En la concepción lucana, ser discípulo de Cristo, incluye no sólo la aceptación de las enseñanzas del Maestro, sino también una identificación personal con el estilo de vida y con su destino de muerte, que es lo que verdaderamente crea una dinámica interna de seguimiento. Dada la perspectiva geográfica del Evangelio según San Lucas, el *seguimiento de Jesús* adquiere una connotación marcadamente espacial, es decir, el discípulo tiene que seguir las huellas del propio Jesús. (Fitzmyer 1986: 407)

Jesús todavía continúa diciendo en estos días *Sígueme* (5.27; 9.59; 18.22). El camino que el discípulo tiene que seguir va de Galilea a Jerusalén, de la periferia al centro del poder. La cruz es camino de amor por la vida, obediencia que eclosiona en alegría liberadora, fidelidad que se prueba en la faena cotidiana de anunciar la buena noticia del reino de Dios. La obediencia a Jesús es a la vez el preludio y la prueba del verdadero discipulado (Costas 1982: 55). En Galilea y en tránsito a Jerusalén, como ayer, también hoy Jesús espera que aceptemos el desafío de seguirlo asumiendo la opción galilea como un compromiso indeclinable con la vida y la justicia del reino. Y cuando estemos en el camino del seguimiento a Jesús, pisando las huellas inconfundibles del Maestro de Galilea, nunca debemos olvidar que *el seguimiento es la alegría* (Bonhoffer 1986: 12). Alegría por el triunfo de la vida sobre la muerte. Alegría porque la justicia del reino desnuda la injusticia institucionalizada de nuestras sociedades. Alegría porque la esperanza de la resurrección impulsa un terco compromiso con la defensa de la vida y alimenta un compromiso irrenunciable con la justicia del reino. Alegría porque en este peregrinaje de defensa de una vida plena y digna para los indefensos de la sociedad, los discípulos no se encuentran solos, ya que forman parte de una comunidad en la que se ama la vida y se la defiende como un don del Dios.

Palabras finales

La opción galilea de Jesús es un llamado a luchar activamente, sin utilizar ninguna forma de violencia, contra toda opción de muerte que condena a los pobres y los excluidos a vivir en condiciones infrahumanas. Los discípulos de Jesús tienen, delante de sí, dos veredas distintas y distantes entre sí, por las cuales a lo largo de la historia se han relacionado la iglesia y los creyentes con el Estado y las autoridades temporales. Una de ellas somete a Dios a la ideología predominante y la otra proclama la soberanía y la justicia de Dios. Una opta por ser complaciente con el régimen de turno y la otra asume el riesgo de una sociedad alternativa a la sociedad circundante. Una se convierte en un instrumento servil al sistema y la otra resiste de manera no violenta a la violencia de los opresores. ¿De qué lado estamos nosotros? ¿Cuál de estas dos veredas describe mejor nuestra teología y nuestra conducta pública como creyentes pentecostales ungidos con el Espíritu de vida?

En ocasiones, siguiendo una de estas veredas, las iglesias y los creyentes pentecostales se convirtieron en instrumentos políticos del Estado y de los gobernantes temporales, justificando y legitimando teológicamente todos sus atropellos. En otros momentos, siguiendo la opción galilea de Jesús, las minorías proféticas cambiaron el rumbo de la historia, defendiendo el derecho y la justicia; a pesar de los insultos, la persecución y las amenazas de muerte de los defensores del *statu quo*. Así, una y otra vez en todos estos años, ambas veredas fueron dibujando el papel público de la religión y la conducta pública de los religiosos. ¿Qué vereda estamos siguiendo en nuestros contextos particulares de misión? ¿La del Dios de la Vida o la de las fuerzas de la anti-vida? ¿La del reino de Dios y su justicia o la del sistema predominante? ¿La de la defensa de los pobres y de los excluidos o la de la defensa acrítica del *statu quo*? ¿La del derecho y la justicia o la de injusticia institucionalizada?

En el caso de las iglesias pentecostales —en cuyas filas milito desde hace más de tres décadas, cuando conocí al Dios de la Vida en una congregación de la Iglesia de Dios en la ciudad de Lima (Perú)— si tratamos de ser fieles a nuestra memoria subversiva, nuestra opción misionera no puede ser otra que la opción galilea de Jesús. Entre otras razones, porque la cuna en la cual nació el movimiento pentecostal fue el mundo de los pobres y los excluidos, y dentro de esa realidad brotaron nuestro mensaje, nuestros cantos, nuestros testimonios y nuestras oraciones liberadoras. Allí se fue forjando nuestra propuesta misionera liberadora que le cambió el rostro público al movimiento evangélico en el sur del mundo, convirtiéndolo en un movimiento popular, en un movimiento de opción por una vida plena, digna y justa para los desheredados. En ese mundo se fraguó el evangelio pentecostal proclamado y vivido por nuestros muertos queridos en realidades de injusticia y exclusión. En la comunión con los desheredados del mundo fuimos aprendiendo que la vida, y no la muerte, tiene la última palabra en la historia. En la mesa de los pobres y la de los excluidos aprendimos a amar la vida, a valorarla como un don de Dios y a defenderla de todas las violencias. En otras palabras, la opción galilea de Jesús fue la alfombra teológica sobre la cual se construyó nuestra propuesta misionera, una propuesta cuyo eje central fue una clara identificación con los desposeídos y marginados de la sociedad. Una propuesta que permitió que los frágiles de la sociedad recuperaran la palabra y tuvieran acceso inmediato a la salud en sociedades en las cuales el Estado tenía un enorme déficit de atención en los servicios de salud pública.

¿Qué más podemos afirmar como pentecostales? Que nuestra teología tiene que ser una teología de la vida, de una vida plena, digna y justa para todos los seres humanos, especialmente para las víctimas de las diversas violencias. Sin embargo, habría que preguntarnos si es esta la opción misionera actual de la mayoría de las iglesias pentecostales en el sur y el norte del mundo, o si más bien buena parte de ellas fueron abandonando paso a paso su pasado revolucionario para convertirse en un artículo más del variado menú de productos religiosos que ofrece actualmente la sociedad globalizada. ¿Qué mensaje estamos ofreciendo a los crucificados de este tiempo con los cuales caminamos en la misma vereda de pobreza, exclusión e injusticia institucionalizada?

Capítulo 3

El tiempo crucial de Dios

Nuevas de gran gozo… para todo el pueblo

Lucas 1–2

Las sorprendentes e inesperadas palabras que un ángel del Señor le dijo a un grupo de pastores en las montañas de Judea: *No temáis; porque he aquí os doy nuevas de gran gozo* [*euggelizomaia*], *que será para todo el pueblo* [*laós*]… (Lc 2.10), resume el mensaje central que subyace en los anuncios y cánticos que se entretejen en el Evangelio de la Infancia (Lc 1–2)[26], un mensaje que recorre todo el Evangelio de Lucas. ¿Cuál es ese mensaje central? Lucas afirma que ha comenzado el tiempo crucial de Dios, que su promesa se ha cumplido y que su misión liberadora ya está en marcha en el seno de la historia.

En efecto, había llegado el tiempo crucial prometido por los profetas del Antiguo Testamento: Dios estaba dando cumplimiento a sus promesas. El anuncio del nacimiento del precursor del Mesías y del mismo Mesías constituían señales claras de que el *kairós* de Dios, su tiempo crucial y oportuno, había llegado. Y llama poderosamente la atención que los primeros destinatarios y los primeros comunicadores de esa buena noticia, una realidad anhelada y evocada por las personas piadosas de Israel, fueran personas del pueblo (*laós*), gente marginada y excluida, según los patrones sociales y culturales del primer siglo. Al respecto, Carroll Stuhlmueller, subrayando que al de Lucas se lo conoce como el evangelio de los pobres, menciona que la predilección por este sector social:

> …brilla intensamente en el relato de la infancia, donde los mayores privilegios son otorgados a los pobres e insignificantes: la

---

[26] Así se conoce a esta sección del Evangelio de Lucas (Rigaux 1973; Escudero 1978). Todo el contenido de esta sección es exclusivamente lucano; lo que aquí se registra no se encuentra en ninguno de los otros evangelios y puede ser considerado como el telón de fondo sobre el cual Lucas hilvana la buena noticia de la misión liberadora de Jesús de Nazaret.

> pareja estéril, Zacarías e Isabel; María y José oriundos de la oscura Nazaret; los pastores de la comarca; un anciano y una viuda anciana en el templo. (Stuhlmueller 1972: 300)

Los actores humanos que se mencionan en Lucas 1–2, además de compartir su condición de marginados y excluidos en la sociedad judía, formaban parte también de los judíos que esperaban con creciente expectativa al Mesías prometido. Ellos compartían una piedad común y, según el testimonio lucano, esperaban que Dios irrumpiera en la historia para liberarlos de la situación de opresión en la que se encontraban.

Desde otro ángulo, pero relacionado con el énfasis lucano acerca de la predilección de Dios por los que se encuentran en la periferia, un dato sumamente valioso que Lucas registra en el Evangelio de la Infancia es el papel de las mujeres en la historia que Dios va tejiendo para cumplir su propósito de salvación. Dos de las protagonistas centrales de los eventos que allí se registran son una anciana estéril y una joven campesina. Estas dos mujeres manifiestan, de diversas maneras, su confianza en la pronta intervención de Dios para revertir el destino de su pueblo. Ambas, junto con la profetiza Ana, fueron capaces de reconocer que el *kairós* de Dios había llegado.

Está presente, así, desde el comienzo del tercer evangelio, uno de los temas favoritos de Lucas. En el Evangelio de Lucas, las mujeres tienen voz propia[27]. Estas mujeres, con gestos y palabras, expresan públicamente quién es Dios para ellas, rompiendo así los patrones sociales, culturales y religiosos que las mantenían oprimidas[28]. Lucas enfatiza, entonces, la inversión social y política que el Mesías prometido trae consigo. Precisamente, los anuncios de nacimientos extraordinarios y los cantos mesiánicos que Lucas registra en los dos primeros capítulos de su evangelio, subrayan esa realidad.

---

[27] Lucas subraya que las mujeres seguían a Jesús (Lc 8.2–3), fueron escuchadas, valoradas y defendidas por él (Lc 7.36–50; 8.40–56; 10.38–42; 13.10–17; 21.1–4); estuvieron al pie de la cruz (Lc 23.49, 55) y fueron las primeras que vieron a Jesús resucitado (Lc 24.1–10).

[28] Gustavo Gutiérrez menciona que la actitud de Jesús «representa [...] una verdadera ruptura con esta deformación de su pueblo y con las categorías dominantes de su tiempo [...]. Lucas especialmente sensible a este aspecto, destaca la presencia de mujeres como acompañantes y discípulas de Jesús (Lc 8.1–3; 23.49) [...]. Inaudita era también para sus contemporáneos su apertura hacia mujeres consideradas impuras o pertenecientes a naciones despreciadas. Sus discípulos se escandalizan al encontrarlo hablando con una samaritana [...]. Si resultaba desconcertante que un judío dirigiera la palabra a alguien perteneciente al despreciado pueblo de Samaria, lo era aún más por tratarse de una mujer [...]» (Gutiérrez 1989: 317).

Examinaremos Lucas 1–2 concentrando nuestra atención en los anuncios y en los cánticos que en esta sección del evangelio se registran. El examen de estos pasajes no será exhaustivo, versículo por versículo, sino panorámico. El foco de nuestro examen serán los temas clave que, conectados con lo que Lucas relata en el resto del evangelio, tejen la alfombra teológica sobre la cual se asienta la misión liberadora de Jesús: a) el amor especial de Dios por los pobres y los excluidos; b) El amor inclusivo de Dios.

Los anuncios de nacimientos extraordinarios

Anuncio del nacimiento de Juan el Bautista (Lucas 1.5–25)

El autor del tercer evangelio subraya en este pasaje el carácter extraordinario del nacimiento de este niño. Ubica primero el relato en su coordenada histórica (*en los días del rey Herodes*) y geográfica (*Judea*) y, seguidamente, presenta a los dos actores humanos principales, dando detalles concretos acerca de su vida personal y familiar:

> Hubo en los días de Herodes, rey de Judea, un sacerdote llamado Zacarías, de la clase de Abías; su mujer era de las hijas de Aarón, y se llamaba Elisabet. Ambos eran justos delante de Dios, y andaban irreprensibles en todos los mandamientos y ordenanzas del Señor. Pero no tenían hijo, porque Elisabet era estéril, y ambos eran ya de edad avanzada. (Lc 1.5–7)

Lucas describe al sacerdote Zacarías y a su esposa Elisabet como personas piadosas y obedientes a la ley de Dios, es decir, como personas justas delante de Dios. Elisabet es una mujer anciana, estéril, humillada debido a su infecundidad (Lc 1.7, 25). Zacarías es un anciano, sin hijos, bastante preocupado por no tener un heredero en quien prolongar su nombre (Lc 1.7, 12, 18). A pesar de la vejez de ambos y de la esterilidad de Elisabet, el Dios de la Vida reivindica a estas dos personas piadosas, dándoles el privilegio de ser los padres del futuro heraldo del Mesías: Juan el Bautista.

Luego de presentar a los autores humanos principales, Lucas traslada su relato al templo, lugar en el cual el ángel Gabriel se le aparece inesperadamente a Zacarías mientras cumplía su turno sacerdotal (Lc 1.8–12). Este mensajero celestial, después de decirle a Zacarías *no temas* (Lc 1.13), precisó la razón particular de su visita imprevista:

> …tu oración ha sido oída, y tu mujer Elisabet te dará a luz un hijo,
> y llamarás su nombre Juan. Y tendrás gozo y alegría, y muchos se
> regocijarán de su nacimiento. (Lc 1.13–14)

En el pasaje se puntualiza que Dios ha estado atento a la oración de Zacarías (*¡Cuánto tiempo habrá orado!*) y que muy pronto este sacerdote y su esposa, antes que humillación y condena, tendrán gozo y alegría con el nacimiento de un hijo. Dada esa buena noticia, seguidamente, se mencionan varias características sobre la persona y la misión que tendría el hijo de Zacarías y Elisabet (Lc 1.15–17).

El relato finaliza con un diálogo entre el ángel Gabriel y Zacarías, que culmina con la mudez de este sacerdote y un cántico de gozo de Elisabet. De acuerdo con el relato de Lucas:

> Después de aquellos días, concibió su mujer Elisabet, y se recluyó
> en casa por cinco meses, diciendo: Así ha hecho conmigo el Señor
> en los días en que se dignó quitar mi afrenta entre los hombres.
> (Lc 1.24–25)

Elisabet reconoce en su cántico de acción de gracias la bondad de Dios y afirma que Dios ha realizado un milagro en su vida. Ella y su esposo han «resucitado socialmente». ¿Por qué fue así? Porque, como señala Ivoni Richter:

> …el cántico de alabanza de Isabel denuncia las relaciones sociales
> y religiosas construidas de forma que humillan a las mujeres
> que no tienen hijos y que, debido a eso, las colocan en la esfera
> última de la jerarquía social. Este cántico de Isabel ya anticipa el
> contenido liberador del Magníficat, en el sentido de afirmar el
> amor y el cuidado, así como la intervención de Dios a favor de las
> personas marginadas. (Richter 2003: 43)

A la luz de esa realidad, se puede afirmar que los nombres de ambos, Zacarías (*Yahvé ha recordado*) y Elisabet (*Dios ha jurado protegernos*), tienen una connotación especial relacionada con el amor especial de Dios por las personas menos favorecidas. El Dios de la Biblia es un Dios que recuerda, no es un Dios amnésico, no es un Dios indiferente a las necesidades humanas. Dios ha escuchado la oración de Zacarías y está cumpliendo con la promesa de la venida del Mesías. ¡El heraldo del Mesías ya está en camino! Y pronto lo estará también el mismo Mesías encarnado en el vientre de una virgen galilea.

¿Cuál es la lección concreta? Si bien se trata de una concepción natural, pero de carácter milagroso, debido a la esterilidad de Elisabet y la edad avanzada de ambos esposos, Lucas, el evangelista, subraya en esta historia que Dios se manifiesta soberanamente donde menos se espera y en quienes menos se espera. El cumplimiento de la promesa de Dios no ocurre en el seno de una de las familias pudientes de ese tiempo, como tampoco en la ciudad de Jerusalén, centro religioso y político de Palestina, sino en la familia de un sacerdote pobre que vive en una ciudad de Judá, cuyo nombre no se precisa (Lc 1.39).

En el seno de una familia pobre y marginada, pero justa delante de Dios, nacerá el heraldo del Mesías y su misión será preparar el camino del Señor (Lc 1.76). Así, desde una realidad de marginación y desventaja social, se va tejiendo la novedad de vida que cambiará la historia de la humanidad. Dios comienza a cumplir su promesa, y los primeros testigos de esa realidad son dos personas pobres y marginadas, dos ancianos despreciados por no tener hijos.

Anuncio del nacimiento de Jesús (Lc 1.26–38)

Como en el caso del anuncio del nacimiento de Juan el Bautista, Lucas lo sitúa en su coordenada temporal (*al sexto mes*) y geográfica (*una ciudad de Galilea, llamada Nazaret*). El mensajero celestial, como en la experiencia de Zacarías, es también el ángel Gabriel. Lucas describe con estas palabras lo que ocurrió durante la visita inesperada del ángel Gabriel a la doncella María:

> Al sexto mes el ángel Gabriel fue enviado por Dios a una ciudad de Galilea, llamada Nazaret, a una virgen desposada con un varón que se llamaba José, de la casa de David; y el nombre de la virgen era María. Y entrando el ángel en donde ella estaba, dijo: ¡Salve, muy favorecida! El Señor es contigo; bendita tú entre las mujeres. Más ella, cuando le vio, se turbó por sus palabras, y pensaba qué salutación sería esta. Entonces el ángel le dijo: María, no temas, porque has hallado gracia delante de Dios. Y ahora concebirás en tu vientre, y darás a luz un hijo, y llamarás su nombre Jesús. (Lc 1.26–31)

Lucas se esfuerza por dar señales claras del origen extraordinario de Jesús. Ubica el anuncio del nacimiento de Jesús en su marco histórico, temporal y geográfico preciso (Lc 1.5, 26). La coordenada espacial es la desconocida aldea de Nazaret localizada en la despreciada provincia de Galilea. Se subraya así que la salvación de Dios llega desde un lugar humilde, la oscura aldea de Nazaret ubicada en la despreciada región de Galilea, fuera de Jerusalén, la capital de Palestina y el centro religioso y político del mundo judío[29].

El instrumento humano que Dios ha escogido para hacerse Hombre, para encarnarse, es una doncella, una mujer bastante joven en edad de casarse. María, una joven campesina que como las otras mujeres de su tiempo sufría los afectos de la marginación social, cultural y religiosa; sin embargo, confía, espera y está abierta a la intervención de Dios en el seno de la historia, como después lo expresa ella misma en su cántico de acción de gracias (Lc 1.46–55).

Luego de su presentación, el ángel Gabriel le proporciona a María datos precisos sobre la persona y la misión que tendría el hijo que ella llevará en su vientre:

> Éste será grande, y será llamado Hijo del Altísimo; y el Señor Dios
> le dará el trono de David su padre; y reinará sobre la casa de Jacob
> para siempre, y su reino no tendrá fin. (Lc 1.32–33)

El ángel Gabriel está hablando claramente del Mesías prometido y utiliza para ello un pasaje profético (Is 9.7). La marginada y excluida María, una joven campesina de la despreciada región de Galilea, será la madre del Mesías. En ella se cumplirá la profecía de Isaías: *...el Señor mismo os dará señal: He aquí que la virgen concebirá, y dará a luz un hijo, y llamará su nombre Emanuel* (Is 7.14).

María, luego de preguntarle al mensajero celestial: *¿Cómo será esto? pues no conozco varón* (Lc 1.34), y de recibir la respuesta del ángel Gabriel:

> El Espíritu Santo vendrá sobre ti, y el poder del Altísimo te cubrirá
> con su sombra; por lo cual también el Santo Ser que nacerá, será
> llamado Hijo de Dios. (Lc 1.35–36)

Le creyó al mensajero celestial, le ofreció su vientre a Dios, y se dispuso a obedecerle incondicionalmente: *...He aquí la sierva del Señor; hágase conmigo conforme a tu palabra...* (Lc 1.38). A la disposición voluntaria, humilde e incondicional de María, un autor la ha descrito con estas hermosas palabras:

> Pedir el vientre no es poca cosa. Pero ofrecer el vientre es algo muy
> grande. Es cosa de María, quien dice: *Aquí tienes a la sierva del*

---

[29] Un autor señala que Nazaret era «una aldea insignificante, nunca mencionada en el Antiguo Testamento ni en el Talmud ni en Josefo, despreciada por los palestinenses en tiempos del mismo Jesús (Jn 1.46) [...]» (Stuhlmueller 1972: 312).

> *Señor. Que él haga conmigo como me has dicho…* Y de este modo,
> María, la mujer, entrega lo más precioso que tiene: su vientre
> virgen… y el resultado comienza a verse poco a poco bajo forma
> de embarazo o gravidez. (Steuernagel 2006: 38)

El Mesías muy pronto estaría entre los seres humanos, como ocurrió en efecto, cuando Elisabet lo reconoció en el momento en que su parienta María la visitó:

> Bendita tú entre las mujeres, y bendito el fruto de tu vientre. ¿Por
> qué se me concede esto a mí, que la madre de mi Señor venga a
> mí? Porque tan pronto llegó la voz de tu salutación a mis oídos,
> la criatura saltó de alegría en mi vientre. Y bienaventurada la que
> creyó, porque se cumplirá lo que le fue dicho de parte del Señor.
> (Lc 1.42–45)

Dos mujeres marginadas y excluidas, dos embarazadas en cuyos vientres estaban el heraldo del Mesías y el Mesías, dan cuenta de la gratuidad y la imparcialidad del amor de Dios. Dios las escogió a ambas como instrumentos humanos clave para la realización de su propósito de salvación. Las dos no eran personas importantes en la sociedad judía, no provenían de familias económica ni políticamente poderosas, no formaban parte de la élite religiosa de Israel. Sin embargo, Dios mismo dignificó a estas mujeres marginadas y excluidas, las llenó de su Espíritu y les dio una misión especial. Una de ellas sería la madre del heraldo del Mesías y la otra la madre del Mesías.

La experiencia concreta de María, la joven campesina de Galilea, región despreciada por los judíos piadosos de Jerusalén (Jn 1.46; 7.41, 52; Hch 4.13), muestra que Dios en su misión de salvación quiebra los patrones sociales y culturales de marginación y exclusión. Dios va a contracorriente de los valores y las prácticas de marginación y exclusión sobre los cuales se sostienen las sociedades asimétricas, opresivas y deshumanizantes. Así lo afirmó María, una mujer marginada, cuando cantó sobre la transformación social, política y económica radical que acompaña la intervención poderosa de Dios en el seno de la historia (Lc 1.51–53).

Los cánticos mesiánicos

Los anuncios de los nacimientos del heraldo del Mesías y del Mesías ya constituían señales claras del advenimiento de un nuevo momento en la historia de la salvación. Los cánticos mesiánicos confirman esa realidad. Había llegado el *kairós* de Dios[30]. El tiempo de liberación anhelado y evocado había comenzado. Acierta, entonces, David Bosch cuando expresa que:

> ...el Magníficat de María (Lc 1.46–55), el canto de Zacarías (Lc 1.68–79) y las palabras de Simeón (2.29–32), contienen una variedad de referencias a la liberación de Israel. (Bosch 2000: 142)

Teniendo como punto de apoyo esta clave teológica, las expectativas mesiánicas asociadas al tiempo de liberación prometido por Dios, examinaremos los cánticos mesiánicos que Lucas consigna en el Evangelio de la Infancia[31]. ¿Qué se afirma en estos cánticos?

El Magníficat (Lc 1.46–55)[32]

Sobre el cántico de liberación de María, conocido como el Magníficat, mucho se ha discutido en los últimos años, tanto respecto a las fuentes escritas y orales a las que Lucas pudo haber tenido acceso, como a las fuentes litúrgicas sobre las cuales pudo haberse apoyado María[33]. En relación con esta discusión académica, John Yoder manifiesta lo siguiente:

> No es importante [...] saber la clase de fuente literaria sobre la que se apoya Lucas, ni la clase de fuente litúrgica sobre la cual pudo haberse apoyado María. En este testimonio del evangelio, se nos dice que aquel cuyo nacimiento se nos anuncia va a ser agente de cambio social radical. Las preocupaciones de aquellos que esperan la consolación *de Israel*, que él hará suyas, no son cúlticas

---

[30] De acuerdo con Jean Daniélou: «La encarnación es el *kairós*, el momento decisivo, la esencial intervención de Dios en la historia» (Daniélou 1969: 18).

[31] Donald Senior expresa que «toda la atmósfera de los relatos de la infancia presenta los orígenes de Jesús enraizados en las esperanzas de Israel. Zacarías, Isabel, María, José, Simeón, Ana, los pastores constituyen una galería de personajes del Antiguo Testamento, que sentían vivamente el anhelo del pueblo de Dios por alcanzar salvación» (Senior 1985: 355).

[32] El título de este cántico procede de las palabras iniciales de la versión latina o Vulgata de Lucas 1.46: *Magníficat ánima mea Dominum* (Engrandece mi alma al Señor).

[33] En una nota al pie de página, autores católicos romanos y luteranos en un trabajo conjunto, mencionan lo siguiente con respecto a este asunto: «El equipo no aceptaba la tesis de que los himnos fuesen de origen no cristiano, por ejemplo, que el Magníficat hubiera sido un himno sobre Juan el Bautista (en asociación a la lectura: *E Isabel dijo*, de 1.45), o que tanto el Magníficat como el Benedictus fueran himnos judíos, más especialmente, himnos guerreros macabeos» (Brown, Donfried, Fitzmyer, Reumann 1994: 140). Pierre Grelot afirma lo mismo: «No hay razones de peso para afirmar que los textos en cuestión eran cánticos judíos utilizados y *actualizados* por los cristianos» (Grelot 1987: 1990).

ni doctrinales y, por lo tanto, tampoco son, en sentido estricto, preocupaciones *religiosas*: él viene a quebrar la esclavitud de su pueblo. (Yoder 1985: 27–28)

Hecha esta precisión necesaria, y siguiendo la propuesta de Yoder acerca del contenido concreto del Magníficat, examinaremos la propuesta teológica-política que subyace en él y que sintoniza con la misión liberadora de Jesús que se subraya a lo largo del Evangelio de Lucas.

El cántico de María, desde mi punto de vista[34], tiene dos partes que pueden identificarse claramente cuando se lee el pasaje:

➤ La oración de María (Lc 1.46–50).
➤ La acción concreta de Dios (Lc 1.51–55).

En relación con la oración de María, se destaca la nota de alabanza con la que comienza su canto y la afirmación de que Dios es su Salvador (*Soter*), que la ha honrado al haberle escogido para ser la madre del Mesías. María se reconoce a sí misma como una sierva (*dóule*) al servicio de Dios (Lc 1.48), reiterando así lo que había afirmado en otro momento en presencia del ángel Gabriel (Lc 1.38).

En cuanto a la acción concreta de Dios, la sección del Magníficat sobre la cual se ha centrado la atención de los eruditos y cuyo núcleo se encuentra en los versículos 51–53, existen varias interpretaciones[35]. Xabier Pikaza afirma que la acción de Dios se explicita:

> …por medio de tres versos construidos en esquema de paralelismo. El primero (1.51) nos sitúa en el plano de la inversión ideológica; el segundo (1.52) nos conduce a lo social; el tercero (1.53) está en nivel de economía. (Pikaza 1985: 294)

René Kruger (1988: 77), por su parte, divide esta sección de la siguiente manera: Titulo o anunciación: juicio histórico (1.51); Acción de Dios contra los poderosos y los ricos (1.52–53); Acción de Dios a favor de los indigentes y los hambrientos (1.51–52).

---

[34] René Kruger (Kruger 1988: 77) y Carlos Escudero (Escudero 1978: 191–194) prefieren dividir el cántico de María en tres secciones: Alabanza de la acción de Dios en favor de María o actividad divina a favor de María (Lc 1.46–50), proclamación de la acción de Dios en favor de los pobres o actividad divina en favor de los pobres (Lc 1.51–53), proclamación de la acción de Dios en favor de su siervo Israel o actividad divina en favor de Israel (Lc 1.54–55).

[35] Carlos Escudero opina que los versículos 51–53 son una confirmación de la actividad histórico-salvífica de Dios (Escudero 1978: 207). Para este autor, los versículos 51–53, preludian y encierran en germen el *programa de Jesús* y el carácter específico de su actividad salvífica (Escudero 1978: 211).

Desde una mirada colectiva, estudiosos católicos romanos y luteranos, cuando se refieren al Magníficat sostienen que:

> En el núcleo del Magníficat contrastan la diversa suerte de los orgulloso/poderosos/ricos y de los humildes/hambrientos: los primeros son dispersados, derribados y despedidos hambrientos, mientras que los segundos son exaltados y saciados (1.51–53). En los tres evangelios sinópticos se dirige Jesús a los descastados; pero [Lucas] pone especial énfasis en los *marginados*, los aplastados, pecadores, mujeres, viudas y samaritanos… (Brown, Donfried, Fitzmyer, Reumann 1994: 141)

De esta sucinta revisión bibliográfica y, particularmente a la luz del propio texto bíblico, se puede afirmar que el Magníficat es un manifiesto revolucionario con claras connotaciones sociales (Lc 1.50–51), políticas (Lc 1.52) y económicas (Lc 1.53), tres temas clave que están presentes a lo largo del tercer evangelio y que se conectan con la misión liberadora de Jesús formulada en la plataforma mesiánica expuesta en la sinagoga de Nazaret (Lc 4.16–20). Una plataforma mesiánica que fue reiterada —con gestos concretos de liberación y con palabras acerca de su misión liberadora— en la respuesta que Jesús les dio a los mensajeros de Juan el Bautista (Lc 7.21–22). Una respuesta en la que destaca también la afirmación de que los pobres (*ptojós*) serían los destinatarios privilegiados de la buena noticia del reino de Dios (Lc 7.22).

Precisamente, relacionando Lucas 1.51–53 con la plataforma mesiánica de Jesús expuesta en la sinagoga Nazaret, Carlos Escudero expresa lo siguiente:

> Hay otra línea evangélica, íntimamente relacionada con esta sección del Magníficat (1.51–53) y con el programa de Jesús (4.18–19). Se trata de la predilección de Dios por la gente sencilla, por la débil e impotente, en contraposición con los sabios y poderosos de este mundo. (Escudero 1978: 212)

¿Qué afirma, entonces, María en su cántico de acción de gracias? Afirma que el Dios de la Vida, Dios en el cual ella ha depositado su esperanza, invierte la realidad tanto en su plano social y político como económico. Afirma que el Dios de la Vida tiene predilección por los pobres y los marginados del mundo[36]. Afirma que la pirámide del poder

---

[36] Comentando sobre Lucas 1.52, Martín Lutero en su análisis del Magníficat, menciona que «los detritus del mundo, los pobres, los pequeños, los simples, los insignificantes,

será invertida radicalmente por la intervención poderosa de Dios. Esto puede explicar por qué un reconocido teólogo católico romano sostiene que el Magníficat "es uno de los textos de mayor contenido liberador y político del Nuevo Testamento" (Gutiérrez 1988: 317).

El Benedictus (Lc 1.68–79)[37]

El cántico de Zacarías conocido como el Benedictus, que entonó luego de recuperarse de la mudez en la que quedó sumergido, puede dividirse en dos partes:

➤ La acción salvadora de Dios en favor de su pueblo (Lc 1.68–75).

➤ La misión de Juan el Bautista como el heraldo del Mesías (Lc 1.76–79)[38].

La afirmación más destacada en este cántico se centra en la proclamación del carácter mesiánico de Jesús, es decir, el Benedictus tiene como eje vertebrador la proclamación de la salvación mesiánica. Las referencias a la visitación de Dios (Lc 1.68, 78) y a la salvación o liberación del pueblo (Lc 1.68b, 69, 77) dan cuenta de esa realidad. Dios visita a su pueblo para salvarlo o liberarlo a través del Mesías (Lc 1.68–69) cuyo heraldo será Juan el Bautista (Lc 1.76–77). Mesías que será *luz a los que habitan en tinieblas y en sombra de muerte* (Lc 1.79).

A primera vista, pareciera que las palabras de Zacarías se limitan únicamente a la salvación de los judíos de la situación de la opresión en la que encontraban en ese momento histórico; sin embargo, consideradas a la luz de toda la propuesta lucana, se puede afirmar que su horizonte apunta más allá, concretamente, a la inclusión de los gentiles. De acuerdo con Carlos Escudero:

> …aunque literariamente apunta al Antiguo Testamento y cierra la historia de Juan el Bautista, teológicamente señala la era mesiánica. El tema de la salvación tan reiterativo en el himno se refiere a la salvación mesiánica, no con la perspectiva parcial que pudiera corresponder a Zacarías y a sus contemporáneos, sino con la perspectiva global del evangelista y de las comunidades cristianas

---

los despreciados, son los predilectos de Dios, como dice San Pablo (1Co 1.28)» (Egido 2001: 198).

[37] El título de este cántico procede de las palabras iniciales de la versión latina o Vulgata de Lucas 1.68: **Benedictus Dominus Deus Israel** (Bendito el Señor Dios de Israel).

[38] Carlos Escudero, resumiendo la discusión académica sobre este asunto en una nota al pie de página, concluye que los «comentaristas distinguen comúnmente dos partes en el *Benedictus*: el himno de alabanza a Dios por la salvación mesiánica, 1.68–75, y la descripción de la misión del precursor, 1.76–79» (Escudero 1978: 228).

> destinatarias de su obra; es decir, se trata de la salvación realizada por Jesús, que tiene como destinatario al hombre histórico con sus problemas concretos; Jesús le ofrece una liberación radical y total [...] una liberación de cualquier tipo de explotación a la que esté sometido. (Escudero 1978: 238)

Parece que de eso se trata, particularmente si se tiene en cuenta que las palabras finales del Benedictus (Lc 1.79) tomadas de Isaías 9.2, se enlazan con la versión de Mateo sobre el principio del ministerio de Jesús (Mt 4.16). En el Evangelio de Mateo, bajo el paraguas de Isaías 9.1–2, se utilizan casi las mismas palabras que para describir la misión del Mesías.

En conclusión, siguiendo la pista teológica presente en los anuncios de nacimientos extraordinarios y en el cántico de María, también en el Benedictus se afirma que el tiempo de salvación ha llegado y que Dios ha irrumpido en la historia para generar una inversión social y política radical. Para transformar, particularmente, la situación inhumana en la que viven aquellos que se encuentran en la periferia de las relaciones sociales.

El *Gloria in excelsis* (Lc 2.14)[39]

El cántico de la multitud de ángeles que alababan a Dios, conocido como *Gloria in excelsis*, precedido de la aparición de un mensajero celestial a un grupo de pastores en las montañas de Judea para darles una noticia sorprendente acerca del advenimiento del Mesías al mundo, se encuentra en Lucas 2.14. Sin embargo, para comprender mejor este cántico, se tiene que considerar el contexto inmediato en el cual se sitúa Lucas 2.14.

Un dato valioso que se debe tener en cuenta son los destinatarios del mensaje del ángel del Señor: los pastores. Llama la atención que este sector marginado de la sociedad judía[40] haya sido el primer público humano a quien, según Lucas, se le comunicó que el Mesías ya estaba entre nosotros:

---

[39] El título de este cántico procede de las palabras iniciales de la versión latina o Vulgata de Lucas 2.14: *Gloria in excelsis Deo* (Gloria a Dios en las alturas).

[40] De acuerdo con un autor: «En tiempo de Jesús, los pastores eran gente menospreciada y marginada por la sociedad, eran considerados como delincuentes habituales, dispuestos siempre al robo y al pillaje, por lo que no merecían confianza alguna [...]. Para Lucas son precisamente estas gentes pobres, sencillas y despreciadas por los poderosos, las elegidas para recibir, como los primeros y auténticos destinatarios, la revelación celeste de Jesús» (Escudero 1978: 291).

> ...os doy nuevas de gran gozo, que será para todo el pueblo: que os ha nacido hoy, en la ciudad de David, un Salvador, que es Cristo el Señor. (Lc 2.10–11)

En este pasaje se presenta a Jesús como Salvador (*Sotér*), Mesías (*Cristós*) y Señor (*Kyrios*), en quien se cumplen las promesas que Dios había hecho a Israel. Todos ellos son títulos mesiánicos que dan cuenta tanto de la personalidad como de la misión de salvación del Mesías. Se estaba cumpliendo, entonces, la esperanza que tenían personas piadosas como el anciano Simeón (Lc 2.25) y la anciana profetisa Ana (Lc 2.38): *la consolación de Israel* o *la redención en Jerusalén.*

Los otros datos valiosos que se repiten, por un lado, hasta en tres ocasiones (*acostado en un pesebre* como en Lc 2.7, 12, 16) y, por otro, hasta en dos ocasiones (*envuelto en pañales*, como en Lc 2.7, 12), subrayan tanto la identificación del Mesías con todos los seres humanos (los pañales) como con los pobres y los excluidos de la sociedad (acostado en un comedero de animales). Estos datos sintonizan perfectamente con los destinatarios de la buena noticia del advenimiento del Mesías: pastores pobres y excluidos que representan al pueblo (*laós*), destinatarios de la buena noticia del advenimiento del Mesías que Dios ha escogido deliberadamente.

Luego de esa serie de eventos interconectados (la aparición del ángel, la noticia a los pastores, la señal para reconocer al Mesías), como precisa Lucas, repentinamente, apareció una multitud de ángeles que alababan a Dios (Lc 2.13). ¿Cuál fue el contenido del canto que entonaba ese coro celestial? El siguiente: *¡Gloria a Dios en las alturas, y en la tierra paz, buena voluntad para con los hombres!* (Lc 2.14). Un escenario celestial y el otro terrenal, están presentes en el cántico, y ambos están relacionados con el anuncio del advenimiento del Mesías al mundo.

Gloria a Dios proclaman los ángeles. Gloria a Dios que ha dado cumplimiento a su promesa. ¡Ha llegado el tiempo de salvación! ¡El Mesías se ha encarnado y ha puesto su tienda de campaña en el mundo! Y, por eso mismo, se puede proclamar la paz en la tierra a todos los seres humanos que gozan del favor de Dios[41], una paz que implica salud, abundancia, plenitud de vida. Precisamente, la misión liberadora

---

[41] De acuerdo con Carroll Stuhlmueller, la expresión buena voluntad para con los hombres, «no se refiere a las buenas disposiciones de los mismos hombres, sino a la predilección de Dios. No hay que imaginarse a Dios recibiendo una satisfacción por la bondad de los hombres, sino más bien impartiendo bondad al hombre mediante su elección divina y su misericordia» (Stuhlmueller 1972: 319).

del Mesías tendría ese horizonte, apuntaría en esa dirección, ya que su presencia en la historia quebraría toda cadena de opresión.

El Nunc dimittis (Lc 2.29–32)[42]

Del cántico de Simeón, conocido como el Nunc dimittis, se afirma que *es el pasaje de mayor apertura universalista de todo el Evangelio de Lucas* (Escudero 1978: 343). Así parece ser, en efecto, ya que, a diferencia del Magníficat y del Benedictus, claramente se afirma en este cántico que la salvación que el Mesías trae será manifestada a todos los pueblos (*laós*) y será luz para los gentiles (*ethnos*):

> …han visto mis ojos tu salvación, la cual has preparado en presencia de todos los pueblos; luz para revelación a los gentiles, y gloria de tu pueblo Israel. (Lc 1.30–32)

Lucas presenta a Simeón como una persona justa y piadosa (Lc 2.25), es decir, se trata de un fiel cumplidor de la ley de Dios. El autor del tercer evangelio se refiere también a este anciano como una persona que esperaba *la consolación de Israel* (Lc 2.25). En otras palabras, Simeón formaba parte de los judíos piadosos de Israel que con creciente expectativa aguardaban el cumplimiento de la promesa divina, el día de liberación. Finalmente, Lucas subraya que Simeón era una persona llena del Espíritu Santo, que había recibido una revelación de este acerca del Mesías, y que era impulsado por el Espíritu Santo (Lc 2.26–27). Todos estos datos indican que no se trataba de cualquier persona judía, sino de alguien que estaba en comunión estrecha con Dios y que esa comunión se traducía en una confianza en la pronta intervención de Dios para cambiar la situación política de Israel.

El cántico se puede dividir en tres partes:

➤ La novedad de la irrupción del tiempo mesiánico que le lleva a Simeón a exclamar que ya puede morir en paz (Lc 2.29).

➤ La afirmación de que el tiempo de salvación ya se ha cumplido y Simeón es un testigo privilegiado de esa realidad (Lc 2.30).

➤ La afirmación de la naturaleza inclusiva de la salvación que quiebra todo tipo de etnocentrismo (Lc 2.31–32).

De acuerdo con el relato de Lucas, Simeón proclama que el niño que sostiene en sus brazos es *salvación* de Dios (2.30), *luz* para las naciones

---

[42] El título de este cántico procede de las palabras iniciales en la versión latina o Vulgata de Lucas 2.29: **Nunc Dimittis servum tuum, Domine** (Ahora, Señor, despides a tu siervo…).

(2.32) y *gloria* de Israel (2.32). Estas expresiones aluden, qué duda cabe, a la naturaleza mesiánica de Jesús y a la misión que realizará en beneficio de todos los seres humanos. A la luz de esta declaración de Simeón, se puede afirmar que la salvación de Dios tiene un alcance universal y no está restringida por los prejuicios sociales, culturales o religiosos de las personas y de las sociedades humanas, como tampoco por la nacionalidad o la raza de las personas. Precisamente, la universidad del amor de Dios o la naturaleza inclusiva de su amor, viene a ser uno de los temas teológicos transversales en el Evangelio de Lucas.

Envuelto en pañales, acostado en un pesebre

Las sorprendentes e inesperadas palabras que un ángel del Señor comunicó a los pastores de Judea: *os doy nuevas de gran gozo* [...] *os ha nacido hoy en la ciudad de David, un Salvador, que es Cristo el Señor* (Lc 2.10–11), resultan aún más sorprendentes e inesperadas, si se las conectan con la señal que el ángel les dio a los pastores para identificar al Mesías: *Hallaréis al niño envuelto en pañales, acostado en un pesebre* (Lc 2.12). ¡El Mesías vino como un niño! ¡Vino como un indefenso, como un marginado y excluido, como un desvalido!

Unida a la condición de indefensión en la que vino el Mesías, la acción de envolverlo en pañales indicaba su plena humanidad y su plena identificación con todos los seres humanos, y la acción de acostarlo en un pesebre su plena solidaridad con los marginados y los oprimidos del mundo que viven en condiciones de pobreza y de extrema pobreza. El Mesías no vino como una apariencia o un simulacro de hombre. Fue verdaderamente Hombre. El Mesías no nació en Jerusalén, no vino al mundo en un lujoso palacio, su cuna no fue de madera fina y cara. Nació en una pequeña aldea, dentro de un ambiente de sudor y trabajo, y fue acostado en un comedero de animales.

¿Qué indica todo esto? Indica que Lucas, desde el comienzo de su evangelio, subraya claramente que Dios tiene una predilección por los pobres y los marginados del mundo, tal como se aprecia en los relatos de los nacimientos extraordinarios de Juan el Bautista y de Jesús, así como en los cánticos mesiánicos. Indica también que el amor de Dios es gratuito, imparcial e inclusivo. Dicho de otra manera, Dios desea que todos los seres humanos, cualquiera sea su condición social o nacionalidad, acepten la salvación que les ofrece, una salvación integral que libera a los seres humanos concretos de todas las opresiones que los mantienen postrados.

Capítulo 4

La liberación de un excluido

El defensor de los indefensos

Lucas 5.12–16

La historia bíblica paradigmática que analizaremos es el relato de la sanidad de un leproso según la versión del Evangelio de Lucas (Lc 5.12-16; *cf.* Mt 8.1-4; Mr 1.40-45). Es una historia que constituye una señal más del mesianismo de Jesús (Lc 7.22), una historia en la que se entrelazan cuatro temas clave relacionados con la defensa de la dignidad humana:

➤ Un ser humano indefenso.
➤ El defensor de los indefensos.
➤ La resurrección social de un excluido.
➤ Las motivaciones y las conductas.

Un ser humano indefenso

En el mundo judío del primer siglo, al igual que en el mundo globalizado actual, existían personas marginadas y excluidas en términos sociales, culturales y religiosos. En ese mundo caracterizado por relaciones sociales asimétricas, se marginaba a los samaritanos, a los cobradores de impuestos, a las mujeres, a los niños y a los enfermos de todo tipo, dentro de los cuales se encontraban los leprosos.

Más aún, en el mundo del primer siglo, la lepra estaba considerada como una enfermedad que, según las regulaciones religiosas de ese tiempo, convertía a la persona que la adquiría en alguien impuro que debía vivir en lugares apartados alejado de sus familiares y conocidos (Lv 13.46). Condenados, entonces, al ostracismo social, si un enfermo de lepra, por alguna razón se dirigía a los centros poblados, tenía que hacer sonar una campana mientras iba gritando por el camino: *¡Inmundo, inmundo!* (Lv 13.45).

Indudablemente, la condición de indefensión de un enfermo de lepra, no era en ningún sentido la vida digna y plena que se espera que tenga una persona creada a la imagen de Dios. Sin embargo, una persona marginada y excluida de la «sociedad normal» y «muerta en vida», como el leproso del relato Lucano, a pesar de su situación de desventaja social, vio en Jesús de Nazaret la esperanza para salir de la condición de postración en la que se encontraba. De acuerdo con Lucas:

> Sucedió que estando él en una de las ciudades, se presentó un hombre lleno de lepra, el cual, viendo a Jesús, se postró con el rostro en tierra y le rogó, diciendo: Señor, si quieres, puedes limpiarme. (Lc 5.12)

Llama poderosamente la atención la fuerza de voluntad que tuvo el leproso, que a pesar de todas las limitaciones que tenía por su condición de excluido de la vida social y religiosa judía, pudo acercarse a Jesús en un lugar público. Y la forma como este hombre se acercó a Jesús puso en evidencia tanto su situación de indefensión como su necesidad de salir de esa condición inhumana.

De acuerdo con el relato lucano, este ser humano no exigió absolutamente nada como un derecho propio, tampoco reclamó un supuesto derecho de ser liberado de una enfermedad que lo había convertido en una cosa descartable. Más bien, sus gestos y palabras indican que sabía que su vida dependía únicamente de la misericordia de Jesús. Esto explica por qué rogó y se postró con el rostro en tierra en lugar de adoptar una pose soberbia, y finalmente, con las palabras *si quieres*, depositó toda su esperanza en la misericordia de Jesús. ¿Qué ocurrió? Jesús no lo defraudó ni lo dejó en el desamparo, porque en la comunidad que él estaba forjando no podía haber marginados ni excluidos.

Como en este caso, la condición de indefensión en la que se encuentran cientos de personas, puede actuar como un freno o un obstáculo para que salgan de esa condición infrahumana. Sin embargo, puede ocurrir también, como en la experiencia de este enfermo de lepra, que cuando se encuentran con Jesús de Nazaret, desde su situación de indefensión, sacan las fuerzas para vencer los prejuicios sociales, culturales y religiosos que los oprimen. ¿No ha sido ésta la experiencia de cientos de personas marginadas y excluidas, oprimidas y explotadas, que se han integrado a las iglesias a lo largo de los siglos?

El defensor de los indefensos

Jesús de Nazaret, como todos los habitantes de la Palestina del primer siglo, conocía el conjunto de prohibiciones religiosas y los prejuicios culturales que existían respecto al contacto con los enfermos de lepra. Más aún, sabía que, como un maestro o rabí, le estaba prohibido tener contacto o relacionarse con individuos considerados impuros por la ley judía.

¿Por qué se relacionó, entonces, con un marginado y excluido como el leproso? ¿Cuál fue su intención? ¿Qué quería demostrar? El relato bíblico enfatiza que la compasión de Jesús de Nazaret no estuvo limitada por los prejuicios culturales o por las regulaciones religiosas de su tiempo. Él no menospreció a nadie, más bien se preocupó visiblemente por los marginados y excluidos de la sociedad, como los enfermos de lepra.

Ante el ruego y el pedido del enfermo de lepra, según Lucas, *Jesús extendiendo la mano, le tocó, diciendo: Quiero; sé limpio* (Lc 6.13). La misericordia de Jesús que Marcos en su evangelio subraya (Mr 1.41), se expresó tanto en sus palabras como en sus gestos de solidaridad con esta persona marginada y excluida, a pesar de que el contacto con un enfermo lo hacía ceremonialmente impuro (Lv 13.42–46). Sin embargo, con sus palabras y gestos, manifestó claramente que él veía, trataba y valoraba al leproso, como un ser humano creado a la imagen y semejanza de Dios.

La misericordia de Jesús no se limitó ni se redujo a una declaración de buenas intenciones o a frases piadosas bien elaboradas para ganar los aplausos de la gente. Extender su mano (y no se quedó sólo allí) y, luego de ello, tocar al leproso, no fueron simples gestos esporádicos que expresaban cierta preocupación por las necesidades del prójimo, sino actos concretos de identificación con un excluido. Con esos gestos, Jesús estaba mostrando que para él la vida del leproso sí tenía valor y que, a pesar de su enfermedad que lo había convertido en un «muerto en vida», el leproso tenía también una dignidad humana intrínseca como creación de Dios.

Jesús de Nazaret, con sus palabras y gestos, se presentó entonces como defensor de los indefensos. Pavimentó así, con su ejemplo concreto de amor al prójimo, la vereda misionera por la cual las iglesias y los discípulos de todas las épocas deben transitar si quieren ser obedientes y fieles a Aquel que *se hizo pobre, siendo rico, para que con su pobreza* fuésemos *enriquecidos* (2Co 8.9). Y él todavía, aun en este tiempo, sigue diciendo a sus discípulos: *Como me envío el Padre, así también yo os envío* (Jn 20.21).

La «resurrección social» de un excluido

De acuerdo con el relato bíblico: *Y al instante la lepra se fue de él* (Lc 5.13). Marcos, sobre este mismo incidente, menciona que este hombre: *...quedó limpio* (Mr 1.42). Un momento antes, el hombre estaba lleno de lepra; poco después, no quedaba ni una sola señal de la enfermedad que lo había condenado al desván de las relaciones sociales. En cuestión de segundos, pasó de una condición de marginado y excluido, a una nueva situación. Dejó de ser un leproso y, consecuentemente, podía volver nuevamente a integrarse a la vida social y religiosa de su pueblo sin ninguna restricción, y ser de nuevo una persona útil en la sociedad.

Dicho de otra manera, lo que Jesús de Nazaret provocó en esta ocasión, fue la «resurrección social» de una persona marginada y excluida, ya que le devolvió la dignidad social y religiosa a un enfermo de lepra. Como lo ha subrayado un autor: "Jesús aun vio que se restaurará la posición del hombre en la vida pública y religiosa de Israel. Con ese propósito, lo envió al sacerdote para que, declarado sano por él y habiendo presentado las ofrendas exigidas, pudiera volver a ocupar su lugar en la sociedad sin ser desechado por nadie" (Hendriksen 1990: 309).

En la experiencia concreta de esta persona marginada y excluida, como ocurrió en otros casos relatados por Lucas en su evangelio, las sanidades realizadas por Jesús eran completas e instantáneas (Lc 4.38–39; 5.17–26; 6.6–11; 8.26–39; 8.43–48). Así es Jesús. Él siempre hace las cosas bien y termina todo lo que inicia. Tiene autoridad sobre todas las enfermedades que afligen y destruyen a los seres humanos. Cuando él llega a la vida de una persona, actúa para liberarla de la situación de opresión en la que se encuentra, para darle una vida nueva y una nueva forma de relacionarse con los demás seres humanos.

Ésta tiene que ser también la ruta misionera de las iglesias y los discípulos. Debe ser así porque una dimensión fundamental e innegociable de su misión integral tiene que ser la revaloración de los marginados y excluidos, la dignificación de los parias sociales, la defensa de los indefensos, la «resurrección social» de los oprimidos por los prejuicios sociales, culturales y religiosos de la sociedad circundante. ¿Caminamos en esa ruta misionera?

Las motivaciones y las conductas

Jesús ha hecho un milagro. Ha cambiado completamente la vida de un ser humano indefenso y marginado. Ha sanado integralmente a un leproso. Y, luego de ello, le dijo a esta persona restaurada en su dignidad social y religiosa que cumpliera todo lo que la ley de Moisés —las regulaciones establecidas en el Antiguo Testamento (Lv 14.1–7)— ordenaba para los casos de sanidad de un leproso (Lc 5.14; *cf.* Mr 1.44). Según un autor:

> Esa ofrenda consistía en dos avecillas limpias y vivas. Una debía ser muerta. En su sangre era mojada la otra y luego puesta en libertad. La sangre del ave muerta era entonces rociada sobre el hombre que había sido sanado. Era rociado siete veces. Entonces se le declaraba sano. (Hendriksen 1990: 288)

Jesús le ordenó también a esta persona lo siguiente: *que no lo dijese a nadie...* (Lc 5.14, *cf.* Mr 1.44). Si bien no sabemos exactamente la razón o las razones que tuvo Jesús para prohibirle a este hombre que no dijera nada a nadie, sin embargo, según un experto en el Nuevo Testamento:

> Probablemente Jesús, con la prohibición que le hizo a este hombre, quería prevenir el entusiasmo popular de los nacionalistas judíos que esperaban un Mesías conquistador. (Marshall 1997: 127)

Jesús no quería ser visto, entonces, como un simple agitador social, un Mesías político, o convertir su misión en un mesianismo exaltado que marchaba al compás de la voluntad popular.

Sin embargo, este hombre no pudo permanecer callado por mucho tiempo, pues lo que había ocurrido en su vida había sido tan grande que seguramente él quería que muchas personas conocieran o se enteraran de todo lo que Jesús hizo por él. Marcos indica que:

> ...ido él, comenzó a publicarlo mucho y a divulgar el hecho, de manera que ya Jesús no podía entrar abiertamente en la ciudad... (Mr 1.45)

Y no era para menos. Él tenía una gran noticia que comunicar. Jesús había hecho un milagro en su vida y él no podía quedarse en silencio. Tenía la necesidad de publicar y divulgar el milagro que había experimentado en su vida. ¿Qué ocurrió entonces? Lucas destaca que:

> ...su fama se extendía más y más; y se reunía mucha gente para oírle, y para que les sanase de sus enfermedades. Mas él se apartaba a lugares desiertos, y oraba. (Lc 5.15–16)

Como se puede deducir del pasaje, Jesús no aprovechó el entusiasmo de la gente, ni las condiciones objetivas favorables que tenía para convertirse en un Mesías sin cruz, tal como el diablo le había sugerido en las tentaciones (Lc 4.1–13; *cf.* Mt 4.1–11). Tampoco dejó, según el testimonio de Juan, que la gente se apoderara de él para convertirlo en rey (Jn 6.15).

¿Por qué? Porque Jesús sabía perfectamente cuál era su misión en el mundo (Jn 8.12–14). Él sabía que esa misión tenía relación con revertir el destino de los pobres y de los marginados y excluidos (Lc 4.16–30; 7.20–22). Sabía que un recurso poderoso para la misión, y para no caer en la seducción del poder, era pasar tiempo a solas con el Padre. Y nosotros, ¿sabemos cuál es nuestra misión en el mundo? ¿Aprovechamos las condiciones objetivas favorables para promocionar nuestra candidatura política o presentarnos como luchadores sociales eficaces y eficientes?

Las lecciones

Jesús de Nazaret fue un defensor de los indefensos. La defensa activa que hizo de las personas excluidas no se limitó a las meras palabras. Fue así porque sus palabras orientadas a valorar lo que la sociedad circundante había condenado al ostracismo social, estuvieron acompañadas de gestos concretos de solidaridad con el prójimo.

Estos gestos concretos de Jesús de Nazaret hicieron posible que las personas marginadas y excluidas experimentasen una «resurrección social», recuperando de esa manera su lugar en la sociedad. Así, luego de encontrarse con Jesús de Nazaret, los excluidos que habían sido tocados por su amor imparcial, ya no fueron los mismos y nunca más vivieron en condiciones infrahumanas.

Para insertarse en el campo de la defensa de la dignidad humana de los marginados y los excluidos (una tarea incomprendida y criticada por los que tienen en sus manos el poder político, militar y religioso) se requiere unir al discurso, los gestos concretos y visibles de solidaridad con el prójimo. Únicamente así, siguiendo la ruta trazada por Jesús de Nazaret, se puede ser eficiente y eficaz y lograr, finalmente, la «resurrección social» de los marginados y los excluidos.

De todo lo expresado en este capítulo, lo que debe quedar claro es que la misión integral exige una identificación pública con la misión de Dios y, particularmente, con el programa mesiánico de Jesús de Nazaret. Esto exige la presencia visible de una comunidad de discípulos que tiene conciencia de que está llamada a ser una contracultura que camina en dirección contraria a los reinos de este mundo. Una contracultura que con su estilo de vida desafía a todos los poderes fácticos (políticos, militares, religiosos) y proclama que la vida y no la muerte tiene la última palabra en la historia.

Finalmente, debe quedar claro que la buena noticia del reino de Dios, una buena noticia que ha de ser proclamada y vivida en la plaza pública, tiene como correlato la denuncia pública de toda forma de pecado (individual, social y estructural) y el anuncio de que el Dios de la Vida quiere liberar a todos los seres humanos de todas las opresiones. Una de esas opresiones es la condición infrahumana en la que se encuentran miles de personas que ven a diario cómo sus derechos humanos fundamentales son vulnerados ante la mirada complaciente de políticos, empresarios y religiosos sometidos al sistema.

Capítulo 5

La ruta del seguimiento

De la marginación al compañerismo

Lucas 5.27–32

En el mundo cultural del primer siglo, los cobradores de impuestos (*telones*), formaban parte de los sectores sociales menospreciados y excluidos por los judíos (Ford 1983: 83). Estaban condenados al ostracismo social (Gooding 1987: 109) y se les trataba como parias en la sociedad judía (Cole 1995: 123).

Los judíos más estrictos los consideraban como religiosamente impuros debido a su permanente relación con los gentiles, y se los asociaba con otros pecadores, como las mujeres de mala reputación, para subrayar su ubicación en el estrato más bajo de la sociedad (Mt 11.19; 21.31–32; Mr 2.15–16; Lc 7.34; 15.1).

Los judíos odiaban y rechazaban a los cobradores de impuestos o publicanos, particularmente, porque estos extorsionaban y cometían fraude contra sus propios compatriotas[43]. La denuncia pública de Juan el Bautista: *no exijáis más de lo que os está ordenado* (Lc 3.13), y las palabras de Zaqueo el jefe de publicanos: *si en algo he defraudado a alguno, se*

---

[43] Joachim Gnilka describe así el oficio y la práctica de los cobradores de impuestos en el tiempo de Jesús: «Los publicanos tenían que recaudar los derechos de aduana, es decir, los impuestos irregulares que gravaban de manera especial a las mercancías al pasar por las fronteras del país [...]. A diferencia de los impuestos, la recaudación aduanera no iba a parar a la caja imperial, sino a la caja del señor del país; en Galilea, pues, a la caja de Herodes Antipas. La recaudación de las aduanas no se efectuaba mediante funcionarios estatales, sino a través de los arrendatarios (*publicani*). Estos arrendaban la aduana de una región determinada por una suma de dinero fijada para el año. Podían quedarse con lo que recaudaran por encima de la cantidad fijada. Si ingresaban de menos, tenían que poner de su bolsillo la cantidad que faltara para completar lo estipulado. Para el cobro del dinero se servían de sus subempleados. Leví sería uno de estos. El escape para el abuso y el desenfreno se debía a la suma indeterminación que existía frecuentemente acerca del montante a cobrar por las mercancías. Los publicanos ambiciosos se aprovechaban ambiciosamente de esta falta de determinación o fijación de las cantidades a cobrar» (Gnilka 1992: 123-124).

lo devuelvo cuadruplicado (Lc 19.8), son dos claros indicadores de esta práctica corriente de los publicanos. El pueblo despreciaba tal oficio y consideraba como pecadores a quienes lo ejercían (Gnilka 1992: 123). Para los judíos, se trataba de traidores y de gentuza indeseable, porque colaboraban con los invasores romanos cobrando los impuestos establecidos por la autoridad imperial.

Llama la atención que, conociendo de primera mano la situación de marginación social, cultural y religiosa en la que se encontraban los cobradores de impuestos, Jesús se vinculara con estos indeseables (Lc 15.1–2; 19.1–10); más aún, que invitase a uno de ellos para que formara parte de la comunidad de discípulos (Lc 5.27–28; *cf.* Mt 9.9; Mr 2.14)[44]. Pero esto no era extraño, si se tiene en cuenta que desde la óptica lucana, la misión liberadora de Jesús tiene como uno de sus ejes clave el amor especial de Dios por la escoria de la sociedad. El publicano Leví o Mateo era uno de estos individuos considerados como desecho humano, como un proscrito social, un insignificante.

Sobre este asunto, se puntualiza que Jesús no sólo perdonaba a los pecadores, sino que abiertamente buscaba asociarse con ellos (Bock 1994: 107). France sostiene que la diferencia entre Jesús y los fariseos estaba en sus concepciones sobre las prioridades en la voluntad de Dios. Según France, para los fariseos la prioridad tenía que ver con la obediencia a las regulaciones religiosas establecidas, y para Jesús, la prioridad se relacionaba con la misión dirigida a las personas (France 1994: 168).

Para Jesús, la vida y dignidad de individuos como los publicanos, tenía mucho más valor que los prejuicios religiosos, sociales y culturales que se levantaban como muros infranqueables para separar a los seres humanos. Durante sus viajes misioneros, permanentemente, tuvo contacto con todos aquellos que habían sido puestos a un lado y eran tenidos como escoria de la sociedad por los religiosos, quienes a sí mismos se consideraban justos y sin pecado, como el fariseo de la parábola (Lc 18.9–14).

Uno de los textos bíblicos que permite captar el sentido y los alcances de la especial preferencia que Jesús tuvo por todos aquellos que estaban en la periferia de la sociedad, es Lucas 5.27–32 (*cf.* Mt 9.9–13; Mr 2.13–17). Este pasaje en el que se narra el llamamiento de Leví o Mateo, para que sea discípulo de Jesús, tiene principios teológicos y líneas misioneras sumamente valiosos para un compromiso con la

---

44 Comentando sobre este asunto, Joachim Gnilka acota lo siguiente: «El llamamiento de un publicano al seguimiento anticipa el escándalo que vendrá a continuación por el banquete con los publicanos» (Gnilka 1992: 123).

defensa de la vida, dentro de una realidad en la cual miles de seres humanos son tratados como indeseables y desechables por el sistema predominante.

La relación estrecha entre salir y ver

En su relato, Lucas menciona que cuando Jesús salió a caminar vio a Leví o Mateo, un conocido cobrador de impuestos marginado por la sociedad judía, sentado en su espacio de trabajo habitual (Lc 5.27). La escena está situada en Capernaúm[45], un lugar en el que había afluencia de viajeros y donde, por esa razón, existía un puesto de aduanas. El oficio de publicano cabía perfectamente en la ciudad fronteriza de Capernaúm, ya que las autoridades necesitaban de estos personajes en las zonas fronterizas para recaudar los impuestos establecidos.

En el Evangelio de Mateo se menciona que *pasando Jesús de allí, vio a un hombre* (Mt 9.9). Y en el Evangelio de Marcos se señala que cuando *volvió a salir al mar, al pasar, vio a Leví* (Mr 2.13–14). Toda esta información indica que los evangelios sinópticos, unánimemente, registran que Jesús tuvo que salir, y recorriendo los alrededores del mar de Galilea, encontró a Mateo inmerso en su trabajo cotidiano como cobrador de impuestos. La diferencia en los relatos de los sinópticos está en que Mateo y Marcos dan a entender que Jesús estaba pasando por ese lugar o cerca de ese lugar (*paragon*). Lucas omite esta expresión, sugiriendo así que Jesús se dirigió de manera deliberada o intencional a ver a este cobrador de impuestos: *Después de estas cosas salió, y vio a un publicano llamado Leví* (Lc 5.27). Más aún, Lucas utiliza un verbo bastante enfático (*theaomai, cf.* Lc 23.55) para la expresión ver (*vio*), lo que indica que se trata de una forma de ver bastante profunda o fuera de lo común, de un ver intencional, de un ver que va más allá de las apariencias o de la superficie de las cosas.

Lo señalado previamente implica que Jesús discernió el carácter o la personalidad de Leví (Ford 1984: 71). Esta forma de ver tiene como condición previa el acto de salir, de caminar, de recorrer. Dicha acción tiene relación directa con la manera como una persona se enfrenta al mundo, es decir, con el estilo de vida. Jesús, antes de ver y encontrarse intencionalmente con un excluido como Leví, primero tuvo que salir.

---

[45] Capernaúm (griego = *Kafarnaoum* = *aldea de Nahum*) se encontraba a orillas del lago de Galilea, al noroeste de Galilea, cerca de una frontera política en el camino internacional entre Siria y Egipto. Esto explica por qué había allí un destacamento militar (Mt 8.5–13, Lc 7.1–10), y un puesto aduanero (Mr 2.14) (Hendriksen 1996: 299; Kane 1991: 221–222).

¿De dónde tuvo que salir Jesús para poder ver? Tuvo que romper primero —y esa es una acción concreta de salir— con los prejuicios sociales, culturales y religiosos que cosificaban a seres humanos como Leví. Jesús no fue, entonces, un religioso *balconizado*. Uno de esos personajes que observa el drama humano desde su cómoda posición en un balcón, sin atreverse a bajar, para comprometerse con la defensa de los frágiles de la sociedad.

Jesús fue un hombre del camino. Fue uno de aquellos para quien el ser humano concreto, el individuo de carne y hueso, tenía un valor mucho más alto que los prejuicios religiosos que desfiguraban el propósito de Dios. John A. Mackay es el teólogo que ha explicado de una manera bastante pedagógica la diferencia sustantiva que existe entre permanecer en un balcón como simple espectador de los acontecimientos y asumir el camino como estilo de vida signado por el compromiso. Según Mackay:

> El balcón es el punto de vista clásico y, por lo tanto, el símbolo del espectador perfecto, para quien la vida y el universo son objetos permanentes de estudio y contemplación [...]. Por Camino, quiero decir el lugar en que la vida se vive intensamente, donde el pensamiento nace del conflicto y el serio interés, donde se efectúan elecciones y se llevan a cabo decisiones. Lugar de acción, de peregrinación, de cruzada, donde jamás está ausente del corazón del caminante un interés serio y profundo. En el Camino se busca una meta, se corren peligros, se derrama a cada paso la vida. (Mackay 1957: 38)

Jesús vivió en el camino. Fue allí donde conoció y llamó a sus discípulos, y en esa misma ruta de compromiso público con la defensa de la dignidad de todos los seres humanos como creación de Dios, se relacionó también con muchos marginados, como el cobrador de impuestos Leví. En el camino, vio al publicano Leví sumergido en su espacio marginal. Sin embargo, no lo vio, según las normas culturales socialmente aceptadas de ese tiempo, como un paria o escoria social, como un indeseable. Lo vio como un ser humano beneficiario de las buenas nuevas de liberación, como un destinatario de su misión liberadora cuyo horizonte apuntaba a revertir el destino de los marginados, como un excluido que necesitaba ser incluido en la comunidad del Reino.

La relación estrecha que existe entre salir y ver, caminar y conocer el contexto histórico, tiene un inmenso valor tanto por su connotación teológica como por sus alcances misioneros y pastorales. Ver significa hacer el esfuerzo por comprender lo que ocurre en el entorno de misión y encontrarse directamente —sin mediaciones— con los indefensos y desvalidos del mundo. Demanda ampliar el horizonte teológico y despojarse de todo tipo de prejuicios. Indica la adopción de una visión más amplia de la realidad concreta en la que uno está situado.

Como ya se ha señalado, la condición para ver pasa primero por salir del estrecho marco teológico y de las concepciones políticas y religiosas que no nos permiten encontrarnos cara a cara con el rostro de la pobreza y conocer de primera mano las condiciones infrahumanas en las que se encuentran los marginados. Por ello mismo, limitan una activa participación en tareas impostergables como la defensa de la dignidad humana. Particularmente, porque el ver auténtico tiene como correlato el compromiso, nos saca de la indiferencia y nos inserta en acciones concretas de servicio al prójimo.

El análisis de los hechos sociales y políticos, desde una tranquila posición académica o desde el balcón, además de ser limitado por su escasa conexión con la realidad y su despreocupación por los seres humanos concretos, no puede pretender ser una fotocopia de lo que ocurre en el presente histórico. Hablar desde adentro, conectados con las experiencias concretas de los seres humanos de carne y hueso, tiene la ventaja de proporcionarnos un cuadro más real —más allá de los fríos cuadros estadísticos o de las encuestas de opinión— de los problemas a los que tienen que enfrentarse cada día los marginados. Para conocer el mundo de los marginados de este tiempo, tenemos que salir primero de nuestro lugar seguro, dejando a un lado todos aquellos prejuicios que limitan el establecimiento de relaciones sociales más inclusivas.

Consecuentemente, la práctica misionera, para que sea contextual, y por eso mismo comprometida, tiene que hundir sus raíces en el marco temporal en el que los marginados experimentan sus alegrías y tristezas, construyen sus sueños y esperanzas y luchan por el pan de cada día. Tiene que hundir sus pies allí donde los indefensos crean nuevas formas de comunicación social y expresan su fe insobornable en el Dios de la Vida, oponiéndose así a todas las prácticas de muerte.

Los seres humanos de carne y hueso

Los seres humanos no son cuerpos anónimos sin identidad precisa y sin historia de vida, no son objetos manipulables, piezas desechables sujetas a la «mano invisible» del mercado, cifras para alimentar fríos cuadros estadísticos de las instituciones del Estado o de los organismos vinculados a la cooperación internacional. Todos los seres humanos, cualquiera sea su condición social o su trasfondo cultural, tienen historia personal, raíces familiares, rostro definido y necesidades materiales y espirituales concretas. Los seres humanos considerados como la basura social de este tiempo no son simplemente niños de la calle, ladrones, drogadictos, prostitutas, alcohólicos o individuos con enfermedades terminales. Cada uno de ellos está situado en un marco temporal concreto en el que existen prejuicios sociales, culturales y religiosos bastante particulares.

Precisamente, esa fue la situación de Mateo el publicano, considerado en la Palestina del primer siglo, como un paria y un proscrito social. Sin embargo, según el testimonio unánime de los evangelios sinópticos, este marginado por la sociedad judía de su tiempo tenía un nombre propio (Mateo o Leví), una identidad nacional (judía), un espacio social (publicano) y lazos familiares conocidos (hijo de Alfeo). Al respecto, Lucas indica que Jesús *vio a un publicano llamado Leví* (Lc 5.27). Mateo y Marcos proporcionan dos datos que subrayan la naturaleza humana y los lazos familiares de este marginado. Mateo puntualiza que Jesús *vio a un hombre (ánthropos) llamado Mateo* (Mt 9.9) y Marcos especifica que este hombre era *hijo de Alfeo* (Mr 2.14). Queda claro, entonces, que los evangelios sinópticos reconocen a Mateo el publicano como un ser humano de carne y hueso, con características personales particulares y con lazos familiares precisos.

Lucas y los otros evangelios sinópticos registran cómo Jesús, rompiendo con las categorías sociales predominantes de su tiempo, vio, valoró y trató a Mateo el publicano como un ser humano de carne y hueso con necesidades concretas. Él no lo vio, valoró y trató, como sus contemporáneos, como escoria de la sociedad y como un indeseable traidor, indigno de ser valorado y tratado como un ser humano. ¿Cómo se sentiría este odiado y despreciado publicano, cuando un judío como Jesús lo valoró y lo trató —tal vez por primera vez en su vida— como un ser humano y no como un desperdicio o basura social? Lucas destaca que cuando Jesús le hizo la invitación al seguimiento, con ese acto público estaba valorando y tratando a un odiado y despreciado publicano como un ser humano creado a la imagen de Dios. Y, por esa misma razón, beneficiario de la buena noticia de liberación que él proclamaba. Con esas acciones se fue cumpliendo lo anunciado en la sinagoga de Nazaret. Jesús había venido para dar buenas nuevas a los pobres y los marginados (Lc 4.18–19): a predicar el año agradable —el jubileo— del Señor (Lc 4.19).

La misma actitud y práctica debe caracterizar el testimonio individual y colectivo de los discípulos de Jesús de Nazaret de este tiempo. Ellos también tienen que ver, no cosas o números estadísticos, sino seres humanos que se encuentran en situaciones concretas de opresión. Todos los discípulos involucrados en tareas pastorales y en acciones de servicio y acción social, conectados con el mundo de los pobres y los marginados, deben entender que trabajan con seres humanos de carne y hueso y no con cosas desechables. Así tiene que ser, porque los seres humanos —y por eso mismo sujetos y no objetos— con quienes nos relacionamos cada día, también saben pensar y tienen emociones, poseen capacidad para tomar decisiones y recursos para organizarse con el propósito de transformar la realidad material en la cual viven.

El cruce de fronteras

La tarea misionera exige cruzar fronteras de todo tipo. Incluso aquellas barreras que pueden significar poner en entredicho nuestro honor o en riesgo nuestra seguridad física. Pero éste no es un problema contemporáneo derivado de la experiencia misionera reciente. Ya en su tiempo, cuando comenzó a proclamar la buena noticia del reino de Dios, Jesús de Nazaret tuvo que enfrentarse a este problema. Había en ese marco histórico una serie de prejuicios culturales, sociales y religiosos que separaban a los seres humanos. Por ejemplo, los judíos, quienes a sí mismos se consideraban decentes, no podían tener contacto con pecadores públicos como los cobradores de impuestos y, menos aún, tenerlos como parte de su círculo íntimo de amigos. A pesar de estos prejuicios, poniendo en tela de juicio los patrones culturales predominantes de su tiempo, Jesús encontró a Mateo el cobrador de impuestos dentro de su espacio marginal: *sentado al banco de los tributos públicos* (Lc 5.27).

En el relato del llamamiento del cobrador de impuestos Leví —un relato mucho más elaborado que el de Mateo y Marcos—, Lucas parece sugerir que Jesús se acercó deliberadamente al banco de los tributos públicos en el que se encontraba Mateo, lugar de trabajo vergonzoso según la opinión corriente de ese tiempo, para hacerle la invitación al seguimiento (Ford 1983: 85). En otras palabras, la acción de Jesús no fue ni circunstancial ni casual, fue intencional, su horizonte apuntaba a dejar claramente establecido que la comunidad del Reino tenía que ser una comunidad en la que tenían cabida todos los seres humanos. Y en esa comunidad del Reino, radicalmente distinta a la sociedad predominante de ese tiempo y a cualquier otra sociedad, los marginados como Mateo el publicano, tienen un lugar reservado. Esto es así porque Lucas, cuando relata el llamamiento de Mateo, remarca que los marginados fueron también destinatarios de la buena nueva de liberación que Jesús proclamaba.

Como Mateo el publicano, los marginados y los desvalidos de este tiempo no se encuentran desconectados tampoco de la realidad histórica en la que están situados como seres humanos de carne y hueso. Ésta es una de las razones principales por la cual los discípulos de Jesús de Nazaret tienen que cruzar toda suerte de fronteras para conocer de primera mano las necesidades concretas de los marginados. El correlato del cruce de fronteras es una inserción profunda en las avenidas por donde caminan cada día los desheredados y los menesterosos para plantar una tienda de campaña permanente en esos lugares críticos. La exigencia previa es una conversión al mundo de los marginados que se expresa en una transformación radical del estilo de vida. Las fronteras que se deben cruzar son múltiples.

No se trata exclusivamente —como tradicionalmente se ha entendido en los círculos evangélicos— de un simple cruce de fronteras geográficas. Jesús, para encontrar a Mateo, cruzó fronteras de este tipo culturales, sociales y religiosas[46]. También nosotros, siguiendo el ejemplo de Jesús, tenemos que cruzar todas aquellas fronteras o subculturas en las que se encuentran los marginados, los excluidos y los proscritos de la sociedad. Una tarea que no siempre es fácil, particularmente, porque exige una inversión de los valores y un compromiso indeclinable con el Señor de la misión.

El llamado al seguimiento

El recaudador de impuestos Leví o Mateo no tomó la iniciativa en el seguimiento. Fue Jesús quien le hizo la invitación al seguimiento[47]. Lucas y los otros evangelios indican que nadie se autoconvoca al discipulado o se autodesigna como discípulo de Jesús. Marcos, en su evangelio, enfáticamente remarca que Jesús *llamó a sí a los que él quiso* (Mr 3.13). Así es, en efecto. El llamamiento de Mateo el publicano, registrado en los evangelios sinópticos, confirma este principio (Mt 9.9; Mr 2.14; Lc

---

[46] En nuestros contextos de misión, existe una serie de fronteras culturales y sociales que se tienen que cruzar; por ejemplo, la frontera de los niños de la calle, la frontera de las personas que padecen de enfermedades terminales, la frontera del mundo de la política.

[47] Ésta es una nota distintiva del seguimiento que los evangelios sinópticos registran unánimemente (Mt 4.19, 21; 8.22; 9.9; Mr 1.17, 20; 2.14; 3.13; Lc 5.27; 6.13). Lo mismo se afirma en el Evangelio de Juan (Jn 1.35–51).

5.27). Jesús escogió deliberadamente a este recaudador de impuestos, excluido y despreciado por los judíos, para que fuera su discípulo. Las palabras de Jesús cuando lo invitó al seguimiento, *akolouthei moi* o *sígueme*, indican que no se trataba de un asunto ocasional, opcional o que se podía postergar. Fue una orden que no daba lugar a demoras, excusas y pretextos. La respuesta casi instantánea de Mateo el publicano revela tanto la reputación que Jesús tenía en ese momento como la calidad de una respuesta ejemplar a la invitación hecha por él (Bock 1994: 108).

Sobre este asunto, el relato lucano es bastante claro cuando enfatiza que Mateo puso el seguimiento a Jesús como la prioridad inmediata de su vida (Lc 5.28). ¿Por qué respondió de esa manera a la invitación de Jesús? Lo que se deriva del relato consignado por Lucas, especialmente si se tiene en cuenta la ubicación de los publicanos en la sociedad judía, es que para este cobrador de impuestos despreciado y rechazado, ser un discípulo de Jesús significaba salir del ostracismo social en el cual se encontraba por causa de su oficio. En otras palabras, el hecho de que Jesús lo invitara a formar parte de la comunidad de discípulos, tenía como correlato la redención social de este hombre, un marginado que pasó de ser un paria social a ser tratado y valorado como un ser humano creado a la imagen de Dios.

El llamado al seguimiento tiene, entonces, un efecto social, cultural y político concreto, ya que los marginados por el sistema encuentran en la comunidad de discípulos una comunidad alternativa que los dignifica como seres humanos. Y ese solo hecho pone en tela de juicio la pirámide de poder de la sociedad predominante, y todas las formas de marginación y exclusión que violentan la dignidad humana.

El seguimiento es siempre un desafío para seguir a Jesús y no meramente la aceptación de una serie de regulaciones religiosas, un código moral, una perspectiva teológica o una identidad eclesiástica. Tampoco es la incorporación a una determinada comunidad religiosa, la lealtad a una doctrina en particular o la identificación con un líder espiritual carismático. De acuerdo con los evangelios, el seguimiento es siempre un seguimiento a Jesús; un seguimiento que tiene como correlato un costo preciso que se expresa en el desafío de sentir, pensar y actuar como discípulos dentro de una sociedad regida por valores diferentes a los valores del reino de Dios. En palabras de Bonhoeffer:

> La llamada al seguimiento es, pues, vinculación a la persona de Jesucristo, ruptura de todo legalismo por la gracia de aquel que

> llama. Es una llamada de gracia, un mandamiento de gracia. Se
> sitúa más allá de la enemistad entre la ley y el evangelio. Cristo
> llama, el discípulo sigue. La gracia y el mandamiento se unifican
> […]. El seguimiento es vinculación a Jesucristo; el seguimiento
> debe existir porque existe Cristo. (Bonhoeffer 1986: 27–28)

En consecuencia, no se trata de guardar fidelidad a una determinada
confesión religiosa, tampoco de la simple adopción de ciertas prácticas
litúrgicas, o de tener firmes principios éticos. De lo que se trata es de
tener una relación estrecha con la persona de Jesús, una vinculación
inquebrantable con él, una identificación total con aquel que nos ha
llamado. El correlato de esa relación y de esa identificación con Jesús
de Nazaret, es sentir, pensar y actuar, teniendo como firme fundamento
los principios del reino de Dios y su justicia.

El costo del seguimiento

Los evangelios de Mateo y Marcos, cuando relatan el llamamiento de
Mateo, simplemente acotan que este recaudador de impuestos *se levantó
y le siguió* (Mt 9.9) o *levantándose le siguió* (Mr 2.14). Únicamente Lucas
precisa que Mateo el publicano *dejándolo todo, se levantó y le siguió*
(Lc 5.28). Lo peculiar del relato lucano está en la expresión *dejándolo
todo*. ¿Por qué Lucas subraya esa acción concreta? En Lucas 9.57–62,
un texto exclusivamente lucano en el que se explicitan las condiciones
para un discipulado radical, se expresa la misma idea. Es decir, la ruta
del seguimiento tiene como condición previa dejarlo todo por causa
de Jesús.

Mateo el publicano captó esa demanda cuando Jesús lo llamó al
seguimiento. Él se dio cuenta de que el seguimiento a Jesús tenía como
correlato la renuncia a todo apego exagerado por los bienes materiales, hecho que se resalta notoriamente, si se tiene en cuenta que
los recaudadores de impuestos eran usualmente personas bastante
prósperas en términos económicos. Por esa razón, Mateo tuvo que
hacer un sacrificio muy alto cuando renunció a su oficio de publicano
(Morris 1992: 219–220), especialmente porque el lucrativo oficio de
publicano —una suerte de empleado del Imperio romano— le garan-
tizaba beneficios económicos seguros, cierta estabilidad económica y
un futuro sin incertidumbres financieras.

Para un cobrador de impuestos como Mateo, acostumbrado a una
vida donde el fraude, la extorsión y el engaño, estaban considerados
como cosas normales, seguramente no le fue tan fácil abandonar esta

forma deshonesta de hacer dinero. Pero Jesús lo invitó a reorientar sus prioridades, a cambiar su modo de vida, a correr el riesgo de la vulnerabilidad por causa de él, a poner toda su confianza en él y no en las posesiones materiales.

La experiencia de Mateo el publicano enseña que el seguimiento tiene un costo preciso que se expresa en la capacidad de renunciar al apego exagerado por las cosas temporales que se han convertido en ídolos a los que servimos. El seguimiento a Jesús demanda renunciar al círculo vital que nos provee seguridad y nos da un nombre, cierto prestigio y poder temporal. Jurgen Moltmann, comentando el llamamiento de Abraham, expresa lo siguiente respecto a esta relación estrecha entre llamamiento y renuncia:

> Abraham confiaba más en la palabra de la promesa que en todas las seguridades vitales que poseía *allende el río*. Se marchó fuera de sus círculos vitales que le proporcionaban patria y protección, abandonó su patria y se hizo extranjero. Abandonó a sus amigos y llevó una vida solitaria. Dejó la casa de su padre y se hizo un desconocido. Abandonó a sus dioses [...] se hizo ateo, secundando únicamente la llamada del *señor* desconocido. A esto da la Biblia el nombre de fe: abandonar la esfera de la realidad en la que uno se siente tranquilo y seguro, y ponerse a caminar por las sendas de la historia, por la senda de la libertad y del peligro, por la vía de las decepciones y de las sorpresas, traído y llevado únicamente por la esperanza de Dios. (Moltmann 1977: 46)

En el seguimiento a Jesús, no se puede separar el llamamiento del costo y de la renuncia que este compromiso radical implica. Nos equivocamos cuando rebajamos el costo del discipulado para conseguir mejores resultados numéricos que aseguren nuestro lugar en la jerarquía eclesiástica o que nos sean útiles para mantener el prestigio alcanzado en ciertos círculos religiosos. Nos equivocamos también cuando convertimos el evangelio en un artículo más del mercado religioso contemporáneo, como si fuese un simple producto que se expende en un moderno supermercado o en un pedazo de pollo ofertado en un establecimiento de comida rápida.

Para ser pertinentes, para que nuestro discurso sea «creíble» y relevante, no necesitamos renunciar a nuestra identidad cristiana o presentar el evangelio como una ideología barata adaptable para el consumo masivo. El seguimiento tiene un costo elevado, exige renuncias concretas, demanda una reorientación radical de los valores, y ese costo, exigencia y demanda, no puede ni debe jamás ser rebajado.

Así lo entendió Mateo el publicano. Así también debemos entenderlo nosotros.

Solidaridad con los marginados

En los relatos consignados por Mateo (Mt 9.10) y Marcos (Mr 2.15), no está claro quién fue el que organizó el banquete, Jesús o Leví, pero en Lucas sí se menciona expresamente que fue este recaudador de impuesto quien hizo el banquete: *Y Leví le hizo gran banquete en su casa* (Lc 5.29). Cuando Mateo organizó este banquete en su casa, una fiesta a la que invitó a otros publicanos y excluidos como él (Lc 5.29), Jesús aceptó entrar en la casa de este conocido pecador público y participar de una fiesta en la que estaban presentes individuos que los judíos despreciaban y odiaban[48]. De acuerdo con los estándares religiosos judíos, esto era un escándalo y ponía a Jesús y a sus discípulos en una condición de impureza ritual (Ford 1984: 71; Gnilka 1992: 124).

La actitud de Jesús que ponía en tela de juicio las prácticas sociales consideradas como correctas y normales por los judíos, como la exclusión y el desprecio que tenían por los publicanos, explica por qué los escribas y los fariseos comenzaron a murmurar y formularon una pregunta que traducía claramente su punto de vista teológico y sus pre-juicios religiosos: *Por qué coméis y bebéis con publicanos y pecadores* (Lc 5.30). La cuestión que aquí se plantea es: ¿por qué Jesús participó en este banquete sentándose a una misma mesa con *mucha compañía de publicanos*? ¿Cuál fue su intención? A la luz de la óptica lucana de la misión liberadora de Jesús, una acción pública como la presencia de Jesús en la casa de un conocido pecador en compañía de muchos marginados, tiene un significado teológico particular (Ford 1984: 71). Es un claro indicativo tanto de la naturaleza inclusiva del amor de Dios como de su amor especial por los pobres y los excluidos.

Sobre este asunto, R. T. France precisa que en ese tiempo compartir una comida con otras personas constituía una señal de intimidad; por lo tanto, la presencia de Jesús en casa de Mateo el publicano expresaba su voluntad de identificarse con los indeseables (France 1994: 167). Teniendo en cuenta este dato clave del mundo cultural del primer siglo, la intención de Jesús está suficientemente clara, como él mismo lo expresó frente a la crítica velada de escribas y fariseos:

---

[48] En el Evangelio de Lucas, se registra también otro relato en el que Jesús entró a la casa de otro conocido pecador público, como Zaqueo, un conocido jefe de publicanos (Lc 19.5–7).

Los que están sanos no tienen necesidad de médico, sino los enfermos. No he venido a llamar a justos, sino a pecadores al arrepentimiento. (Lc 5.31–32)

O, como lo ha precisado Joachim Jeremías:

> La comunidad de mesa con Jesús supone algo más: es el anuncio de que el tiempo de la salvación ha irrumpido ya. Lo sorprendente es que entre los comensales de la familia de Dios se cuentan pecadores y publicanos. Los pueblos del Oriente, para los que la acción simbólica tiene una significación mucho mayor que para nosotros, comprendieron inmediatamente que la admisión de personas religiosa y moralmente excluidas a la comunidad de mesa con Jesús significaba el ofrecimiento de la salvación a los pecadores y la concesión del perdón. Sólo partiendo de esta concepción, se entiende el agradecimiento ilimitado de Zaqueo, cuando Jesús entra en su casa, la casa de un odiado jefe de publicanos (Lc 19.1–10). Y sólo así se entiende también la apasionada protesta de los fariseos, cuyo sentido es una invitación a los discípulos para que se separen de un hombre que mantiene relaciones con amigos impíos (Mr 2.16; Lc 15.2; *cf.* Lc 19.7). El mensaje de Jesús, que anuncia al Dios que quiere relacionarse con los pecadores, halló en la comunidad de mesa con los despreciados su expresión más clara, pero también más chocante. (Jeremías 1983: 262)

Los discípulos de Jesús, siguiendo su ejemplo, tienen que estar dispuestos a sentarse a la misma mesa con los publicanos y pecadores de este tiempo. Esta identificación, que debe traducirse en una práctica solidaria, más que un término utilizado para justificar opciones políticas particulares o ciertos proyectos de servicio social con intereses egoístas, tiene que ser un canal para expresar nuestro compromiso con la vida.

Cuando nos sentamos a la misma mesa con otros seres humanos que no comparten nuestra cosmovisión y no piensan como nosotros, no estamos negociando la singularidad de Cristo, no negamos nuestra identidad evangélica ni avalamos alguna forma de sincretismo. Por el contrario, reconocemos y valoramos la imagen de Dios en los otros, confesamos nuestra humanidad, nos hacemos vulnerables o alcanzables para los demás, aprendemos que el diálogo es más valioso que el monólogo. Todos necesitamos aprender a partir el pan de la comunión en la mesa de los desheredados, bajo el techo de los olvidados y marginados por la «historia oficial», oliendo el aroma de sus sueños contenidos por años de violencia estructural. Dios camina por esa ruta.

Ve lo que nosotros, a menudo, no somos capaces de ver por nuestros prejuicios teológicos y por nuestras presuposiciones ideológicas.

Dios siempre tiene un «tiempito» para sentarse a la mesa de aquellos que la gente decente califica como no personas. Dios no tiene temor de respirar el aire que los marginados respiran cada día. Todos nosotros debemos entender que nuestro compromiso cristiano y la base teológica que lo sustenta, se hacen creíbles, cuando existe coherencia entre el discurso religioso y el estilo de vida de las personas que proclaman la buena noticia del reino de Dios. En ese sentido, mucho más importantes que la agenda de cada día, que las prioridades de las instituciones, que los cronogramas de trabajo y los informes mensuales, son las necesidades humanas. El valor de una persona es superior a los prejuicios culturales y sociales, mayor que los intereses políticos o religiosos, y está antes que los planes operativos de las instituciones.

Nunca será una pérdida de tiempo sentarse a la mesa de los marginados. La clave se encuentra en un cambio de valores y, por lo tanto, en una transformación del horizonte de vida. Seguir a Jesús demanda un compromiso con la vida. En ese camino de renuncias y riesgos cotidianos, igual que ayer, seguramente, los escribas y fariseos contemporáneos murmurarán y preguntarán también: *¿Por qué coméis y bebéis con publicanos y pecadores?* (Lc 5.30). Pero ese es el riesgo concreto y el desafío particular para los discípulos de este tiempo y de todos los tiempos.

Capítulo 6

Y lo dio a su madre...

Los frágiles y el Dios de la Vida

Lucas 7.11–17

Jesús vio, valoró y trató de manera especial a los sectores sociales frágiles y desprotegidos como las mujeres. La práctica solidaria de Jesús, resalta mucho más todavía, si se tiene en cuenta que en el mundo cultural judío del primer siglo las mujeres formaban parte del mundo de los excluidos (Marshall 1992: 887; Bock 1994: 200). Dentro de una sociedad que las consideraba como insignificantes y como menos importantes que los hombres, Jesús vio y valoró y trató a las mujeres, como seres humanos creados a la imagen de Dios y como beneficiarias del reino de Dios que Él anunciaba (Senior 1985: 354).

El tercer evangelio da testimonio de la preocupación particular o del interés especial que Jesús tuvo por las mujeres (Lc 7.11–17, 36–50; 8.2–3, 40–56; 10.38–42; 13.10–17; 21.1–4; 23.27–28). En este documento del Nuevo Testamento, se remarca de manera insistente que Jesús de Nazaret, cuando comenzó a proclamar la buena noticia del reino de Dios, desde la despreciada provincia de Galilea, no fue insensible ni indiferente a las diversas necesidades humanas de las personas excluidas. Siempre tuvo tiempo para ver, escuchar, atender y ayudar a los excluidos.

En uno de sus recorridos misioneros, cuando pasaba por la aldea de Naín, tuvo compasión de una viuda que lloraba por la muerte de su único hijo. En el relato de este incidente registrado únicamente en el Evangelio de Lucas, los gestos concretos de amor que Jesús tuvo para con esta mujer desconsolada y sin esperanza debido a la muerte de su único hijo, la única persona que podía garantizarle una vida digna en el futuro, delinean la ruta misionera que los discípulos de Jesús tienen que recorrer en todos los contextos misioneros. Una ruta que está conectada a la forma como ven, valoran y tratan a los sectores sociales vulnerables y desprotegidos como las mujeres desconsoladas y abandonadas.

El problema concreto

Los desafíos pastorales que las comunidades cristianas de distinto trasfondo histórico y teológico deben enfrentar cada día en sus respectivos contextos de misión son múltiples y tienen diversas características. No existen recetas acabadas ni menús de respuesta anticipada para hacer frente a cada uno de estos desafíos. En cada situación, tanto la forma de aproximarse a los problemas sociales como las acciones personales y colectivas que se deben realizar para resolverlos, pueden ser distintas.

Al respecto, los evangelios dan testimonio de que la forma como Jesús de Nazaret examinó y resolvió los problemas que afectaban a los seres humanos con quienes se relacionó durante sus viajes misioneros, no siguieron necesariamente la misma ruta ni se resolvieron de la misma manera. Un examen de los relatos lucanos conectados con la misión liberadora de Jesús da cuenta de ello. Éste es el caso, por ejemplo, del relato de la resurrección del hijo único de la vida de Naín[49]. En su evangelio, Lucas describe el encuentro que Jesús tuvo con esta viuda durante uno de sus recorridos misioneros por la región de Galilea (Lc 7.11). La escena que Lucas relata ocurrió en la aldea de Naín, un lugar que estaba localizado a unos diez kilómetros al sur de Nazaret (Hendriksen 1996: 372; Morris 1997: 153). Una mujer viuda —no se precisa desde cuándo lo era— había perdido a su hijo único (Lc 7.12).

En la cultura judía del primer siglo, ser mujer y viuda significaba tener una enorme desventaja frente a las demás personas que tenían la protección y el cuidado de su círculo familiar. Además, según los patrones culturales del primer siglo, las mujeres estaban consideradas como menos importantes que los hombres y se las ubicaba en el estrato más bajo de la sociedad, junto con los publicanos, los leprosos y los samaritanos.

En el relato lucano, esta mujer viuda cuya edad no conocemos, se había quedado totalmente desamparada con la muerte de su único hijo. Su problema era realmente trágico, ya que, por un lado, se había desvanecido en ella la esperanza de perpetuar la línea familiar o de tener descendientes (Hendriksen 1996: 374) y, por otro, se había quedado sola en un mundo hostil sin nadie que la diera su protección y velara por sus necesidades materiales (Morris 1997: 153). La condición de orfandad material en la que se quedaba era sumamente grave, particularmente,

---

[49] En el Evangelio de Lucas se registra otro caso de resurrección ocurrido durante el ministerio de Jesús: la resurrección de la hija única de Jairo (Lc 8.40–42, 49–56).

porque en el primer siglo, había pocas posibilidades de que una mujer trabajase para ganar su propio sustento (Morris 1997: 153). El futuro se presentaba bastante sombrío e incierto para ella.

La escena descrita por Lucas es bastante dramática. Cuando llegó a la aldea de Naín, Jesús vio un cortejo fúnebre y a una pobre mujer que lloraba de manera desconsolada por la muerte de su único hijo. El hecho de que Lucas resalte la situación social de la mujer como una persona viuda, sugiere que para el autor de este evangelio la condición de orfandad material en la que estaba quedando esta mujer era bastante terrible. Debido a la muerte de su único hijo, no había garantía de un futuro digno para ella; más bien, su sobrevivencia en los próximos años estaría en las manos de la gente piadosa y dependería para su sustento diario de la caridad de sus vecinos.

Jesús, viendo la situación de orfandad de esa mujer y conociendo que en el futuro tendría muchas carencias materiales, se preocupó por el presente y el futuro inmediato de esta mujer viuda. Las acciones de amor de Jesús no se limitaron a expresar una compasión desvinculada de gestos concretos de solidaridad. Dio muestras claras de amor y de comprensión por la situación de la viuda de Naín. Las palabras que pronunció, delante de la multitud que acompañaba el cortejo fúnebre, *no llores* o *deja de llorar* (Lc 7.13), fueron palabras de esperanza que se tradujeron posteriormente en un milagro que le devolvió a la viuda la alegría que había perdido con la muerte de su único hijo. Jesús se presentó así como el Señor de la vida cuya misión liberadora tenía como horizonte la transformación de la condición y calidad de vida de seres humanos frágiles como la viuda.

La lección que se deriva de esta primera parte del relato es bastante clara. Como Jesús de Nazaret, los discípulos de este tiempo, quienes le confiesan como Señor y Salvador, tienen que preocuparse también por las distintas necesidades concretas de los seres humanos de carne y hueso. La indiferencia frente a las múltiples necesidades humanas de los frágiles y los desprotegidos, la insensibilidad frente al clamor de nuestro prójimo, no son virtudes evangélicas. Tampoco lo es la insensibilidad frente al dolor y el desconsuelo de tantos indefensos y desvalidos del mundo.

La solidaridad activa, cuyo punto de partida es la capacidad de ver las necesidades humanas y cuyo correlato es la compasión, además de ser un claro principio evangélico, es una expresión visible de la presencia del reino de Dios entre nosotros. Jesús no vio únicamente una procesión fúnebre (Lc 7.12). Vio a una mujer viuda, desconsolada y desamparada, desvalida y desprotegida (Lc 7.12–13). Vio más allá del problema presente. Vio el futuro inmediato de la viuda, un futuro incierto y sombrío, y resolvió tanto el presente como el futuro de esta mujer. Lo mismo tenemos que hacer nosotros.

Como Jesús, nosotros también tenemos que ver el problema concreto de los frágiles de este tiempo y trabajar incansablemente para revertir su futuro. Los desconsolados, tratados como basura social o desperdicio humano, necesitan ser consolados no solamente con paliativos que le resuelven las cuestiones urgentes del día a día, sino también con el establecimiento de mejores condiciones de vida, lo cual debe basarse en la solidaridad activa que tiene como horizonte la justicia del reino de Dios.

La compasión de Jesús

El problema que afectaba a la viuda de Naín, desde el punto de vista humano, se presentaba como un problema insoluble e irremediable. Nada se podía hacer, excepto, enterrar al difunto. Toda esperanza humana había terminado con la muerte de su único hijo. A la mujer viuda, si se tiene en cuenta las regulaciones sociales, culturales y religiosas de ese tiempo, no le quedaba más remedio que resignarse al futuro incierto que le esperaba. Ella tenía que prepararse para mendigar su sustento de cada día y depender de la caridad pública.

Sin embargo, como relata Lucas, Jesús no fue indiferente a la situación de desesperanza en la que se encontraba esta mujer viuda (Lc 7.13–14). Las primeras palabras que Jesús pronunció delante de la multitud que acompañaba la procesión fúnebre, no fueron ni gestos de descortesía ni gestos carentes de bondad o comprensión de su problema concreto. La compasión de Jesús, expresada en primer lugar en las palabras *No llores*, buscaba transmitir esperanza a la atribulada mujer. Luego de transmitirle estas palabras de esperanza, la compasión de Jesús fue mucho más allá todavía. El hecho de que tocara el féretro y pidiera que se detuviesen quienes cargaban al difunto (Lc 7.13), da cuenta de que la intención de Jesús iba más allá de las meras palabras y de los gestos esporádicos de compasión[50].

En realidad, ya era un gesto altamente significativo que un maestro o rabí como Jesús, conocedor de las regulaciones religiosas de su tiempo, tocara el féretro donde se encontraba una persona muerta,

---

[50] El féretro era una estructura portátil, sencilla y descubierta, sobre la que se colocaba el cadáver. Quizás se trataba de un tablero plano equipado con barras y varas para sostenerlo (Hendriksen 1996: 371).

corriendo el riesgo de que lo declararan una persona ceremonialmente impura debido a su contacto físico con un difunto (Bock 1994: 135). ¿Por qué lo hizo? No cabe duda de que la razón para entender esa actitud de Jesús se debe buscar en la comprensión que él tenía del valor de la persona humana como creación de Dios. Para Jesús, mucho más importante que los prejuicios religiosos de su tiempo y que los patrones culturales predominantes, fueron los seres humanos necesitados de la gracia de Dios.

La compasión de Jesús no se limitó, por tanto, a la simple expresión de palabras de consuelo o a ciertas acciones esporádicas de amor al prójimo. La compasión de Jesús se tradujo en acciones concretas de solidaridad que apuntaban a resolver los problemas que afectaban a las personas. Lo que Jesús hizo por la viuda de Naín expresa claramente su práctica solidaria y se presenta como un modelo que los discípulos de este tiempo, a la luz de su ejemplo, deben seguir en todas las fronteras misioneras en las que ellos se encuentren dando testimonio de la buena noticia del reino de Dios.

Los excluidos y los desvalidos, además de palabras de consuelo que transmitan esperanza en un clima social en el que la desesperanza y el desconsuelo son moneda corriente, necesitan que esas palabras se traduzcan en gestos materiales concretos que den cuenta de la salvación integral que se deriva del anuncio de la buena noticia del reino de Dios. En su evangelio, Lucas subraya que Jesús de Nazaret es la esperanza de los frágiles. Cuando ellos se encuentran con él, cambia totalmente el horizonte de su vida, porque el Maestro de Galilea revierte su destino transformando el dolor en alegría y la soledad en compañerismo.

La alegría de una madre

La presencia de Jesús en la vida de esta mujer, cuando ella estaba atravesando por una situación crítica, transformó su dolor en alegría. Los gestos de amor de Jesús para con la viuda de Naín tenían la intención de mostrar que a él le importan mucho los seres humanos concretos y sus necesidades concretas. De la misma manera como atendió y resolvió el problema de esa mujer, devolviéndole el hijo que ella había perdido, así también en este tiempo muestra su afecto y solidaridad con todos aquellos que acuden a él en busca de ayuda. No es indiferente a la realidad de desconsuelo y desesperación en la que muchas personas se encuentran actualmente.

¿Qué más hizo Jesús por la viuda de Naín? Lucas da cuenta con estas palabras el milagro que Jesús realizó en aquella ocasión: *Y dijo:*

Joven, a ti te digo, levántate. Entonces se incorporó el que había muerto, y comenzó a hablar (Lc 7.15). Jesús habló con un difunto, según el relato de Lucas, parece un despropósito y un dato curioso. Más aún, para el sentido común y la opinión científica, puede parecer fuera de lugar que ocurran milagros como el descrito por Lucas en su evangelio. Sin embargo, Lucas presenta los hechos no como simples episodios o como un cuento para niños despistados, sino como una realidad comprobable. La prueba fehaciente de que el hijo único de la viuda había vuelto realmente a la vida, fue que luego de levantarse del féretro en el cual se encontraba, comenzó a articular palabras (Lc 7.15).

Otro dato, no siempre tomado en cuenta en el análisis de este incidente, está en la forma en que Lucas describe la relación que Jesús estableció con la mujer viuda. Menciona que, luego de la resurrección del hijo de la viuda de Naín, Jesús *lo dio a su madre* (Lc 7.15). En otras palabras, la mujer cuyo inmenso desconsuelo era comprensible, fue testigo presencial y privilegiado del amor de Dios en acción.

Pudo ver cómo Jesús le devolvió la vida no solamente al hijo que había perdido, sino también a ella misma, ya que la resurrección de su único hijo, a la luz de la situación de completa orfandad material en la que estaba quedando, significaba la resurrección social de ella misma. Especialmente, porque con la resurrección de su único hijo, la mujer viuda recuperaba a la única persona que podía garantizarle una vida digna en el futuro y el acceso a la comida diaria. Esto puede explicar por qué, frente al milagro realizado por Jesús, la multitud que había estado acompañando la procesión fúnebre reaccionó de la siguiente manera:

> Y todos tuvieron miedo, y glorificaban a Dios, diciendo: Un gran profeta se ha levantado entre nosotros, y Dios ha visitado a su pueblo. (Lc 7.16)

Cuando Jesús observó el problema de la viuda de Naín, realizó lo que ella menos esperaba: resucitó a su único hijo[51]. Y es que Jesús siempre nos sorprende. Él actúa en el momento que menos esperamos. Los frágiles como la viuda del relato lucano, cuando se encuentran con el Dios de la Vida —que tiene un amor especial por quienes están en una situación de desventaja— luego de ese encuentro, ya no son los mismos. El Dios de la Vida cambia su presente y futuro. Así ocurrió con la viuda de Naín. Esta mujer, que se dirigía a enterrar a su único

---

[51] Este milagro tiene reminiscencias de las resurrecciones realizadas en la época del Antiguo Testamento por los profetas Elías (1R 17.17–24) y Eliseo (2R 4.32–37).

hijo en medio de su dolor y agonía de madre, luego de su encuentro con Jesús, regresó a su casa con el corazón henchido de alegría, pues su único hijo estaba vivo nuevamente.

Finalmente, la expresión *Dios ha visitado a su pueblo* (Lc 7.16) sugiere que para los testigos humanos de la resurrección del hijo de la viuda de Naín, el milagro realizado por Jesús de Nazaret constituía una señal inequívoca del amor de Dios en acción en el escenario de la historia[52]. En Jesús de Nazaret, Dios estaba presente, y los frágiles de ese tiempo pudieron palpar dentro de su propia realidad de exclusión y de miseria material, que él había venido para revertir su destino.

Así es, en efecto. Cuando los frágiles se encuentran con el Dios de la Vida, la alegría que ese encuentro produce, transforma todas las condiciones materiales de su existencia y les transmite un amor por la vida que ningún señor temporal les puede arrebatar. Los frágiles tienen en él a su *go'el*, su vindicador, el que saca la cara por ellos, él que los defiende. Los seres humanos frágiles, como la viuda de Naín, no se encuentran solos. Dios está de su lado. Y el Dios de la Vida tiene poder para derrotar a la muerte y la miseria.

---

[52] La visitación de Dios es otro de los temas teológicos clave que están presentes en los escritos de Lucas (Lc 1.68, 78; 19.41–44; Hch 15.14).

Capítulo 7

Ve, y haz tú lo mismo...

Un marginado como modelo de prójimo

Lucas 10.25–37

Jesús de Nazaret enseñó profundas verdades espirituales y lecciones morales magistrales, orientadas a transformar la mentalidad estrecha de los religiosos de su tiempo y las relaciones sociales de exclusión predominantes en el clima cultural del primer siglo. Enseñó profundas verdades espirituales y lecciones morales, no mediante complejos discursos teológicos o intrincadas elucubraciones teóricas dirigidas a satisfacer la curiosidad intelectual de los eruditos, sino mediante historias tomadas de la vida real que eran bastante familiares para sus oyentes.

Las parábolas de Jesús, más que simples recursos literarios para captar la atención de cierto auditorio o puentes de contacto para relacionarse con determinadas personas, tenían una intención pedagógica sustentada en una firme base teológica. Jesús utilizó las parábolas no simplemente para agregar condimento a su enseñanza, sino también para involucrar a las personas en su ministerio y para confrontarlas directamente con su mensaje (Wenham 1995: 11).

Joachim Jeremías señala que las parábolas reflejan fielmente y con claridad especial su buena nueva, el carácter escatológico de su predicación y la seriedad de su llamado al arrepentimiento (Jeremías 1986: 13). David Wenham afirma que cuando Jesús hablaba a las multitudes que lo seguían, lo hacía pedagógicamente, explicando sus enseñanzas a través de historias (Wenham 1989: 12).

La parábola del buen samaritano, una parábola exclusivamente lucana (Lc 10.25–37), es un excelente ejemplo de la manera como el Maestro de Galilea confrontaba a sus oyentes con las buenas nuevas del reino de Dios. Esta parábola delinea principios prácticos, con una clara intención pedagógica, respecto a la naturaleza universal de la misión y al amor especial que Dios tiene por los marginados[53]. Enseña que el prójimo —ser y actuar como prójimo— no está determinado por la raza, el credo religioso, la extracción social, la cultura o el sexo de las personas, sino por el hecho de que los otros —los que están caídos en el camino— son seres humanos creados a la imagen de Dios (Bock 1994: 199).

La historia narrada por Jesús presenta un ejemplo práctico de amor en acción sin ninguna preferencia o parcialidad (Craddock 1990: 151). Puntualiza que el amor, el perdón y la aceptación del enemigo, son señales claras de la imparcialidad y de la gratuidad del amor de Dios. Para captar su fibra teológica y sus alcances éticos, se debe tener en cuenta ciertos datos históricos, geográficos y sociales particulares del marco temporal en el que Jesús narró esta parábola, especialmente porque esta información permite ubicar el análisis del texto bíblico en su contexto histórico concreto.

El primer dato que se debe tener en cuenta es la situación religiosa, cultural y social en la que se encontraban los samaritanos. En el mundo cultural del primer siglo, los judíos trataban a los samaritanos como semipaganos, semiextranjeros, malos vecinos y como una raza mixta o mestiza con la que procuraban tener el menor contacto físico posible y evitaban toda forma de relación social con ellos (Bock 1994: 197; Wenham 1989: 156, Wenham 1995: 12). Los judíos piadosos los consideraban, además, como inhumanos. Más aún, desde una perspectiva religiosa judía, los samaritanos eran enemigos no sólo de los judíos, sino también de Dios (Bosch 2000: 90).

Los samaritanos, como descendientes de la población mixta que ocupó esa región geográfica luego de la conquista de los asirios en el año 722 a. C., estaban considerados como ceremonialmente impuros, socialmente marginados y religiosamente heréticos (Craddock 1990: 150). Las palabras de una mujer perteneciente a esta raza mixta, durante el diálogo que Jesús tuvo con ella en la ciudad samaritana de Sicar (Jn 4.5-26), expresan parte del problema de relaciones sociales y religiosas que existía entre ellos y los judíos:

> ¿Cómo tú, siendo judío, me pides a mí de beber, que soy mujer samaritana? Porque judíos y samaritanos no se tratan entre sí.
> (Jn 4.9)

---

[53] Lucas introduce con la parábola del buen samaritano la teología de la misión a los gentiles, un tema que luego se explicita en Hechos 8, y que debe haberle parecido totalmente inaceptable a la mayoría de los sectores judíos extremadamente nacionalistas o revolucionarios de ese tiempo (Ford 1984: 92).

De acuerdo con Joachim Jeremías:

> La relación entre los judíos y los mestizos [samaritanos], que estaba sometida a fuertes variaciones, había experimentado en los días de Jesús una especial severidad, después que los samaritanos entre el año 6 y 9 después de Cristo, habían profanado la plaza del templo durante unas fiestas de Pascua esparciendo huesos humanos, dominaba en ambas partes un odio irreconciliable. (Jeremías 1986: 247)

Llama la atención que conociendo el trasfondo de enemistad histórica entre judíos y samaritanos, según el testimonio lucano, Jesús sane a un samaritano enfermo de lepra (Lc 17.11–19) y ponga a uno de ellos como ejemplo de prójimo (Lc 10.30–37). Y es que desde la óptica de Lucas, Jesús tenía un amor especial por sectores sociales excluidos como los samaritanos, un pueblo que también necesitaba escuchar las buenas nuevas de salvación y disfrutar de los beneficios del reino. O como precisa un autor, Lucas enfatiza que el reino de Dios es principalmente buenas nuevas para los pobres, los marginados y los excluidos (Wenham 1989: 154).

El segundo dato que se debe tener en cuenta son las condiciones del camino entre Jerusalén y Jericó[54]. Los judíos conocían del alto riesgo que implicaba caminar solos por una ruta relativamente larga, aproximadamente 30 kilómetros, bastante conocida por ser un lugar en el que los asaltos a los viajeros eran bastante frecuentes. Ello explica por qué las personas viajaban en grupos o en caravanas (Wenham 1995: 11). Al respecto, John A. Mackay sostiene que desde los tiempos más remotos, este desfiladero gozaba de muy mala fama y que mereció el nombre de «Vía Sangrienta» por el gran número de asaltos y asesinatos que de continuo se realizaban allí (Mackay 1964: 179).

Estos datos particulares, relativos a las condiciones y los potenciales peligros del camino entre Jerusalén y Jericó, permiten entender por qué, según el relato de Lucas:

> Un hombre descendía de Jerusalén a Jericó, y cayó en manos de ladrones, los cuales le despojaron; e hiriéndole, se fueron, dejándole medio muerto. (Lc 10.30)

---

[54] Mackay refiere que: «Estas dos ciudades distaban entre sí unos treinta y tres kilómetros. Partiendo de Jerusalén desde la altiplanicie, el camino que las une serpentea por las montañas, cuesta abajo, hasta llegar al valle del Jordán, donde se halla situado Jericó, a casi mil metros bajo el nivel de la capital» (Mackay 1964: 178).

El contexto de la parábola

La historia relatada por Jesús tiene como antecedente las preguntas de un intérprete de la ley. Este culto teólogo, según el testimonio de Lucas, *para probarle* le hizo la siguiente pregunta: *Maestro, ¿haciendo qué cosa heredaré la vida eterna?* (Lc 10.25). Jesús, en lugar de responder directamente a la pregunta de este especialista en temas religiosos, le hizo más bien dos preguntas, forzando así al intérprete de la ley a reflexionar sobre ellas: *¿Qué está escrito en la ley? ¿Qué lees?* (Lc 10.26). La inmediata respuesta de este académico judío (Lc 10.27) revela que en el fondo él conocía la respuesta a su propia pregunta. Ello que indica que el problema no estaba en el nivel teórico, sino en las consecuencias prácticas de Deuteronomio 6.5 y Levítico 19.18, dos pasajes del Antiguo Testamento sobre los que se basó la respuesta de este experto en el Pentateuco, para absolver las preguntas planteadas por Jesús.

Desde un punto de vista teológico, la respuesta del intérprete de la ley fue correcta —*bien has respondido* fue el comentario de Jesús a su respuesta (Lc 10.28)—, pero sus prejuicios religiosos fueron más fuertes que el mandamiento de amar al prójimo. Y, por esa razón, formuló una nueva pregunta: *¿Y quién es mi prójimo?* (Lc 10.29). Para entender la intención que estaba detrás de la nueva pregunta planteada por este teólogo judío, articulada para *justificarse a sí mismo* (Lc 10.29), se tiene que conocer el concepto de prójimo que tenían los judíos en ese tiempo. Según René Padilla:

> La distinción entre *prójimo* y *extranjero* hacía posible que el judío entendiera Levítico 19.18 como un llamado a un amor que se limitaba al connacional y exceptuaba al gentil. Así, pues, la pregunta del Rabí (*¿Y quién es mi prójimo?*) refleja una interpretación tradicional del mandato de Dios en la cual el maestro de la ley se refugia frente a Jesucristo. (Padilla 1978: 148)

O como acota John A. Mackay:

> Para todo judío piadoso el término *prójimo* equivalía a *connacional*. Los ciudadanos de la nación santa no reconocían la obligación de amar a sus vecinos geográficos, del otro lado de la frontera. Y aun dentro de las del terruño existía la tendencia, cada vez marcada, a establecer categorías de *proximidad* entre los miembros de la misma raza. Quiere decir que el amor del judío ortodoxo brotaba de la cabeza más que del corazón; era fruto de la regla y no de un instinto. (Mackay 1964: 177)

Está claro, entonces, que para este intérprete de la ley, para este académico acostumbrado al ejercicio intelectual, su preocupación eran los conceptos y las definiciones teóricas. Jesús no cayó en su juego; por el contrario, con sus preguntas obligó a este culto teólogo judío a relacionar su conocimiento con la vida práctica. Lo obligó a poner a un lado sus prejuicios religiosos y culturales para ensanchar su horizonte teológico respecto al prójimo.

La «excusa» teológica (*¿Y quién es mi prójimo?*) del intérprete de ley se actualiza cuando los evangélicos de este tiempo discuten si el servicio de amor al prójimo forma parte o no parte de la vocación misionera de la iglesia, cuando se enseña que la defensa de la vida humana es una tarea ajena al compromiso cristiano, o cuando se margina a otras personas poniendo los prejuicios religiosos y los intereses políticos por encima del mandamiento de amar al prójimo.

¿Quién es mi prójimo? La respuesta a esta pregunta que parece bastante obvia para los evangélicos, tiene un alto contenido profético, sobre todo en este tiempo en el que la sociedad de consumo considera a miles de seres humanos como simples instrumentos de la mano invisible del mercado o piezas descartables sujetas a la ley de la oferta y la demanda. La parábola del buen samaritano afirma la solidaridad activa en contraste con el individualismo egoísta y propone un compromiso indoblegable con la defensa de la dignidad humana en contraste con una superficialidad religiosa insensible a las necesidades humanas.

El problema

Jesús comienza la parábola describiendo el problema concreto. El cuadro es bastante dramático. Describe la situación crítica en la que se encontraba un ser humano que cayó en manos de ladrones, fue despojado de sus pertenencias, y estaba medio muerto en el camino que descendía de Jerusalén a Jericó (Lc 10.30). No se tiene ningún dato sobre la historia de vida de la víctima de asalto. El único dato que se menciona en la parábola es su condición de hombre (*ánthropos*). En palabras de Padilla:

> Si algo me llama la atención de esa parábola es que no se da ningún dato en cuanto a la víctima del ataque de los ladrones; el único dato que se da es que era un hombre, nada más. Su edad, su profesión, su raza, su ideología, las intenciones que tenía en su viaje, si era rico o si era pobre, no lo sabemos. Lo único que se sabe es que

era un ser humano, un hombre que cayó en manos de los ladrones,
y eso basta. (Padilla 1992: 22)

La necesidad de este hombre medio muerto en el camino era bastante evidente. La cuestión prioritaria no pasaba por hacer un inventario de sus urgencias primarias o analizar los factores que generaron esta situación. Tampoco por calcular las ventajas y desventajas de detenerse para ayudarlo, o preguntarse si primero había que teologizar sobre este problema y, después de ello, recién pensar qué se podía hacer para curar sus heridas. Lo que un prójimo tenía que hacer en ese momento estaba suficientemente claro y no se requería de mayor explicación o reflexión.

Dos religiosos de nacionalidad judía, un sacerdote y un levita, vieron el problema y pasaron de largo o cruzaron por el otro lado del camino (Lc 10.31–32). En la parábola no se da ninguna razón que explique la conducta de estas dos personas de quienes lo menos que podía esperarse —como religiosos— era que tuvieran misericordia del hombre que estaba medio muerto en el camino. Para explicar la indiferencia, tanto del sacerdote como del levita, Padilla ha sugerido algunas posibles razones:

> Lo más probable es que si los tuviéramos ante nosotros sabrían explicar su actitud. Podrían mencionar, por ejemplo, una razón práctica: iban de apuro. O una razón de prudencia: convenía alejarse del lugar, so pena de ser asaltados ellos mismos o (¿quién sabe?) acusados del atraco. O, mejor aún, una razón religiosa, con base bíblica: si el hombre estaba medio muerto, tocarlo significaba contaminarse, puesto que según el Antiguo Testamento «el que tocare cadáver de cualquier persona será inmundo siete días» (Nm 19.11). En resumidas cuentas, para auxiliar al caído hubiese sido necesario arrostrar un riesgo, y ¿quién quiere arrostrar un riesgo para ayudar a un desconocido? (Padilla 1978: 149)

Estas y otras excusas o pretextos pueden explicar la apatía y la indiferencia de los religiosos de ayer y de hoy frente a las necesidades concretas de los seres humanos. Porque, como dice Padilla, basándose en el argumento de esta parábola, el sacerdote y el levita eran *gente religiosa pero inhumana* (Padilla 1975: 149). La falta de sensibilidad y la indiferencia del sacerdote y del levita revelan que en realidad no vieron el problema, ya que como sugiere Cook: *Ver sin actuar es en realidad no ver* (Cook 1992: 96).

Como ciertos religiosos contemporáneos evangélicos y no evangélicos, los encargados del culto y de los sacrificios en el templo de Jerusalén (sacerdotes) y sus ayudantes (levitas), ya sea porque estaban apurados o por sus prejuicios teológicos y el temor al peligro, no tuvieron tiempo para atender las «cosas de este mundo». Ambos optaron por evadir el problema. La lección es bastante clara. Los prejuicios religiosos y el temor a las consecuencias derivadas del acto de ver las necesidades concretas de seres humanos concretos, pueden condicionar o recortar la visión de la realidad y paralizar las acciones de amor al prójimo.

La disyuntiva

Entra en la escena un samaritano. Debe haber sido una tremenda sorpresa para los judíos el hecho de que en lugar de mencionarse, como seguramente esperaban, al tercer representante de la trilogía judía (un sacerdote, un levita y un israelita laico), Jesús pusiera a un marginal y despreciado samaritano como modelo de prójimo. En palabras de Jeremías: *es totalmente inesperado e hiriente que el tercero, que cumple el mandamiento de amor, sea un samaritano* (Jeremías 1986: 247).

El samaritano, según la parábola, pasó por el mismo camino que momentos antes habían recorrido el sacerdote y el levita. Sin embargo, a diferencia de los anteriores, ante la disyuntiva de pasar de largo o quedarse para ayudar a la persona que había sido asaltada, optó por lo último (Lc 10.33–35). La parábola enfatiza que un individuo de quien menos se esperaba que actuase como prójimo, un irreligioso e inhumano, según los judíos, se hizo prójimo de la persona que estaba caída en el camino. De acuerdo con el relato, el héroe de la parábola fue un individuo considerado culturalmente como la última persona de quien se podía esperar que actuara como un prójimo ejemplar (Bock 1994: 197).

¿Qué hecho singular marcó la diferencia entre los dos religiosos judíos y el samaritano de la parábola? Lo singular del samaritano fue que no sólo vio a un hombre tendido en el camino (Lc 10.33), sino que cuando lo vio, fue movido a misericordia o *su corazón se salió de él* (Hendriksen 1996: 375). Y, consecuentemente, actuó impulsado por el amor (Lc 10.34). El Evangelio de Lucas precisa que:

> Pero un samaritano, que iba de camino, vino cerca de él, y viéndole,
> fue movido a misericordia; y acercándose, vendó sus heridas,
> echándoles aceite y vino; y poniéndole en su cabalgadura, lo llevó

> al mesón, y cuidó de él. Otro día al partir, sacó dos denarios, y los
> dio al mesonero, y le dijo: Cuídamele; y todo lo que gastes de más,
> yo te lo pagaré cuando regrese. (Lc 10.33–34)

El samaritano no esquivó la responsabilidad de hacerse prójimo de un desconocido. No pasó de largo. Puso a un lado la disyuntiva entre pasar de largo o quedarse. Optó por sumergirse en el problema del otro. Decidió ayudar, gastando su tiempo y sus recursos, a un ser humano caído en el camino. La parábola enfatiza tanto la extrema generosidad como la inmensa bondad del samaritano. No sólo curó las heridas de la persona, sino que también lo llevó a un lugar seguro y se preocupó por ver hasta el último detalle[55]. El samaritano expresó su compasión con acciones prácticas.

Indudablemente, acciones como las del samaritano de la parábola exigen un cambio radical de valores, una transformación del estilo de vida que se exprese en hechos concretos, y un compromiso con la defensa de la dignidad humana. Demanda poner a un lado los prejuicios. Como lo indica Padilla:

> El samaritano no estaba atado a tradiciones ni tenía escrúpulos
> que le impidieran actuar según los dictados de su corazón, como
> en el caso de los religiosos. No hubo nada que rompiera la cadena
> del amor-entrega: ver, compadecerse, actuar. (Padilla 1978: 149)

¿Cuál es la lección para hoy? Bastante simple. Pasar de largo frente a las necesidades humanas, frente a las urgencias de las personas que están medio muertas en el camino, no es otra cosa que una negación del mandamiento de amar al prójimo. En tal sentido, debemos estar alerta frente a la tentación contemporánea de convertir a la fe evangélica en una religión justificadora de políticas económicas que tratan a los seres humanos como si fueran cosas desechables, y tenemos que estar en primera fila en una tarea ineludible como la defensa de la dignidad de los seres humanos como creación de Dios.

El Dios de la Vida nos ha llamado para ver lo que otros, por sus prejuicios religiosos y sus mezquinos intereses políticos, no quieren ni desean ver. La compasión que lleva a la solidaridad tiene que ser uno de los rasgos distintivos de la identidad evangélica. Tiene que

---

[55] León Morris sugiere que el samaritano de la parábola pudo haber pagado aproximadamente los gastos de dos meses de hospedaje (Morris 1997: 208). Aunque precisa que, según Joachim Jeremías, el costo de hospedaje diario equivalía a la doceava parte de un denario, que era el jornal que se pagaba en ese tiempo (Morris 1997: 208).

ser así, particularmente en este tiempo en el que la ambigüedad y la aversión al compromiso, dos de las marcas visibles del mundo global contemporáneo, están infectando el testimonio cristiano con el virus de la desmovilización social y el virus de la pérdida de la memoria colectiva.

La pregunta

La pregunta de Jesús debió incomodar bastante al teólogo judío: *¿Quién, pues, de estos tres te parece que fue el prójimo del que cayó en manos de los ladrones?* (Lc 10.36). Esta incomodidad se nota cuando responde a la pregunta de Jesús evitando referirse directamente al samaritano, tratando así de no pronunciar una palabra que le resultaba ofensiva a él como judío: *El que usó de misericordia con él* (Lc 10.37). Respecto a la pregunta de Jesús, la cual buscaba llevar al intelectual judío, de las inquietudes y preocupaciones teóricas personales, al plano práctico, Joachim Jeremías ha planteado lo siguiente:

> Tanto para Jesús como para el doctor de la Ley se trata de lo mismo; no de una definición, sino de la extensión del concepto **'rea'** [camarada]; la diferencia está solamente en que el doctor de la Ley pregunta teóricamente, mientras Jesús pregunta en conexión con el ejemplo práctico [la parábola]. (Jeremías 1986: 249)

El dilema teológico que el intérprete de la ley tenía que resolver implicaba aceptar que un samaritano había actuado como prójimo y que, según la parábola, se presentaba como un modelo que se debía seguir. Para un teólogo judío, conocedor de la ley y acostumbrado a las formulaciones teóricas, debió haber sido un problema bastante serio reconocer que únicamente el semipagano y odiado samaritano había actuado como prójimo. Y es que con su pregunta, Jesús buscaba que este especialista en la ley judía ampliara su horizonte teológico, admitiendo que no había límites para el significado de prójimo. De acuerdo con Joachim Jeremías:

> *Compañero*, dice Jesús con esta parábola, debe ser para ti ciertamente en primer lugar, el compatriota; pero no solamente él, sino todo aquel que necesita de tu ayuda. El ejemplo del despreciado mestizo [samaritano] debe mostrarte que ningún hombre está tan lejos de ti que no debas estar preparado en todo tiempo a arriesgar tu vida por él, cuando esté en necesidad, porque es tu *prójimo*. (Jeremías 1986: 249)

Nunca es una tarea fácil ampliar el horizonte teológico y romper con los prejuicios religiosos, sociales, políticos y culturales. Admitir que el amor incluye a todas las personas —entre ellos los enemigos— siempre es una tarea que demanda renunciar a los prejuicios de todo tipo. Mirar más allá de las fronteras religiosas particulares es un esfuerzo que exige una transformación de los valores que informan y moldean las conductas individuales y colectivas. Ser y actuar como prójimo es un desafío cotidiano, una invitación al compromiso, un camino para afirmar el valor de la vida humana. En tal sentido, la pregunta no es: ¿Quién es mi prójimo? La pregunta es: ¿Me estoy comportando como prójimo?

El desafío

Las palabras finales de Jesús son bastante elocuentes y comprometedoras: *Ve, y haz tú lo mismo* (Lc 10.37). Para un intérprete de la ley judía, tuvo que haber sido bastante chocante escuchar que un «laico» como Jesús le dijera que hiciera lo mismo que el samaritano de la parábola. En otras palabras, que deje a un lado sus prejuicios religiosos y culturales, para ser y actuar como prójimo.

El desafío sigue siendo el mismo. Como el samaritano de la parábola, antes de calcular en el costo-beneficio y pensar en los riesgos, se tiene que atender y socorrer a los que están medio muertos en el camino. Esto es así porque para velar por las necesidades humanas no se requiere tener grandes recursos ni un presupuesto elevado. La condición esencial es aprender a ver la realidad, porque sólo cuando abrimos los ojos, descubrimos a los seres humanos de carne y hueso. Esta forma de ver, fundamentada en la compasión, siempre lleva al compromiso.

En esta hora, cuando parecen imponerse modas teológicas que ponen en tela de juicio la legitimidad del compromiso social y político de los creyentes como parte de su responsabilidad misionera integral, cuando se critica la lucha por los derechos humanos por considerarla como una tarea impropia e ilegítima para los evangélicos, cuando se piensa que la preocupación por las cosas temporales desvirtúa el poder transformador del evangelio, las palabras de Jesús dirigidas al intérprete de la ley, suenan bastante actuales porque hacer lo mismo que el samaritano es la forma de vida que Dios espera de nosotros.

El conocimiento teológico por sí mismo, si bien es una ventaja muy grande, no sirve de mucho cuando se pone a un lado la compasión, la misericordia, la solidaridad, la justicia y la búsqueda del bien común.

La fe en Dios exige ampliar el horizonte de relaciones sociales, mirar más allá de la frontera religiosa, comprendiendo que todos los seres humanos han sido creados a la imagen de Dios. Esto presupone la ruptura de prejuicios que actúan como barreras que separan a las personas.

Una de las tentaciones contemporáneas es «pasar de largo» evitando todo contacto con la realidad histórica. Principalmente, porque ver el drama de cada día tiene como consecuencia un llamado al compromiso para cambiar las situaciones críticas. Aquellos que prefieren no comprometerse con las necesidades de los demás tienen en la indiferencia y en la apatía caminos «alternativos». Optan así por seguir la corriente del mundo actual en el que la ambigüedad y el desdén por el compromiso se presentan como rutas que no demandan identificarse con una causa superior. Ya lo dijo hace muchos años John A. Mackay:

> No basta la caridad esporádica, ni aun la caridad sistemática, para el alivio del sufrimiento; corresponde ante todo a los buenos samaritanos de hoy manifestar su pasión humana en forma que contribuya a que desaparezcan las causas evitables del sufrimiento. He aquí una caridad mucho más difícil, más complicada y prosaica que el auxilio directo a favor de los necesitados. (Mackay 1964: 190)

La exigencia de esta hora es ser como el samaritano de la parábola. *Ve, y haz tú lo mismo*, sigue siendo todavía el desafío para este tiempo. Jesús espera que pasemos, de la indiferencia y de la apatía, a un compromiso basado en la compasión. En palabras de Beda Rigaux:

> El que escucha a Jesús y le obedece, debe percibir el problema fundamental de la caridad, del hombre para con el hombre, sobre todo cuando este hombre sufre y tiene necesidad de ayuda, sin pedir las gracias, sin mirar el precio. (Rigaux 1973: 189)

Ver la necesidad de los demás, abrir el corazón, gastar tiempo y recursos para resolver los problemas inmediatos de los indefensos, son acciones de amor que nos identifican como prójimo de los otros. Antes que el egoísmo que cierra el corazón y oscurece la visión, debemos preferir la solidaridad y el compañerismo, porque el amor al prójimo siempre tiene que estar primero que los prejuicios religiosos, sociales, culturales y políticos, que son obstáculos para el amor.

Quedarse en el plano de la especulación teórica como el intérprete de la ley, pasar de largo como el sacerdote y el levita, o quedarse para ayudar al caído en el camino como el samaritano, son las opciones de vida que también están presentes en este tiempo de cambios acelerados en todo orden de la vida humana. Para los discípulos de Jesús de Nazaret, el desafío concreto de esta hora es ser y actuar como el samaritano de la parábola. Y, para ello, se requiere entender que la cadena del amor-entrega se explicita en tres principios concretos: *ver, compadecerse, actuar*. La decisión es nuestra.

Capítulo 8

Mujer, eres libre de tu enfermedad...

El culto como celebración de la vida

Lucas 13.10–17

El sábado o día de reposo había sido establecido para beneficio del hombre[56]. Desde la perspectiva de Jesús, ese día de descanso tenía como propósito el bienestar integral de todos los seres humanos: *El día de reposo fue hecho por causa del hombre, y no el hombre por causa del día de reposo* (Mr 2.27).

Para Jesús, la práctica del bien y la realización de buenas acciones durante ese día santo, no contradecía para nada la voluntad de Dios: *¿Cuánto más vale un hombre que una oveja? Por consiguiente, es lícito hacer el bien en los días de reposo* (Mt 12.12).

Más aún, según el testimonio de los evangelios sinópticos, Jesús mismo se presentó como Señor del día de reposo (Mt 12.8; Mr 2.28; Lc 6.5). Se puede afirmar entonces que:

> Las acciones de Jesús demuestran que el sábado, como cualquier otro día, es un tiempo apropiado para ministrar y atender las necesidades. Es perfectamente permitido hacer el bien el sábado. (Bock 1994: 117)

Los fariseos, celosos guardianes de las tradiciones humanas, habían convertido el día de reposo en un tiempo para cumplir una serie de regulaciones religiosas que ponían límites a la compasión. Habían calculado que la ley contenía 248 mandamientos y 365 prohibiciones (Stott 1984: 83) y se jactaban de cumplir estrictamente estas 613 disposiciones religiosas Así, por ejemplo, creían que estaba prohibido

---

[56] Los evangelios sinópticos registran varias ocasiones en la que Jesús y los religiosos de su tiempo tuvieron controversias y desencuentros con respecto al propósito del día de reposo (Mt 12.1–14; Mr 2.23–28; 3.1–6; Lc 6.1–11).

arrancar espigas en el día de reposo (Lc 6.2) o sanar durante ese día en el que, según ellos, no estaba permitido liberar a las personas de sus enfermedades (Lc 6.7; 13.14).

Para estos religiosos, la tradición y los mandamientos humanos tenían mayor peso que la voluntad de Dios y estaban por encima del amor al prójimo (Mt 12.9–14; Mr 3.1–6). Habían olvidado que la esencia de la ley estaba en la práctica de la justicia, la misericordia y la fe (Mt 23.23). Los fariseos, por medio de reglamentos minuciosos y en ocasiones absurdos, habían transformado el sábado en un cruel tirano y al hombre en esclavo de ese tirano, como si el propósito de Dios hubiese sido en realidad *hacer al hombre para el día de reposo* en lugar *del día de reposo para el hombre* (Hendriksen 1987: 119).

La sanidad de una mujer que por dieciocho años había estado sufriendo de una enfermedad que no le permitía caminar normalmente, milagro ocurrido durante un día de reposo, puso de manifiesto los diferentes puntos de vista que Jesús y los religiosos tenían respecto al sentido y el propósito del sábado (Lc 13.10–17)[57]. Para los religiosos, cuando Jesús sanó a esta mujer, se estaba quebrantando la prohibición de trabajar en ese día. Para Jesús, la liberación de esta mujer significaba cumplir con la voluntad de Dios que extendía su amor a todos los seres humanos. El gesto compasivo de Jesús apuntaba a señalar que hacer el bien en el día de reposo no iba en contra del mandamiento de Dios.

Lucas 13.10–17 es un texto bíblico paradigmático en el que se delinean principios teológicos relacionados con el culto verdadero a Dios. Las acciones de Jesús en la sinagoga durante un día de reposo indican que la compasión y la misericordia no son prácticas ajenas a un genuino compromiso religioso; por el contrario, expresan que la liberación de todas las opresiones forma parte del propósito de Dios. La sanidad de una mujer enferma, oprimida dieciocho años por Satanás, afirma que el día de reposo es tiempo para celebrar la vida.

En este texto bíblico paradigmático, está presente el concepto lucano de la salvación —un concepto integral— en el que no se separa en planos irreconciliables lo espiritual de lo material, lo sagrado de lo profano, lo religioso de lo secular. Las palabras de Jesús: *Mujer, eres libre de tu enfermedad* (Lc 13.12), dan cuenta de ello. A la luz del testimonio lucano, la liberación que Jesús proclamó en esa ocasión y en otras ocasiones en las que se encontró con marginados (Lc 7.48–50; 8.48; 17.19; 18.42) fue una liberación integral.

---

[57] Lucas en su evangelio relata también otros casos de sanidad o de liberación realizados por Jesús en un día de reposo (Lc 4.31–37; 6.6–11; 14.1–6).

La iniciativa en la misión

Para los habituales asistentes a la sinagoga —Lucas no indica el lugar exacto en el que ocurrió este milagro de liberación integral, pues únicamente menciona que Jesús enseñaba *en una sinagoga en el día de reposo* (Lc 13.10)— la presencia de esta mujer encorvada formaba parte del conocido paisaje religioso de los días de reposo. Su cuerpo, deformado por la enfermedad que padecía, era un cuadro bastante familiar para ellos y formaba parte de la «decoración» tradicional de la sinagoga. Lucas no dice nada respecto al nombre, la edad, la ocupación o los lazos familiares de la mujer. En el relato lucano sólo se precisa que por dieciocho años padecía de una enfermedad que no le permitía enderezarse (Lc 13.11).

La condición física de la mujer, según el testimonio lucano, era bastante crítica. A pesar de que en el relato no se mencionan datos más específicos respecto al tipo de enfermedad que la aquejaba —simplemente se registra que *andaba encorvada, y en ninguna manera se podía enderezar* (Lc 13.11)—, sin forzar el sentido original del relato, se puede afirmar que tenía las limitaciones propias de su enfermedad. Y es que andar encorvada por un período relativamente largo —casi dos décadas— tiene muchas desventajas sociales, culturales y familiares.

Darrell Bock sostiene que, desde el punto de vista médico, la condición física de la mujer puede ser interpretada como un tipo de parálisis muscular (Bock 1994: 241). Howard Marshall, por su parte, llama a esta enfermedad una deformación en la columna vertebral (Marshall 1992: 909)[58]. Más allá de la clase de enfermedad que afectaba la columna de la mujer, la acción de Jesús en favor de ella, puso de manifiesto que había llegado el momento para liberarla de esa opresión que la había convertido en parte del «desecho social» de ese tiempo debido a su condición de mujer y a la enfermedad que le aquejaba.

Mientras Jesús enseñaba en ese lugar, se percató de la presencia de esta mujer que para muchos asistentes pasaba desapercibida; sin embargo, para él no fue así. Una vez que notó su presencia en la sinagoga, en un gesto que luego provocaría la airada reacción del principal de la sinagoga, manifestó un particular interés por la crítica

---

[58] Otros teólogos, siguiendo el punto de vista de A. Rendell Short, opinan que probablemente la enfermedad de la mujer encorvada fue *spondilitis deformans*, una enfermedad en la que los huesos de la columna vertebral se fusionan formando una masa rígida (Hendriksen 1996: 667; Morris 1997: 244).

situación en la que se encontraba la mujer encorvada. Lucas relata que *cuando Jesús la vio, la llamó y le dijo: Mujer eres libre de tu enfermedad. Y puso las manos sobre ella* (Lc 13.12–13).

Frente a la indiferencia y a la apatía de los habituales concurrentes a ese lugar, todos ellos, seguramente, por muchos años vecinos de esta mujer, Jesús tomó la iniciativa para resolver el drama de una mujer excluida. La mujer encorvada no le pidió absolutamente nada. Únicamente estaba en ese lugar público —tal vez de manera silenciosa para no incomodar a los piadosos judíos reunidos en la sinagoga— para ver y escuchar a Jesús. Pero Jesús, tomando la iniciativa, la liberó de todas sus opresiones, ya que, luego de su encuentro con él, la mujer fue transformada totalmente. Quedó libre de su enfermedad y, como consecuencia de ese milagro, se reinsertó en la sociedad, dando así cuenta de la dimensión liberadora del perdón otorgado por Jesús (Senior 1985: 357).

Siguiendo el ejemplo de Jesús, tomar la iniciativa frente a las necesidades concretas de los seres humanos de carne y hueso, exige poner a un lado la indiferencia y la falta de compromiso. Ver lo que otros consideran simplemente como parte del paisaje social cotidiano o como un problema habitual que no debe escandalizarnos, significa romper con el círculo diabólico de la apatía y del silencio cómplice, e implica salir de nuestra posición cómoda para encontrarnos cara a cara con el drama diario de los que están en la periferia de la sociedad. Y ese hecho tiene como correlato una confrontación directa con las fuerzas de maldad opuestas al reino de Dios. En tal sentido, actuar como lo hizo Jesús, más que una simple cuestión de perspectiva teológica o de punto de vista político, demanda un compromiso público con la defensa de la dignidad humana de los indefensos.

La identificación con los indefensos

De acuerdo con el relato lucano, Jesús tomó la iniciativa para relacionarse en un lugar público con esta mujer excluida, vio su necesidad y la llamó (Lc 13.12). El interés de Jesús no estaba tanto en formular preguntas teológicas orientadas a determinar cuáles serían las posibles causas de la enfermedad de la mujer encorvada. Él estaba interesado en resolver el problema que por dieciocho años venía afectando la salud física y social de la mujer (Lc 13.11, 16).

Las palabras que pronunció en aquella ocasión dan cuenta del amor especial que tuvo por esta marginada: *Mujer, eres libre de tu enfermedad* (Lc 13.12). Sin embargo, no fueron únicamente las palabras el vehículo que Jesús utilizó, públicamente, para manifestar su interés por esta mujer. Las palabras de Jesús estuvieron acompañadas de un gesto bastante claro de identificación con la situación de esta marginada. Lucas enfatiza que Jesús *puso las manos sobre ella* (Lc 13.13). Al tocar a la mujer con sus manos, signo inequívoco de solidaridad con una paria social, estaba valorando la dignidad humana de esta mujer. Y es que para Jesús, más que un dato circunstancial o un problema accidental en su camino, la mujer encorvada era un ser humano que necesitaba liberarse de una enfermedad que Jesús identifica como una atadura de Satanás (Lc 13.16).

Las palabras de liberación pronunciadas por Jesús y el gesto compasivo de poner las manos sobre su cuerpo enfermo tuvieron un efecto inmediato en la vida de la mujer. Una persona encorvada pudo caminar sin ninguna dificultad por primera vez después de casi dos décadas: *ella se enderezó luego* (Lc 13.13). La mujer fue liberada de una prolongada enfermedad y nunca más volvería a estar oprimida por Satanás.

La primera reacción que tuvo esta frágil y desvalida mujer, luego de ser sanada por Jesús, fue de gratitud al Señor por el milagro que había hecho en su vida. Lucas puntualiza que *glorificaba a Dios* (Lc 13.13). La identificación de Jesús con esta mujer frágil, considerada en ese tiempo como una proscrita social, estuvo acompañada de palabras y otros gestos visibles de solidaridad. Esa identificación con las necesidades urgentes de los indefensos —con palabras y gestos— delinea la práctica de amor al prójimo, la cual debe ser una marca inconfundible de todos los discípulos de Jesús de Nazaret.

El relato de la mujer encorvada liberada por Jesús subraya que la identificación compasiva con las necesidades de los seres humanos tiene como correlato cambios significativos en la condición de vida de los indefensos. La identificación que lleva al compromiso se expresa en palabras y actos visibles de solidaridad. Gestos que construyen espacios de comunión humana dentro de los cuales la vida es valorada como un don de Dios. Pero, para identificarse con excluidos como la mujer encorvada, se tiene que cruzar las fronteras sociales, culturales y religiosas que separan a los seres humanos. La palabra clave en este proceso es reubicación. La razón es bastante simple:

> Si no hay reubicación, si no se vive entre la gente y se llega a ser uno de ellos, es imposible identificar con precisión las necesidades como ellos la perciben. Si los de afuera hacen un diagnóstico equivocado del problema, las soluciones que propongan seguramente

serán erradas. Por lo general, tratarán los síntomas sin dar con la enfermedad. (Perkins 1988: 63)

En otras palabras, tenemos que estar conscientes de que las tradiciones culturales, las costumbres religiosas y los prejuicios sociales pueden ser obstáculos bastante grandes para la reubicación. Más aún, debemos ser conscientes de que las personas religiosas, cuando consideran que el culto a la tradición está por encima del amor al prójimo, se vuelven intolerantes con aquellos que no comulgan con sus ideas y sus prácticas.

Nuestra tarea como discípulos de Jesús de Nazaret crucificado y resucitado, más allá de los condicionamientos culturales y los prejuicios religiosos, consiste en identificarnos —con palabras y hechos— con los frágiles y los indefensos dentro del marco temporal en el que el Dios de la Vida nos ha colocado para dar testimonio de la buena noticia de liberación.

El Dios de la Vida

La sanidad de la mujer encorvada no tuvo el mismo efecto en todos los que estaban presentes en la sinagoga. El principal de la sinagoga, un lugar que tenía el triple propósito de ofrecer educación, culto y gobierno de la vida civil de la comunidad judía (Feinberg 1991: 1303), expresó su desacuerdo con lo ocurrido. Pero eso no fue todo lo que hizo. Fue mucho más allá todavía, ya que públicamente reprendió a los presentes y rechazó como una violación del día de reposo el acto de liberación de la mujer enferma encorvada. Lucas enfatiza que el principal de la sinagoga:

> …enojado de que Jesús hubiese sanado en el día de reposo, dijo a la gente: Seis días hay en que se debe trabajar; en estos, pues, venid y sed sanados, y no en día de reposo. (Lc 13.14)

La falta de compasión de este celoso guardián de las tradiciones religiosas judías se explica por el clima legalista de ese tiempo, en el que los rabíes discutían asuntos como qué clases de nudos podían atarse o desatarse en el día de reposo (Marshall 1992: 909).

Este religioso no podía comprender por qué Jesús había trabajado —sanado— en el día de reposo. Desde su punto de vista, alimentado por una perspectiva teológica reduccionista que había puesto los mandamientos humanos por encima de la voluntad de Dios respecto al sábado, Dios no podía sanar en el día de reposo (Lc 13.14). Él creía que el amor de Dios estaba en acción únicamente seis días a la semana; por lo tanto, calificó como una afrenta a las regulaciones religiosas establecidas, la liberación de esta mujer y la obra que Dios había hecho en ella. La sanidad de una persona enferma por dieciocho años no provocó ningún sentimiento de compasión o alegría en el principal de la sinagoga; por el contrario, hizo que afloraran públicamente sus prejuicios religiosos.

Pero Jesús denunció la hipocresía de este dirigente judío y de otros que, como él, tenían una práctica que desdecía sus rígidos principios religiosos. Las palabras de Jesús al principal de la sinagoga pusieron de manifiesto la distancia que existía entre los preceptos legalistas y la conducta real de muchos religiosos: *Hipócrita, cada uno de vosotros ¿no desata en el día de reposo su buey o su asno del pesebre y lo lleva a beber?* (Lc 13.15).

La denuncia pública de Jesús fue bastante clara: si los animales pueden recibir un cuidado básico en el día de reposo, cuánto más un ser humano creado a la imagen de Dios, una hija de Abraham que Satanás había esclavizado por casi dos décadas (Bock 1994: 242).

El texto bíblico indica que para el principal de la sinagoga y para los que pensaban como él, el día de reposo era un tiempo para preservar las tradiciones, un espacio para defender las regulaciones religiosas establecidas y una ocasión para imponer las disposiciones humanas que limitaban la acción de Dios a sus presuposiciones teológicas. Sin embargo, para Jesús el día de reposo era un día de liberación, una ocasión para celebrar el don de la vida, un espacio para proclamar con palabras y actos de solidaridad la buena noticia del reino de Dios, un tiempo para desatar todas las ataduras que oprimían a los seres humanos creados a la imagen de Dios, un momento oportuno para incluir a los excluidos. En palabras de Norberto Saracco:

> La institución del sábado da a Jesús la oportunidad de ejecutar sus acciones pedagógicas. Se mueve en la imperceptible línea que separa lo *sagrado* de lo *profano*, y la *obediencia* del *pecado*. Las acciones de Jesús el día sábado ponen a prueba la escala de valores de los fariseos y los guardianes de la ley. Su interpretación liberadora en cuanto a la observancia del sábado es juzgada como ataque a la ley (Mt 12.1–14) [...]. Jesús no se rebela en contra del sábado, sino en contra del uso ideológico del mismo, que pone su acento en la tradición antes que en el hombre, suele ocurrir que en nombre de la tradición, la sana doctrina y la santidad, se sustentan situaciones deshumanizantes. (Saracco 1982: 10)

En su discurso inaugural en la sinagoga de Nazaret, Jesús había expresado la naturaleza liberadora de su misión: él había venido a *predicar el año agradable del Señor* (Lc 4.19). La sanidad de una mujer durante el día de reposo, acción liberadora criticada por el principal de la sinagoga, da cuenta de que efectivamente Jesús había venido para predicar el año agradable del Señor (*jubileo*), que había sido ungido para pregonar la libertad a los cautivos y poner en libertad a los oprimidos (Lc 4.18).

Los gestos compasivos de Jesús en favor de una persona marginada como la mujer encorvada desnudan los prejuicios religiosos deshumanizantes e indican que las necesidades del prójimo están antes que el amor a las tradiciones humanas. Dios es el Dios de la Vida. Y, por esa razón, las iglesias evangélicas tienen que ser espacios de afirmación y defensa de la vida; el culto, un tiempo gozoso de celebración de la vida; las acciones de servicio social, canales por donde discurra continuamente el amor de Dios expresado en gestos concretos de compasión, solidaridad y compañerismo. Las iglesias evangélicas tienen que ser comunidades inclusivas y sociedades alternativas, lugares en los que todos sean tratados como seres humanos creados a la imagen de Dios, espacios en los que se ama y se defiende la vida.

Una liberación integral

De acuerdo con el testimonio lucano, esta mujer que no podía enderezarse de ninguna manera desde hacía dieciocho años, tenía espíritu de enfermedad (Lc 13.11). Esta primera mención al problema físico que le afectaba, se explica más cuando Jesús declara que la enfermedad había sido inducida por Satanás (Lc 13.16). La opresión de la mujer no era únicamente física. La situación en la que estaba era bastante delicada y, por esa razón, necesitaba ser liberada del problema que la oprimía. La condición física de la mujer, su prolongada enfermedad, revela hasta qué punto Satanás oprime y esclaviza a los seres humanos. De hecho, la mujer no podía estar de pie, la deformación que tenía en la columna no le permitía caminar normalmente.

David Gooding, comentando la situación de esta mujer, subraya que la enfermedad no se debía simplemente a causas físicas (Gooding 1987: 253). Howard Marshall señala que el sufrimiento del ser humano se debe tanto al poder cósmico como al pecado (Marshall 1992: 909). Darrell Bock, por su parte, argumenta que la mención del espíritu de enfermedad es importante, porque el oponente de la mujer no es meramente la mortalidad o el proceso natural de envejecimiento, sino un agente espiritual, y que la edad y su condición indican cuán serio es este problema (Bock 1994: 241).

Frente a esta situación, llamándola, Jesús le dijo a esta excluida: *Mujer, eres libre de tu enfermedad* (Lc 13.12). Y cuando el principal de la sinagoga reaccionó enojado por el milagro realizado en la vida de esta mujer, según él una violación del día de reposo, Jesús respondió afirmando que ella también era una hija de la promesa, una descendiente de Abraham, el amigo de Dios (Lc 13.12, 16). Con ese gesto inequívoco de amor, condimentado con palabras y gestos concretos de solidaridad, Jesús expresó claramente que él había venido para liberar a las personas oprimidas por Satanás. En ese sentido, las acciones de Jesús en el día de reposo demuestran que el sábado era un tiempo apropiado para revelar la impotencia de Satanás. La misión liberadora de Jesús se puso de manifiesto. Jesús se presentó como Señor de la vida.

Los discípulos de Jesús deben tener presente que Satanás continúa oprimiendo todavía a las personas. Tienen que recordar que el propósito de Dios es liberar a los seres humanos de toda ligadura y de toda forma de esclavitud. Y nunca deben olvidar que las iglesias están llamadas a proclamar en todo momento las buenas nuevas de liberación en el nombre de Jesús. Las palabras y los actos de compasión tienen que ser señales cotidianas del pueblo de Dios en misión. Las tradiciones religiosas y los prejuicios sociales muchas veces generan actitudes de intolerancia y situaciones deshumanizantes, anulan la visión y no permiten ver más allá de nuestro punto de vista.

Esta situación explica por qué siempre será un escándalo transgredir las disposiciones religiosas que limitan la acción de Dios. Nunca será fácil tomar la iniciativa para quebrar las ligaduras de opresión y generar cambios en la mentalidad de las personas. Sin embargo, la identificación con las necesidades concretas de los oprimidos, esa identificación cuyo correlato es un compromiso indeclinable con la defensa de la dignidad humana, tiene como horizonte la liberación integral de los seres humanos de carne y hueso. En tal sentido, las iglesias tienen que ser comunidades donde se afirme y se defienda la vida, y no simples grupos sociales caracterizados por tradiciones humanas que limitan la soberanía de Dios.

Más aun, el culto tiene que ser un espacio de celebración del amor de Dios, un tiempo para proclamar la liberación de toda atadura, un momento para confesar que Dios es el Dios de la Vida. Únicamente de esa manera, las iglesias podrán ser canales de reconciliación, instrumentos para proclamar el perdón de pecados en el nombre de Jesús, vehículos de servicio a todos los seres humanos y comunidades en las que la justicia de Dios esté presente en todo momento.

Capítulo 9

Dejad a los niños venir a mí...

Jesús de Nazaret y los frágiles de la sociedad

Lucas 18.15–17

En el mundo cultural judío del primer siglo, los niños estaban en la periferia de la sociedad. Se los consideraba como insignificantes e, incluso, como seres humanos incompletos (Gutiérrez 1988: 423; France 1994: 283). Según Lucas, cuando Jesús comenzó a proclamar la buena noticia del reino de Dios, se relacionó con los sectores sociales indefensos como el de los niños[59]. Jesús le dio un lugar especial a la práctica de recibir con hospitalidad y bondad a los miembros menos importantes de la sociedad; por ejemplo, los niños (Barton 1992: 1102). Desde su punto de vista, ellos eran también sujetos de su amor y, por tanto, beneficiarios del mensaje de salvación que él anunciaba.

Públicamente manifestó que los niños también podían ser ciudadanos del reino de Dios (Lc 18.15–17)[60]. Lo mismo se afirma en los otros evangelios sinópticos (Mt 19.13–15; Mr 10.13–16). Sin embargo, a diferencia de Jesús, los adultos no siempre vemos, valoramos y tratamos a los niños como seres humanos creados a la imagen de Dios. A menudo

---

[59] En el tercer evangelio abundan las referencias a los niños. Por ejemplo, en el llamado evangelio de la infancia (Lc 1–2) se hace referencia al nacimiento milagroso de dos niños: Jesús (Lc 1.26–38; 2.1–7) y Juan el Bautista (Lc 1.5–25). Lucas presenta el nacimiento de un niño como el cumplimiento de las expectativas del Antiguo Testamento relativas al advenimiento del Mesías (Lc 2.10–12). Están también la historia de la presentación de Jesús en el templo (Lc 2.21–36) y el relato de su peregrinaje a Jerusalén a la edad de doce años (Lc 2.41–51).

[60] En su evangelio, Lucas registra también otros casos en los que se destaca el amor especial de Jesús por los niños. Uno de ellos es el caso de la resurrección de la hija única de Jairo (Lc 8.40–42, 49–56). El otro es el relato de la discusión de los discípulos sobre quién de ellos sería el mayor (Lc 9.46–48). Aunque no sabemos las edades exactas del hijo único de la viuda de Naín (Lc 7.11–17) y del muchacho endemoniado que fue liberado por Jesús (Lc 9.37–43), probablemente, se trataba también de menores de edad.

los vemos, valoramos y tratamos como insignificantes, como estorbos y como menos importantes. Así actuaron también los discípulos de Jesús en cierta ocasión. Ellos los vieron, valoraron y trataron como estorbos para el Maestro y consideraron que no valía la pena dedicar un poco de tiempo para atenderlos (Mt 19.13; Mr 10.13; Lc 18.15).

Uno de los textos bíblicos clave para conocer la forma como Jesús de Nazaret se relacionó con los niños durante su recorrido misionero es Lucas 18.15–17 (*cf.* Mt 19.13–15; Mr 10.13–16). En este texto bíblico, se puede observar claramente un contraste de actitudes hacia los niños, captando, por un lado, la forma como Jesús los vio, valoró y trató, y por otro, la manera en que sus discípulos lo hicieron.

Lucas y los otros evangelios sinópticos subrayan que Jesús tuvo una forma distinta de relacionarse con los niños, bastante diferente de la actitud desconsiderada y poco amigable de sus discípulos. Jesús siempre tuvo tiempo para ellos. No los vio, ni los valoró como simples estorbos, como lo hicieron sus discípulos, sino como seres humanos dignos. Jesús nos enseña así una forma distinta de ver, valorar y tratar a los niños. Una lección sumamente relevante en este tiempo en el que los sectores sociales excluidos e indefensos están confinados en el desván de las relaciones humanas y únicamente cuentan como fríos números de cuadros estadísticos en los que se grafica los niveles de pobreza y extrema pobreza. La manera en que Jesús vio, valoró y trató a los frágiles de la sociedad como los niños, más que un dato teológico interesante o un ingrediente para la discusión académica, se perfila como un fuerte llamado de atención para todos aquellos que ven, valoran y tratan a los excluidos y a los indefensos como simples «piltrafas» sociales.

La indignación de Jesús

Los diferentes puntos de vista que Jesús de Nazaret y sus discípulos tenían respecto al lugar que ocupaban los niños dentro del propósito de Dios es uno de los temas que está presente en Lucas 18.15–17. Allí se puntualiza que la actitud de Jesús fue radicalmente distinta a la de los discípulos frente al deseo de los padres o de los familiares cercanos de que sus hijos recibieran la bendición del Maestro. Lucas en su relato refiere que: *Traían a él los niños para que los tocase* (Lc 18.15). Mateo, por su parte, menciona lo siguiente: *Entonces le fueron presentados unos niños, para que pusiese las manos sobre ellos, y orase* (Mt 19.13). Y, según el Evangelio de Marcos: *le presentaban niños para que los tocase* (Mr 10.13).

No era nada extraño este deseo de los padres o los familiares, pus era una práctica común en ese tiempo que los niños recibieran la bendición de los ancianos y se orase por ellos (France 1994: 283; Morris 1997: 291). Y, por supuesto, los evangelios indican que Jesús los recibía sin mayor problema o inconveniente. Pero los discípulos tuvieron una actitud distinta a la de su Maestro. De acuerdo con San Lucas, *viendo los discípulos, les reprendieron* (Lc 18.15). Mateo expresa que *los discípulos les reprendieron* (Mt 18.13). Y en el Evangelio de Marcos se hace esta valiosa precisión: *y los discípulos reprendían a los que los presentaban* (10.13). Indicando así que la reprobación o reprensión de los discípulos no estaba dirigida a los niños como aparentemente sugieren Mateo y Marcos, sino a los padres o familiares de los niños.

Lo que está claro, entonces, si se tiene en cuenta la forma unánime como los evangelios sinópticos relatan este hecho, es que los discípulos censuraron la acción de los adultos[61]. ¿Por qué reaccionaron de esa manera los discípulos de Jesús? La forma como trataron a los padres y a los familiares de los niños indica que para ellos era una pérdida de tiempo que Jesús se dedicara a atender a los insignificantes (France 1994: 283; Morris 1997: 291). En otras palabras, su actitud puso de manifiesto que para ellos, como para muchos de los judíos de su tiempo, los niños carecían de valor y formaban parte de los desechables. Según Roy Zuck:

> Los discípulos de Jesús pueden haber pensado que la oración por los niños era insignificante comparada con otros ministerios importantes como el de la enseñanza o el de la sanación, o que Jesús estaba demasiado ocupado o cansado como para ser distraído por otras actividades. O ellos pueden haber supuesto que los niños eran demasiado pequeños como para beneficiarse de su atención. (Zuck 1996: 12)

Para los discípulos, condicionados por la mentalidad predominante de su tiempo, los niños estaban confinados a la periferia[62]. Sin embargo, para Jesús, los niños sí eran importantes y tenían valor como seres humanos creados a la imagen de Dios. Esto explica por qué los vio, valoró y trató como seres humanos con dignidad. El contraste de perspectivas es claro. Más aún, cuando Jesús se dio cuenta de que

---

[61] Marcos utiliza la palabra griega *epitimao*, que tiene el sentido de reprobar, reprender o amenazar.

[62] En la sociedad patriarcal de esos días, los niños estaban al cuidado de los adultos y ocupaban el escalón más bajo en la estructura social. Formaban parte del mundo de los excluidos y de los desvalidos de la sociedad.

los discípulos reprobaban o censuraban a quienes traían a los niños, según el relato de Marcos, se indignó (Mr 10.14). La palabra *aganaktéo* ('indignarse', 'enojarse') es un verbo que expresa un fuerte sentimiento de indignación.

¿Por qué se indignó Jesús? Indudablemente porque para él, a diferencia de los discípulos, el reino de Dios era accesible también para los niños. A la luz de esa comprensión, se puede afirmar que Dios cuida de todos, incluso de los niños, ya que el reino de Dios no es sólo para los adultos (Bock 1994: 298). A los ojos de Dios, nadie es menos importante. La indignación de Jesús así lo indica. Pero, además, se trata de una indignación que nos convoca a cambiar nuestra forma de ver, valorar y tratar a los niños.

La indignación de Jesús nos desafía a examinar nuestras motivaciones en las relaciones con el prójimo. Exige tener un compromiso concreto en tareas impostergables como la defensa de los indefensos y de los frágiles de la sociedad. Esto es así porque la vocación histórica de los discípulos de Jesús no es ser como los demás, sino ser distintos a los no cristianos, tanto en su forma de pensar como en su forma de actuar; es decir, su estilo de vida tiene que ser radicalmente distinto al que impera en la sociedad circundante.

Los niños y el reino de Dios

Los niños y el reino de Dios es otro de los temas que se destaca en Lucas 18.15–17. La idea central es la exigencia de un cambio de mentalidad con respecto a la forma de relacionarse con sectores sociales indefensos y dependientes como los niños y, por lo tanto, la inversión de valores que el anuncio del reino de Dios tiene como correlato. Las palabras que Jesús expresó en esa ocasión, según Lucas, fueron las siguientes:

> Dejad a los niños venir a mí, y no se lo impidáis, porque de los tales es el reino de Dios. De cierto os digo, que el que no recibe el reino de Dios como un niño, no entrará en él. (Lc 18.16–17)

Marcos registra los mismos datos que Lucas (Mr 10.14). Mateo consigna únicamente la primera parte de lo que registran Lucas y Marcos, utilizando la frase *reino de los cielos* en lugar de reino de Dios (Mt 19.14). ¿Cuál es el significado y cuáles son las implicancias de estas palabras de Jesús que los evangelios sinópticos, particularmente Lucas, registran?

La afirmación de Jesús: *Dejad a los niños venir a mí, y no se lo impidáis, porque de los tales es el reino de* Dios (Mt 19.14; Mr 10.14; Lc

18.16), indica que para ellos también es el mensaje de salvación. Así, la naturaleza inclusiva de la misión que en Lucas se enfatiza, se relaciona también con los sectores humanos indefensos y frágiles, como los niños. Quizás esto explica por qué Lucas utiliza la fórmula *kai tou brephe* o 'traían a él los niños' (Lc 18.15), subrayando así que incluso niños de tierna edad eran traídos para que Jesús los bendijera. Tanto la palabra *paidíon* ('niños pequeños' [Lc 18.16–17]) como el término *brefós* ('infantes' o 'niños pequeños' [Lc 18.15]) establecen claramente que Jesús se estaba refiriendo a seres humanos concretos[63]. La misma idea está presente también en los evangelios de Marcos 10.13 y de Mateo 19.13. En ambos se utiliza la palabra *paidíon* ('niños pequeños') que se refiere a niños que deben ser cargados por personas mayores.

Los datos de los evangelios conducen a establecer, entonces, que los niños de todas las edades son beneficiarios del reino. Esta afirmación se refuerza cuando se tiene en cuenta que los *paidíon* formaban parte del mundo de los indefensos en el clima cultural judío del primer siglo (Zuck 1996: 206; Strange 1996: 48, 51, 64) y que estaban considerados como seres humanos incompletos y personas no importantes junto con los pobres, las mujeres y los enfermos (Gutiérrez 1989: 222–223).

La otra idea presente en los relatos de Lucas (Lc 18.17) y Marcos (Mr 10.15) —Mateo no registra este dato en su evangelio— es que el acceso al reino de Dios no depende del esfuerzo humano. La exigencia para tener acceso al reino de Dios, guarda relación con la forma como los niños estaban considerados en el mundo cultural del primer siglo y no, necesariamente, con la docilidad y la confianza infantiles (Gutiérrez 1989: 222). En otras palabras, se relaciona con la condición de dependencia, insignificancia y fragilidad que ellos tenían, según los patrones culturales de ese tiempo (Escudero 1978: 213).

Dicho de otra manera, para formar parte de la comunidad del Reino, uno tiene que aceptar su condición de dependencia, insignificancia y fragilidad delante de Dios[64]. Jesús utilizó, entonces, la manera en que los niños eran vistos, valorados y tratados en el primer siglo, como una

---

[63] Lucas utiliza cinco veces la palabra *brefós* —infantes o niños pequeños— en su evangelio (Lc 1.41, 44; 2.12, 16; 18.15). Los otros evangelios no utilizan esta palabra.

[64] Gustavo Gutiérrez precisa que cuando «el Señor advierte: *dejen que los niños vengan a mí, porque de los que son como éstos es el reino de los cielos* (Mt 19.14), pensamos rápidamente en la docilidad y confianza infantiles. Pasamos así al lado de la radicalidad del mensaje de Jesús. En el mundo cultural judío de su tiempo, el niño era considerado como un ser humano incompleto, formaba parte de los no importantes […]. Ser *como éstos*, como los niños, quiere decir por consiguiente ser insignificante, alguien no valorado en la sociedad» (Gutiérrez 1989: 222–223).

metáfora visual para subrayar —pedagógicamente— cómo se accede al reino y el modo en que se pueden alcanzar los beneficios de la salvación[65]. Como lo ha señalado un autor:

> Los evangelios sinópticos están más interesados en subrayar lo que un niño simboliza que en subrayar la actitud de Jesús con respecto a los niños de este tiempo. Los niños fueron una importante metáfora que él utilizó en su enseñanza. (Barton 1992: 101)

Las palabras de Jesús —*como un niño*, según Marcos 10.15 y Lucas 18.7— no se refieren ni a la edad ni a la estatura de los niños. La referencia es a la forma como ellos eran vistos, valorados y tratados en la sociedad excluyente del primer siglo[66]. Jesús invierte, por lo tanto, la forma de valorar en esa época el acceso a los lugares de preeminencia y de dominio. La entrada al reino de Dios no tiene ninguna conexión con la idea mundana de la conquista de poder o de hacerse —y ser— un grande en la sociedad predominante. La entrada al Reino exige asumir la condición de un niño, de un desvalido, de un indefenso, de alguien no valorado en la sociedad.

Esto es así porque las palabras de Jesús tienen que ser interpretadas a la luz del marco cultural en que las pronunció. Y en el mundo cultural judío del primer siglo, los niños dependían totalmente de los adultos y estaban considerados como socialmente inferiores. Lo que se destaca, por lo tanto, es su condición de insignificantes y de dependencia[67]. El reino de Dios debe ser recibido como un niño (*hos paidíon*). Así se indica unánimemente en los evangelios sinópticos (Mt 18.3; Mr 10.15; Lc 18.17).

---

[65] William Hendriksen opina que «Jesús está hablando acerca de la forma sencilla, humilde, ajena de dudas y confiada en que un niño acepta lo que se le dice» (Hendriksen 1987: 397). Y Roy Zuck acota lo siguiente: «Un niño reconoce su condición de dependencia, de necesidad, de insignificancia, de pequeñez. No se accede al reino de Dios por medio de esfuerzos humanos. Éste debe ser recibido como un regalo de Dios creyendo simplemente y reconociendo nuestra incapacidad para alcanzarlo a través de otro medio» (Zuck 1996: 214).

[66] Un autor señala que «las sentencias evangélicas sobre los niños y los que son como ellos confirman la línea de predilección de Jesús por los pobres, la gente sencilla, los débiles de este mundo [...]. Los que son como los niños, son, pues, los pobres, los insignificantes, los indefensos, los sin voz y sin influjo» (Escudero, 1978: 213–214).

[67] Citando una sección del libro *Les béatitudes ii*, de J. Dupont, Carlos Escudero precisa lo siguiente para reforzar su argumento de que la frase *como un niño* de Lucas 18.17 y Marcos 10.15, se refiere a la condición de debilidad y de insignificancia que ellos tenían en el primer siglo: «El verdadero fundamento de la promesa no se encuentra, según creemos, en la práctica de una virtud, sino en la predilección de Dios hacia todo lo que es pequeño, hacia lo que no tiene valor a los ojos del mundo: es la predilección que los pobres comparten con los niños» (Escudero 1978: 215).

Para entrar al reino de Dios, uno tiene que ser como un niño. Es decir, asumir su condición de orfandad, dependencia e insignificancia. Esto también significa que Jesús ve, valora y trata a los débiles, los desprotegidos y los «nadie» como seres humanos. Así, desde la perspectiva de Jesús, un niño es tan importante como un adulto y la entrada al Reino no depende de cuestiones como el estatus o la capacidad de ejercer poder y dominio sobre los demás. La nueva comunidad no conoce fronteras. Las buenas nuevas de salvación son accesibles para todos, incluso para los vulnerables e insignificantes como los niños. Estos tienen legítimamente un lugar en la comunidad cristiana.

Los gestos de Jesús

Jesús transmitió su amor por los seres humanos de múltiples maneras. Utilizó tanto el lenguaje hablado como el lenguaje de los gestos para expresar su solidaridad con los desvalidos y los insignificantes. Ya sea con palabras o gestos, la intención de Jesús fue liberar integralmente a los indefensos y a los desposeídos, a los desconsolados y a los menesterosos, a los andrajosos y a los parias sociales.

En los pasajes que narran la ocasión en la que los padres o sus familiares cercanos traían a los niños para que él los bendijera y orara por ellos, resaltan tres gestos concretos de amor hacia los niños por parte de Jesús. Lucas indica lo siguiente: *Mas Jesús, llamándolos…* (Lc 18.16). Mateo, cuya explicación es más completa que la de los otros evangelios sinópticos, ya que precisa que *trajeron a los niños para que Jesús pusiese las manos sobre ellos, y orase* (Mt 19.13), señala también que él, *habiendo puesto sobre ellos las manos, se fue de allí* (Mt 19.15). Marcos es el único que refiere que Jesús: *tomándolos en los brazos, poniendo las manos sobre ellos, los bendecía* (Mr 10.16).

¿Cuáles fueron los gestos de amor de Jesús? Primero, siguiendo el relato lucano y el énfasis que allí se registra, se deduce que Jesús tuvo un particular interés en los niños. Así, mientras los discípulos reprobaron la actitud de los que traían a los niños para que él los bendijera y orara por ellos, Jesús los llamó, demostrando así que los indefensos y los desvalidos eran importantes (Lc 18.16). La indignación de Jesús, cuando se percató de la conducta de sus discípulos (Mr 10.14), constituye también un claro indicativo del valor que los niños tenían para Jesús y de su preocupación especial por los insignificantes y los débiles de la sociedad.

Segundo, los evangelios de Mateo y Marcos remarcan que Jesús tomó en sus brazos o cargó a los niños (Mr 10.16) y puso las manos sobre ellos para orar y bendecirlos (Mt 19.13, 15; Mr 10.16). Estos dos gestos visibles y públicos de Jesús, cargar en sus brazos a los niños y poner las manos sobre ellos, constituían señales inocultables de solidaridad con los indefensos y los desvalidos. Además, fueron dos formas visibles de amor cuyo horizonte apuntaba a revertir el destino de los excluidos y los insignificantes. Jesús valoró y trató a los niños como lo que ellos ya eran: seres humanos creados a la imagen de Dios.

Al tomarlos en sus brazos y al poner sus manos sobre ellos, se identificó con la condición de estos, se hizo como uno de ellos. No actuó como los discípulos actuaron en ese momento. No permitió que los prejuicios sociales y culturales que caracterizaban al mundo judío del primer siglo prevalecieran sobre el mandamiento de amar al prójimo y anularan los efectos liberadores del mensaje de salvación que Jesús anunciaba.

Tercero, según el testimonio de Marcos, Jesús, *tomándolos en sus brazos, poniendo las manos sobre ellos, los bendecía* (Mr 10.16). La idea que Marcos transmite en su relato es que Jesús bendijo tiernamente, uno por uno, a todos los niños. No fue una pérdida de tiempo tomarlos en sus brazos, poner las manos sobre cada uno de ellos y bendecirlos uno por uno. Para Jesús, los niños fueron tan importantes que dedicó el tiempo necesario para demostrar, con palabras y acciones, que ellos eran también destinatarios de la buena noticia de liberación. Esto explica por qué los tomó en sus brazos, puso las manos sobre ellos y los bendijo. Esa misma actitud y práctica debe ser la marca distintiva de las iglesias cristianas en su relación con los indefensos y en su práctica de defensa de la dignidad humana de los débiles y los insignificantes.

Las iglesias cristianas tienen que interesarse en los niños, no tanto como objetos de trabajo o pretextos para conseguir apoyo económico, sino como sujetos, como seres humanos con dignidad y personas de carne y hueso que necesitan ser confrontadas con el mensaje liberador del reino de Dios. Esto demandará, por supuesto, un examen de las motivaciones para el servicio y la acción social así como de las estrategias de trabajo que se derivan de esas motivaciones. Dios tiene una especial preferencia por los niños. En tal sentido, defender a un excluido y sacar la cara por los indefensos, son formas concretas de expresar un genuino compromiso con el Dios de la Vida.

Jesús nos invita a romper el círculo vicioso de la indiferencia y a salir de la «burbuja protectora» con la que intentamos ignorar la realidad lacerante de los niños maltratados y condenados a morir a paso lento en los basurales de la historia. Consecuentemente, tenemos que cambiar radicalmente de mentalidad (nuestra perspectiva teológica), y adoptar un nuevo estilo de vida jalonado por los valores del reino de Dios (amor en acción). Tenemos que involucrarnos activamente en un ministerio integral que tenga como horizonte la defensa de la dignidad humana de los insignificantes y los desvalidos, creados también a la imagen de Dios.

Nuestro horizonte misionero tiene que ampliarse. Las tareas de prevención, protección, rehabilitación y consolación son necesarias. Pero tenemos que mirar más lejos. En nuestra agenda de trabajo, tiene que haber lugar para la tarea de promoción y defensa de la dignidad humana de los desvalidos. Esto exige pasar del servicio social inmediato o coyuntural a acciones sociales y políticas colectivas y orgánicas orientadas a la transformación integral de las condiciones de vida de todos los excluidos por el sistema.

Para ello, se requiere conocer todos los canales de lucha legal y extralegal que coadyuven a este propósito. Además, se precisa conocer los mecanismos de trabajo político, cómo funciona el sistema de administración de justicia, los instrumentos internacionales de protección y defensa de los niños, y entender que nuestra red de relaciones (alianzas estratégicas) tiene que ser más inclusiva, tiene que ir más allá de la frontera religiosa. ¿Estaremos dispuestos a hablar en voz alta por aquellos que no tienen voz en la aldea global de este tiempo en la que el dinero y el poder parecen tener más valor que la vida y la dignidad humanas?

Capítulo 10

Entregar la vida como ofrenda

Hacer teología desde la periferia

Lucas 21.1–4

Cuando Jesús de Nazaret comenzó a recorrer las ciudades y aldeas de la marginada región de Galilea proclamando la buena noticia del reino de Dios, las mujeres, los samaritanos, los recaudadores de impuestos, los leprosos, los niños y los enfermos de todo tipo formaban parte del mundo de los excluidos y estaban considerados como los desechables o los «nadie» de la sociedad.

Esta realidad particular explica por qué la manera como Jesús de Nazaret se relacionó públicamente con las mujeres, uno de los sectores humanos condenados al ostracismo social, implicaba poner en tela de juicio los patrones culturales de su tiempo. Hecho inusual que resalta, aún más, si se tiene en cuenta que Jesús tuvo entre sus primeros discípulos a varias mujeres provenientes de la marginal y despreciada región de Galilea (Lc 8.2–3; 23.49, 55; 24.10). Al respecto, Gustavo Gutiérrez señala que:

> La actitud de Jesús frente a la mujer representa [...] una verdadera ruptura [...] con las categorías dominantes de su tiempo. Su comportamiento provocará reacciones de sorpresa y hasta de escándalo entre sus contemporáneos, incluso entre sus propios discípulos. El solo hecho de que hubiera mujeres colaborando con Jesús muestra la originalidad de su actitud; por otro lado, esto no hacía sino alimentar los prejuicios y la hostilidad de quienes se sentían cuestionados por el ministerio del predicador galileo... (Gutiérrez 1989: 317)

En el tercer evangelio, se destaca de manera notable la forma como Jesús de Nazaret, rompiendo con los patrones religiosos, sociales y culturales excluyentes de su tiempo, tuvo una preocupación especial por los sectores sociales que estaban en la periferia de la sociedad como las mujeres. Lucas es el evangelio *más favorable* a este sector social marginado y excluido (Ryan 1985: 56).

Lucas, cuando registra la tarea misionera de Jesús de Nazaret, resalta este aspecto distintivo de su misión liberadora (Lc 4.38–39; 7.11–17, 36–50; 8.2–3, 40–56; 10.38–42; 13.10–17; 21.1–4; 23.26–24.12). Desde los primeros capítulos del evangelio, se destaca también el papel singular de las mujeres en la historia de la salvación. Así lo confirman los casos de Elisabet (Lc 1.39–45), María (Lc 1.26–38, 46–56) y Ana (Lc 2.36–38). Además, dos de las parábolas típicamente lucanas, tienen como personajes centrales a mujeres (Lc 15.8–10; 18.1–8). Estos datos indican que más que ningún otro evangelista, Lucas acentúa la asociación y trato de Jesús con las mujeres, derribando así, para asombro de todos, una barrera social, cultural y religiosa impuesta por la sociedad patriarcal de sus días (Senior 1985: 354).

Los relatos acerca de la forma en que Jesús valoró la generosidad de la mujer pecadora en casa de Simón el fariseo (Lc 7.36–50) y la manera como liberó integralmente a la mujer encorvada (Lc 13.10–17) tienen una connotación especial a la luz de la perspectiva lucana de la misión liberadora de Jesús. Sin embargo, el relato de la ofrenda de la viuda muy pobre que Lucas registra en su evangelio y que se encuentra también en el Evangelio de Marcos (Mr 12.41–44), tiene un matiz teológico singular, ya que allí se conjugan varios elementos que articulan la misión liberadora de Jesús.

Esta mujer tres veces excluida —debido a su condición de mujer, viuda y pobre—, a quien se describe como una viuda muy pobre, representa un paradigma de absoluta confianza en la voluntad de Dios[68]. Su actitud generosa y confiada, una entrega absoluta al Dios de la Vida, no pasó desapercibida para Jesús (Lc 21.1–4; Mr 12.41–44). En el relato de la experiencia espiritual de la viuda muy pobre, se destaca su generosidad, que se expresó en la renuncia voluntaria a todo lo que en ese momento tenía para su sustento. Manifestó así, públicamente, su entrega sin reservas al Dios de la Vida y su plena confianza en él.

La lección que subyace en la experiencia de la viuda pobre es que la esencia de la verdadera ofrenda es el sacrificio. Se subraya así el

---

[68] En el tercer evangelio se menciona a otra viuda que tuvo una atención especial por parte de Jesús (Lc 7.11–17). Lucas registra, además, en su evangelio el ejemplo de la viuda que finalmente logró que el juez injusto le hiciera justicia (Lc 18.1–8), y el caso de las viudas explotadas por los religiosos hipócritas (Lc 20.45–47).

valor, no tanto de la cantidad de dinero que se da, sino del cómo se está dando. En palabras de Yoder:

> La cantidad de dinero que uno da tiene poca importancia. Lo importante es *qué* se da. Si es una parte de los ingresos, entonces no hay justicia, bondad y buena fe. Si es capital lo que uno da, entonces todo está en orden. (Yoder 1985: 58)

El relato de la ofrenda de la viuda muy pobre enfatiza que Dios conoce las motivaciones más profundas de los seres humanos y advierte que Él valora lo que se da con verdadero sacrificio y desprendimiento, y no lo que se ofrenda sin sacrificio, por costumbre, para aparentar cierta bondad, o por simple conveniencia.

Un desencuentro de teologías

Dos perspectivas teológicas respecto a Dios, dos formas de relacionarse con Él y de confesarlo públicamente, se pusieron de manifiesto cuando los ricos dieron como ofrenda lo que les sobraba y la viuda muy pobre todo lo que tenía. La condición de viudez de esta mujer ya era en sí misma una enorme desventaja —además del hecho de ser mujer, lo cual la colocaba cultural, social y religiosamente como una marginada— en la sociedad patriarcal de ese tiempo en la que las mujeres no tenían muchas posibilidades de trabajar para ganar el sustento de cada día.

De acuerdo con el relato lucano, la viuda era también una *penicrós* ('muy pobre, necesitada o desdichada' [Lc 21.2]) y una *ptojós* ('pobre, encorvada, asustada, desvalida y que debe mendigar para vivir' [Lc 21.3]), que de su *ustérema* ('pobreza, ausencia, escasez, necesidad o deficiencia' [Lc 21.4]) ofrendó todo lo que necesitaba, todo cuanto tenía para vivir[69].

La diferencia entre los ricos y la viuda muy pobre son bastante notorias. Las palabras de Jesús de Nazaret respecto al valor de esta mujer (*esta viuda pobre echó más que todos*), situadas en el contexto de la denuncia previa de la hipocresía de los religiosos que —según Jesús— devoraban las casas de las viudas (Lc 20.46–47), despreciando así la enseñanza del Antiguo Testamento que presentaba a Dios como defensor de estas mujeres (Sal 68.5) y exigía que fueran amparadas (Is 1.17), expresa una clara preocupación por la dignidad humana de esta

---

[69] Lucas es el único que utiliza la palabra *penicrós* (Lc 21.2). En ningún otro documento del Nuevo Testamento, se utiliza esta palabra.

mujer marginada, considerada como una «nadie» según las categorías religiosas, sociales y culturales de ese tiempo.

Un análisis de Lucas 21.1–4 indica que el problema de los económicamente poderosos, bastante parecido al de los escribas hipócritas (Lc 20.45–47), estaba en la superficialidad de sus actos religiosos. Tanto los escribas como los ricos tenían un déficit de coherencia entre su discurso teológico acerca de Dios y su práctica concreta. Jesús no se dejó impresionar por la apariencia de piedad de ellos, tampoco por su fe religiosa maquillada, ni por la cantidad de dinero que los depositaban en el arca de las ofrendas. Jesús vio lo que los demás no lograron captar, impresionados por la aparente generosidad de los ricos, y valoró lo que los otros despreciaban.

Jesús vio y valoró la generosidad de una viuda muy pobre, lo cual se expresó en el acto de ofrendar las dos insignificantes monedas que eran todo lo que ella tenía para vivir. Jesús vio, no la aparatosidad de los actos religiosos, sino el corazón de las personas. Así, mientras que para los ricos Dios era simplemente un dato del paisaje espiritual y un buen pretexto para controlar el poder político y religioso, para la viuda muy pobre Él era el Dios de la Vida a quien había que darle la vida misma como ofrenda. ¿No ocurre también lo mismo en este tiempo de emergencia de la religión en la vida pública?

La viuda muy pobre no era una teóloga como los escribas, entrenados para la casuística ética y para elucubrar intrincadas regulaciones religiosas; no obstante, la teología implícita de la viuda muy pobre afloró cuando ella dio para su ofrenda todo lo que tenía para su sustento. Para los ricos, Dios era un simple tema teológico y su espiritualidad estaba limitada a una ética privada egoísta. Para la viuda muy pobre, Dios era el sustento de su vida, y su espiritualidad tenía un alcance y un efecto público. Esto es así porque con su gesto de desprendimiento y abandono total en las manos de Dios, ella estaba confesando que Dios era su *go'el*, el defensor de las viudas y el que sacaba la cara por los indefensos. Confesaba con ese acto que Dios era el Dios de la Vida que tenía cuidado de todos aquellos a quienes la sociedad trataba como desecho social y escoria humana.

Desde la perspectiva teológica de la viuda, Dios no era únicamente el Señor del ámbito privado de la vida, sino el Dios Soberano que tenía en sus manos el control de todas las cosas y que por eso mismo podía sustentarla a ella. Para esta viuda muy pobre, Dios no era propiedad de los ricos ni estaba secuestrado por los que detentan el poder en el mundo, sino que era el defensor de las viudas y de todos aquellos que la sociedad calificaba como escoria descartable (Dt 10.17–18; Sal 68.5; 146.9).

Las apariencias engañan

La escena está situada en el Templo, corazón del poder religioso, económico y político de Jerusalén (Gutiérrez 1989: 220). De acuerdo con la versión del Evangelio de Marcos, mientras Jesús de Nazaret estaba *sentado delante del arca de la ofrenda* (Mr 12.41), probablemente cerca del atrio de las mujeres en el que se colocaban las arcas de las ofrendas, *miraba cómo el pueblo echaba dinero en el arca* (Mr 12.41)[70]. Lucas en su versión de este incidente puntualiza que:

> Jesús levantando los ojos, vio a los ricos que echaban sus ofrendas.
> Vio también a una viuda muy pobre, que echaba allí dos blancas.
> (Lc 21.1–2)

La diferencia sustantiva entre la ofrenda de los ricos y la ofrenda de la viuda pobre no estaba en la cantidad de monedas que depositaron en el arca de las ofrendas, ya que nada malo había en sí mismo en el acto de ofrendar. La diferencia estaba en el cómo se estaba dando la ofrenda para Dios, porque existe una diferencia notable entre dar de lo que nos sobra, y dar de manera sacrificial aquello que afecta nuestra seguridad y estabilidad económica.

Para los ricos, cuya seguridad y estabilidad económica no estaba en peligro, se trataba de una simple contribución que formaba parte de su activismo religioso. Pero, para la viuda muy pobre, fue un sacrificio total (Cole 1995: 271). Particularmente porque ella dio todo lo que poseía, todo cuanto necesitaba para el sustento de su vida que, en el horizonte del pobre, suele abarcar lo que necesita para el día presente (Gnilka 1993: 208). Y, en ese gesto de desprendimiento total, se traducía o se hacía pública una espiritualidad que tenía como uno de sus pilares la confesión de Dios como el Dios de la Vida.

En el relato lucano (Lc 21.1–2) se subraya que entre tantas personas que depositaban ese día sus ofrendas en el templo de Jerusalén (*vio a los ricos que echaban sus ofrendas*), Jesús fijó su mirada en una viuda muy pobre (*vio también a una viuda muy pobre*), y que más allá de la aparente insignificancia de su ofrenda, valoró la textura de la fe sincera

---

[70] William Hendriksen sostiene que «Debemos suponer que Jesús estuviera sentado en algún lugar en el patio de las mujeres, con sus trece cofres en forma de trompeta, puestos para recibir donativos y ofrendas» (Hendriksen 1996: 855).

de esa viuda marginada y excluida: *En verdad os digo, que esta viuda pobre echó más que todos* (Lc 21.3). Las palabras de Jesús —*echó más que todos*— indican que las dos insignificantes monedas que la viuda muy pobre dio como ofrenda tenían mucho más valor que el dinero que todos los ricos habían depositado porque ellos habían dado de lo que les sobraba (Lc 21.4).

Y es que Jesús ve lo que nosotros, frecuentemente, pasamos por alto o juzgamos de manera equivocada. Jesús escudriña el corazón. Él no ve las apariencias ni el maquillaje religioso de las personas. Él diferencia la hipocresía de la verdadera devoción a Dios. La mirada escrutadora de Jesús de Nazaret no es la mirada común que se concentra en la epidermis o la superficie de las cosas, esa acción bastante humana que con demasiada frecuencia se deja impresionar por los actos externos que muchas veces ocultan las motivaciones reales.

La mirada de Jesús examina las intenciones y desnuda los intereses ocultos que a simple vista no se distinguen. Ve el corazón y no los actos religiosos postizos o las máscaras de aparente piedad. Las apariencias engañan. Jesús distinguió entre lo aparente y lo real, entre lo superficial y lo auténtico, entre lo externo de las cosas y lo interno del corazón. No fue como nosotros que únicamente vemos —con demasiada frecuencia— lo que impresiona, lo que funciona, lo circunstancial, lo temporal, lo material.

Como discípulos de Jesús, dentro del mundo global contemporáneo en el que las personas de todas las edades y condición económica son socializadas para tener como única preocupación la acumulación de bienes materiales en el menor tiempo posible, necesitamos mirar más allá de las apariencias, para no dejar que los valores de la sociedad predominante sean los que perfilen nuestro estilo de vida y determinen nuestra agenda cotidiana.

En esta coyuntura particular en la que muchos adoptan como lema regulador de su existencia, la fórmula «consumo, luego existo» o «compro y luego existo», la advertencia de Jesús respecto al desmesurado apego por las cosas temporales tiene particular relevancia para nosotros: *la vida del hombre no consiste en la abundancia de los bienes que posee* (Lc 12.15). No olvidemos, entonces, como se precisa en la sabiduría popular, que las apariencias engañan. Y las apariencias tienen en ocasiones un disfraz religioso, un manto de piedad o una máscara de generosidad, como fue el caso de los ricos que dieron de lo que les sobraba. Jesús nos desafía a abandonar la vida de las apariencias y a asumir un estilo de vida basado en una total entrega al Dios de la Vida.

El verdadero sacrificio

El acto de desprendimiento de todos los recursos materiales que tenía en ese momento —dos insignificantes monedas según los criterios humanos— expresa que, a diferencia de los ricos que tenían un dios de adorno y un dios hecho a su medida, para esta viuda muy pobre, Dios estaba en el centro de su vida. La percepción teológica de esta mujer muy pobre, explica por qué ella renunció voluntariamente a sus posesiones, a lo único que tenía para su sustento.

Dos blancas, un par de monedas de escaso valor en el mercado cambiario de ese tiempo, dos piezas de metal que juntas serían una mínima fracción de cualquiera de las monedas de menor valor en la actualidad (Hendriksen 1987: 518), traducían, sin embargo, un gesto concreto de total dependencia en Dios. Esta mujer muy pobre dio de una manera sacrificial, con absoluto desprendimiento, con extrema generosidad. Y por esa razón:

> A los ojos de Jesús la ofrenda de la viuda era la más grande, porque lo que Dios juzga no es tanto el tamaño de la ofrenda sino lo que queda después que ha sido dada. En este caso particular, la ofrendante había dado todo lo que tenía. (Marshall 1992: 919)

La viuda pobre pudo haber guardado legítimamente, pues formaba parte de su propiedad, una de las dos monedas para su sustento de ese día, ya que así estaba ofrendando la mitad de todo lo que poseía. Pero ella entregó como ofrenda a Dios todo su capital, todo lo que tenía para sobrevivir, todo su sustento.

Al dar todo lo que tenía, estaba arriesgando su futuro y poniéndose en las manos de Dios; dependía únicamente de la misericordia del Padre Celestial. A pesar de su extrema pobreza, nada guardó para sí misma, y con esa acción confesaba públicamente que toda su vida —su presente y su futuro— se encontraba en las manos del Dios de la Vida, un acto de fe que explica por qué Jesús valoró el gesto de la viuda. Como señala Gustavo Gutiérrez:

> No se trata de un hecho banal para este agudo observador que ve más allá de las apariencias. Su lectura de la realidad viene del mensaje del reino que él anuncia. El Maestro hará ver a sus discípulos el significado de lo que está ocurriendo. El gesto de la viuda parece poca cosa para una mirada no iluminada por la fe, pero para Jesús esa limosna vale más que la de los ricos ostentosos

> que sólo dieron lo que les sobraba. La viuda, en cambio, dio lo que
> era esencial para ella. (Gutiérrez 1989: 221)

La lección que se deriva del ejemplo de la viuda muy pobre es bastante clara. Unos ofrendan de lo que les sobra, sin sacrificio, sin poner en peligro su estabilidad económica, sin alterar su presupuesto vital, sin arriesgar nada, guardando para sí mismos más de lo que necesitan para su sustento de cada día. Otros, como la viuda muy pobre, ofrendan con sacrificio y se presentan ellos mismos como una ofrenda a Dios. Para ellos, su seguridad no está en el «dios dinero», ni su felicidad en la simple acumulación de bienes materiales. Lo que ellos son, seres humanos creados a la imagen de Dios, no depende de las posesiones materiales. Los bienes materiales que poseen, no define ni su identidad ni su lugar en la sociedad y, por eso mismo, están dispuestos a renunciar a todo apego exagerado por las cosas temporales.

Dar con sacrificio, renunciando voluntariamente al apego exagerado por las cosas pasajeras, exige reconocer que el pan de cada día —como se afirma en la oración que conocemos como el Padre Nuestro (Mt 6.9–13)— proviene de Dios y que toda nuestra vida está en sus manos. Dar con sacrificio implica, además, poner a un lado todo lo que para muchos significa tener un nombre y preservar la imagen de persona próspera en un medio cada día más competitivo y excluyente. No se trata de una falta de prudencia o de una carencia de sentido de previsión. De lo que se trata es de presentar todo lo que tenemos —nosotros mismos— como una ofrenda a Dios, expresando así una entrega sin reservas y sin condiciones a su voluntad soberana. La actitud obediente y desprendida de la viuda muy pobre es un claro ejemplo de ello.

El Dios de la Vida

La viuda muy pobre dio como ofrenda todo el sustento que tenía. Nada guardó para sí misma. Al dar todo lo que tenía en ese momento, con ese gesto de confianza absoluta en la provisión del Señor, confesó públicamente a Dios como Padre y glorificó su nombre presentándose ella misma como ofrenda. Para esta mujer muy pobre, despreciada y oprimida, Dios era el fundamento de su vida y, por esa razón, dio lo que era esencial para ella (Gutiérrez 1989: 221). Más que ofrendar dos monedas de escaso valor, todo su capital o todas sus posesiones materiales, la viuda estaba entregando toda su vida como una ofrenda.

¿Quién iba a velar por sus necesidades materiales? ¿Por qué lo entregó todo a Dios? ¿Por qué no retuvo para sí misma una de sus dos monedas? Lucas subraya en su relato que ella confió su vida entera a la voluntad soberana del Dios de la Vida. La entrega de lo más preciado que tenía en ese momento, dos pequeñas monedas, fue una señal concreta de sumisión absoluta al Dios de la Vida. Detrás del acto de extrema generosidad de la viuda muy pobre, puesto de manifiesto cuando entregó todo su dinero como ofrenda, estaba una confesión pública de Dios como Padre y protector de su vida. Para esta mujer muy pobre, a diferencia de los ricos, Dios era mucho más importante que el dinero. Esta comprensión teológica se explicitó en el acto generoso de dar con sacrificio. Para ella, Dios era el Dios de la Vida.

En otras palabras, esta mujer excluida y condenada al ostracismo social, según los patrones sociales y culturales de ese tiempo, confesó públicamente que Dios ocupaba el centro o el lugar preferente de su vida. La situación de pobreza material en la que se encontraba no la convirtió en una persona egoísta que pensaba únicamente en el bienestar de ella misma. Había aprendido que el amor a Dios está primero que el amor al «dios» dinero.

Esta viuda a quien Jesús puso como modelo de verdadera generosidad, con su gesto sacrificial de desprendimiento, marcó la ruta que todo discípulo de Jesús de Nazaret está llamado a seguir. El gesto de amor sacrificial de esta mujer pobre visibilizó la textura de su fe en Dios, a quien confesó como el Dios de la Vida. Consecuentemente, la práctica de fe de esta viuda, gesto visible reconocido por el mismo Jesús, indica que Dios espera no sólo las posesiones materiales como ofrenda, sino también la vida misma. En ese sentido, la valoración que Dios hace de los pobres —como la viuda— tiene que espolear a la comunidad de discípulos, no sólo a aceptar el ejemplo de la viuda, sino a estar al lado de los abandonados como ella (Gnilka 1993: 208).

Sin embargo, la generosidad y la solidaridad no son precisamente una práctica frecuente en este tiempo en el que el apego exagerado por los bienes materiales y el virus letal del individualismo, parecen imponerse como modelos o paradigmas de vida. Dentro de esa realidad excluyente, la propuesta de un estilo de vida marcado por el sacrificio, la solidaridad y el compromiso con los excluidos, resulta ser bastante extraña y está considerada como un simple tema religioso apto únicamente para los despistados o los ingenuos.

La gente parece no darse cuenta de que precisamente en el sacrificio, la solidaridad y el compromiso, está el germen de una nueva sociedad en la que todos sean valorados y tratados como seres humanos de carne y hueso —creados a la imagen de Dios— y no como artículos desechables en el mundo global de este tiempo. El egoísmo, el deseo de acumular para uno mismo, expresa no solamente una falta de amor al prójimo, sino también una práctica de vida en la que el amor a los bienes materiales está por encima de cualquier otro compromiso social y religioso.

Sin embargo, más allá del egoísmo que campea en todos los círculos sociales y en todos los marcos culturales en los que la generosidad y la solidaridad son palabras ajenas a su vocabulario y prácticas innecesarias, para los discípulos del Señor crucificado y resucitado, la obediencia evangélica exige renunciar a todo apego exagerado por los bienes temporales y presentar nuestra vida como una ofrenda a Dios. El ejemplo de la viuda muy pobre ha trazado la ruta que los discípulos de Jesús de Nazaret tienen que transitar en todo tiempo y en toda circunstancia histórica. ¿Seguiremos esa ruta, dejando a un lado el amor exagerado por los bienes temporales, y afirmando nuestro compromiso con el Dios de la Vida?

Capítulo 11

Mas no así vosotros…

Jesús de Nazaret y el poder político

Lucas 22.24–27

Uno de los asuntos críticos que ha generado una amplia discusión teológica y política al interior de la comunidad evangélica es el tema de la incursión de un número cada día más creciente de ciudadanos de confesión evangélica en la vida pública. Sin embargo, la experiencia reciente de estos nuevos actores sociales y políticos, da cuenta de que su gestión no ha sido ni distinta ni mejor que la de la mayoría de los políticos tradicionales. A pesar de ese déficit ético, un déficit que ha puesto en tela de juicio el testimonio público de todos los ciudadanos evangélicos, no se puede negar que la comunidad evangélica ya no pasa desapercibida en las sociedades latinoamericanas.

Teniendo en cuenta todos estos datos de la historia reciente de los evangélicos, varias preguntas se pueden formular con respecto a la incursión de ciudadanos de confesión evangélica en la plaza pública. ¿Sobre qué bases teológicas y éticas se tiene que articular el ejercicio ciudadano de los evangélicos cuando participan en los movimientos sociales y los partidos políticos? ¿Qué fundamentos bíblicos deben modelar la práctica política de los ciudadanos evangélicos cuando se encuentran en los espacios de poder?

Uno de los documentos clave del Nuevo Testamento, sumamente valioso para responder a estas preguntas, es el Evangelio de Lucas. De entre los textos de este evangelio que se pueden examinar para conocer la perspectiva lucana del poder, destaca notoriamente Lucas 22.24–27, el cual, a la luz de todo el testimonio lucano, se examinará con cierto detalle, tratando de captar la propuesta teológica relacionada con el tema del poder político que allí subyace, conectándola con los desafíos sociales y políticos del entorno de misión.

El testimonio lucano

El tema del poder político es uno de los ejes transversales del Evangelio según San Lucas[71]. Un examen panorámico de los relatos del Evangelio de la Infancia, registrados únicamente por San Lucas en su evangelio, ilustra ampliamente esta afirmación. El Magníficat o canto de María (Lc 1.46–55), El Benedictus o canto de Zacarías (Lc 1.67–79) y El Nunc Dimittis o canto del anciano Simeón (Lc 2.29–32), dan cuenta de ello.

El contenido innegablemente político del Magníficat insinúa que para la doncella María, la esperanza mesiánica tenía como horizonte una completa transformación de las relaciones sociales, y una inversión radical de la pirámide del poder: *Quitó de los tronos a los poderosos, y exaltó a los humildes. A los hambrientos colmó de bienes, y a los ricos envió vacíos* (Lc 1.52–53). Las palabras de María pueden explicar por qué en este canto, según un autor, se presenta a Dios:

> …como el Dios intrahistórico, cercano, inmediato, el acompañante, guía y defensor del pueblo. Es el Dios de Israel, de su experiencia y liberación histórica, el Dios del éxodo, que se convierte en el paradigma de las demás liberaciones históricas. (Escudero 1978: 200–201)

El contenido de las palabras del anciano Simeón (Lc 2.25) y de la profetisa Ana (Lc 2.38), indica que para ellos, la presencia del Mesías en el escenario de la historia humana, estaba conectada con la liberación de Israel. Lucas subraya que Simeón esperaba *la consolación de Israel* (Lc 2.25) y Ana *la redención en Jerusalén* (Lc 2.38). En ambos casos, como lo puntualiza Lucas en su evangelio (Lc 2.25, 37), no se puede negar la connotación política que subyace en la esperanza mesiánica de estos dos ancianos, justos y piadosos. En palabras de John Yoder:

> Cualquiera sea la «verdadera forma histórica» de los eventos subyacentes detrás de la historia, podemos estar seguros de que, en

---

[71] En el Evangelio según San Lucas, las referencias al tema de la autoridad (*exousia*) y al tema del poder (*dunamis*) son más frecuentes que en los evangelios de Mateo y de Marcos. La palabra *exousia* (autoridad, potestad, poder, jurisdicción, derecho), significa poder legítimo, real o pleno para actuar, controlar, usar o disponer de alguien o de algo en cierto momento. Esta palabra que aparece en 102 ocasiones en el Nuevo Testamento, se utiliza 16 veces en Lucas, mientras que en Mateo y en Marcos se utiliza únicamente en diez ocasiones. La palabra *dunamis* (poder, potencia, capacidad, fuerza, milagros, maravilla, señal) significa 'poder físico y habilidad para realizar algo'. De las 119 veces que aparece esta palabra en el Nuevo Testamento, Lucas la utiliza en quince ocasiones, Mateo en trece y Marcos en once.

la atmósfera de alta sensibilidad apocalíptica en la que vino Jesús, al menos era *posible*, sino *normal* para aquellos que esperaban la «consolación de Israel», ver en estas liberaciones milagrosas de la historia del Antiguo Testamento un paradigma del modo en que Dios salvaría a su pueblo en ese momento. (Yoder 1985: 65)

Lucas en su evangelio no elude, entonces, el tema del poder político[72]. Presenta a Jesús de Nazaret como el Mesías prometido por los profetas del Antiguo Testamento, cuya plataforma programática expuesta en la sinagoga de Nazaret, constituye un claro indicativo tanto del contenido como del alcance de su misión liberadora (Lc 4.16–30). De acuerdo con el testimonio lucano, su misión liberadora tenía como horizonte revertir el destino de los pobres y de los sectores condenados al ostracismo social, como las mujeres, los cobradores de impuestos, los niños, los samaritanos y los leprosos. Dos temas clave del tercer evangelio son bastante explícitos sobre este asunto: a) el amor especial de Dios por los pobres y los excluidos del mundo, b) la naturaleza y el alcance universal de la misión.

Parece claro, entonces, que para San Lucas, la proclamación de Jesús relativa al reino de Dios, tenía una dimensión política incuestionable Todo el Evangelio de Lucas da testimonio de ello. Sin embargo, pasajes exclusivamente lucanos como Lucas 13.32, un texto en el que Jesús llama a Herodes Antipas, la autoridad temporal de ese tiempo, *aquella zorra* o un gobernante astuto, son especialmente notables para captar la textura teológica del tercer evangelio con respecto al tema del poder político. Lo mismo se puede afirmar sobre el carácter claramente político de la predicación de Juan el Bautista (Lc 3.1–18), un profeta que criticó públicamente, incluso, al propio Herodes Antipas, el gobernante temporal de ese tiempo (Lc 3.19). Esta crítica pública lo condujo primero a la prisión (Lc 3.20) y, posteriormente, a la muerte (Lc 9.9)[73].

Particularmente en Lucas 22.1–71, el tema del poder político tiene detalles singulares relacionados con el contraste entre los valores del

---

[72] Desde una perspectiva bíblica, la única autoridad legítima y plena la tiene Dios, ya que solamente él tiene autoridad en sí mismo. En tal sentido, toda autoridad humana es una autoridad delegada o conferida, pues los gobernantes terrenales tienen que responder a Dios por la manera como la ejercen, desde sus respectivas posiciones o espacios de poder.

[73] Lucas ubica la historia de Jesús de Nazaret en su contexto histórico específico, mencionando por nombre a autoridades políticas como los emperadores romanos Augusto César (Lc 2.1) y Tiberio César (Lc 3.1), Cirenio el gobernador de Siria (Lc 2.2), el gobernador romano de Judea Poncio Pilato (Lc 3.1) y a Herodes tetrarca de Galilea (Lc 3.21).

reino de Dios y los valores sobre los que se sostienen los reinos de este mundo instrumentados por la *potestad (exousía) de las tinieblas* (Lc 22.53). Todo el capítulo 22 del tercer evangelio registra lo que bien podría llamarse la *hora de la potestad de las tinieblas* (Lc 22.53).

En este capítulo, se registra el complot para matar a Jesús de Nazaret, un complot el que uno de sus discípulos, Judas Iscariote, cuyo apelativo Iscariote probablemente significa *sicarius* o *sicario* (Cullmann 1980: 21), participó activamente (Lc 22.1–6). Se registra también los relatos de la institución de la cena del Señor (Lc 22.7–23), el anuncio de las negaciones de Pedro (Lc 22.31–34), la oración de Jesús en el huerto de Getsemaní (Lc 22.39–46), el arresto de Jesús (Lc 22.47–53), las negaciones de Pedro (Lc 22.54–62), y el remedo de juicio que le hicieron a Jesús las autoridades religiosas judías (Lc 22.63–71).

Resulta interesante notar, además, que en este capítulo se hace referencia en varios momentos a la *espada* (Lc 22.36, 38, 49, 52), un instrumento para matar o un arma de guerra cuyo matiz político no necesita mayor explicación, particularmente, si se lo asocia con la existencia de grupos de resistencia a la ocupación militar romana, como los zelotes y los sicarii[74].

Precisamente, teniendo como trasfondo todos estos datos registrados por Lucas en su evangelio y durante la institución de la Cena del Señor en el aposento alto, se ubica el relato de la discusión de los discípulos de Jesús acerca de quién de ellos iba a ser el más importante o el más grande en el reino de Dios. ¿Por qué? ¿Qué intentó comunicar Lucas a sus primeros lectores?

Un dato significativo puede ayudarnos a entender la intención particular del autor del tercer evangelio. Como ya se ha señalado, llama la atención una declaración que hizo Jesús, registrada únicamente por Lucas en su evangelio, cuando fue arrestado por las autoridades judías en el huerto de Getsemaní: *...mas ésta es vuestra hora, y la potestad de las tinieblas* (Lc 22.53). Según el sentido del relato lucano, parece que

---

[74] Oscar Cullmann, subrayando que se tiene que examinar las enseñanzas de Jesús de Nazaret sobre el fondo de las ideas de su tiempo, expresa lo siguiente sobre este asunto: «Los zelotes son, pues, celosos, decididos, comprometidos, con un matiz de fanatismo. Celosos de la ley, esperan ardientemente al mismo tiempo el advenimiento del reino de Dios para un futuro muy próximo [...] los zelotes [...] con un programa de reforma radical del culto del templo y del sacerdocio vigente [...]. Los sicaraii, designación latina, literalmente hombres de cuchillo, con un programa más bien político, encaminado a la expulsión de los romanos y al establecimiento de un poderoso reino de Israel. Pero en ambos grupos se rozaban fe y política. Y es que ambos querían provocar el cambio por la violencia, para lo cual debían luchar contra la autoridad establecida en Palestina» (Cullmann 1980: 14–15).

la discusión de los discípulos de Jesús relacionada con rangos o lugares de preeminencia en el reino de Dios, formaba parte del plan de destrucción de Satanás. Éste ya había captado previamente a uno de los doce, Judas Iscariote (Lc 22.3–4), y estaba intentando atraer la atención de los otros discípulos para que sean seducidos por la lógica humana predominante en ese tiempo en cuanto al ejercicio del poder político.

En efecto, parece que así fue, ya que cuando se introdujo en el círculo de los discípulos la idea corriente de acceso al poder político, según el modelo de liderazgo aceptado en ese tiempo, ellos pensaron y actuaron como los personajes humanos que gobernaban despóticamente a las naciones paganas. ¿Quiere decir esto que la política es en esencia un asunto meramente mundano? ¿Está el terreno de la política enteramente bajo el dominio de Satanás y de sus instrumentos humanos? ¿Cuál es, entonces, el papel ciudadano de los discípulos como miembros de la *polis*? ¿Cómo tienen que actuar ellos dentro de la *polis* de la que forman parte?

A la luz de la discusión previa sobre la perspectiva lucana del poder, parece claro que un texto bíblico clave como Lucas 22.24–27, delinea principios sumamente valiosos para la acción social y política de los discípulos de Jesús en cualquier marco temporal, un texto bíblico del cual se desprenden tres asuntos clave relacionados con el tema del poder político:

➤ Las aspiraciones humanas.
➤ Las estructuras de poder.
➤ La ética del reino de Dios.

Cada uno de estos tres temas tiene lecciones sociales y políticas particulares, las cuales se hallan entretejidas entre sí y son especialmente pertinentes para este tiempo en el que un número creciente de miembros, líderes y pastores evangélicos, con diversos intereses individuales y colectivos, afirman haber sido llamados por Dios para ingresar en el campo de la política con el propósito de «refundar» moralmente a la nación. ¿Qué se debe tener en cuenta o considerar con mucho cuidado cuando un ciudadano de confesión evangélica, sea pastor o miembro de una congregación, incursiona en la plaza pública?

Las aspiraciones humanas

Uno de los temas que está presente en Lucas 22.24–27 es el de las aspiraciones humanas relacionadas con la cuestión del poder político. En este texto, se relata la discusión que tuvieron los discípulos de Jesús sobre los lugares de preeminencia que tendrían en la inminente —según ellos— instauración del reino de Dios[75]. Allí se indica lo siguiente sobre este tema clave que permeaba la mentalidad de todos los discípulos: *Hubo también entre ellos una disputa sobre quién de ellos sería el mayor* (Lc 22.24). O como se traduce en la Nueva Versión Internacional: *Tuvieron además un altercado sobre cuál de ellos sería el más importante* (Lc 22.24).

A la luz de los datos que se tiene sobre el contexto histórico, se puede afirmar que la discusión de los discípulos de Jesús de Nazaret, estuvo asociada con los presupuestos teológicos y políticos propios del marco cultural judío de ese tiempo, porque a ellos *les costaba trabajo prescindir de las ideas corrientes sobre el reino de Dios* (Cullmann 1980: 44)[76]. Así, como muchos de sus contemporáneos, los discípulos de Jesús creían que el reino de Dios prometido por los profetas del Antiguo Testamento, estaría restringido exclusivamente a un espacio geográfico definido (Israel) y tendría una dimensión política concreta (la liberación de la situación de opresión en la que se encontraba el pueblo judío en ese momento)[77]. Más aún, parece que los discípulos de Jesús "veían su posición en términos políticos, y se veían a sí mismos como seguidores políticos del Mesías" (Storkey 2005: 85)[78].

Éste es el dato histórico particular que se deriva, por ejemplo, del análisis de los siguientes textos bíblicos:

Entonces se le acercó la madre de los hijos de Zebedeo con sus hijos, postrándose ante él y pidiéndole algo. Él le dijo: ¿Qué quieres? Ella

---

[75] Al examinar este texto bíblico, Howard Marshall acota que «Si allí existía la posibilidad de que uno de sus discípulos traicione a Jesús. También existía la posibilidad de disensión entre ellos como consecuencia del deseo terrenal por los lugares de privilegio y autoridad» (Marshall 1979: 810).

[76] Se debe tener en cuenta un dato sumamente valioso sobre la cosmovisión de los judíos en el tiempo de Jesús. Ellos no separaban la religión de la política, ya que, según su cosmovisión, veían la religión y la política como algo integral, porque el propósito de Dios se relacionaba con la nación (Stokes 2005: 38).

[77] Oscar Cullmann, sobre este tema, precisa que «en tiempos de Jesús, existían ya en el judaísmo dos concepciones muy diferentes respecto al Mesías. Según una, más o menos oficial y compartida por la mayoría del pueblo, el Mesías era un guerrero victorioso, el cual, como Rey, había de establecer en la tierra un poderoso reino de Israel, por el cual reinaría Dios en el mundo. Según la otra, que era de los círculos más reducidos, el reino de Dios se realizaría al margen de las contingencias terrenas, en un marco cósmico, por aquel a quien el Libro de Daniel y los *Apocalipsis apócrifos llaman el Hijo del Hombre y que vendrá* sobre las nubes del cielo (Dn 7.13) [...]» (Cullmann 1980: 31).

[78] Alan Storkey, comentando sobre Lucas 22.24, afirma que «ni sus discípulos, ni Herodes Antipas veían la campaña de Jesús como apolítica» (Storkey 2005: 85).

le dijo: Ordena que en tu reino se sienten estos dos hijos míos, el uno a tu derecha, y el otro a tu izquierda. (Mt 20.20–21)

Entonces Jacobo y Juan, hijos de Zebedeo, se le acercaron, diciendo: Maestro querríamos que nos hagas lo que pidiéramos. Él les dijo: ¿Qué queréis que os haga? Ellos le dijeron: Concédenos que en tu gloria nos sentemos el uno a tu derecha, y el otro a tu izquierda. (Mr 10.35–37)

Entonces los que se habían reunido le preguntaron, diciendo: Señor, ¿restaurarás el reino a Israel en este tiempo? (Hch 1.6)

En estos textos se hace referencia a temas político-religiosos, como las posiciones de privilegio en el reino de Dios y la restauración del reino al Israel geográfico, temas que estaban en el centro de la discusión de los discípulos. ¿Por qué es valiosa toda esta información sobre las ideas corrientes que había con respecto al advenimiento del Mesías prometido? Porque ese marco cultural y teológico preciso, propio del mundo político-religioso judío del primer siglo, permite comprender mejor tanto las motivaciones como las pretensiones individuales y familiares que estaban detrás de la disputa y discusión de los discípulos de Jesús, sobre al estatus y a la capacidad de ejercer dominio sobre los demás.

Los relatos de Mateo y de Marcos, así como el relato de Lucas, indican que los discípulos pensaban que el establecimiento del reino de Dios estaba cerca y, por esa razón, buscaban asegurarse los primeros lugares o los puestos de preeminencia en el reino mesiánico. Como lo precisa Lucas en su evangelio:

…estaban cerca de Jerusalén, y ellos pensaban que el reino de Dios (*basileia tou theos*) se manifestaría inmediatamente. (Lc 19.11)

Además, un análisis comparado de Lucas 22.24, con Mateo 20.24 y Marcos 10.41, demuestra que el tema del poder estaba presente en la mentalidad de todos los discípulos, y no únicamente en la de los hijos de Zebedeo y su madre Salomé[79].

---

[79] De acuerdo con el Evangelio de Mateo, fue la madre de los hijos de Zebedeo quien le pidió a Jesús que en su reino, sus hijos Juan y Jacobo, se sentaran en los lugares de preeminencia (Mt 20.20–21). Tomando como base la información consignada en Marcos 15.40; 16.1; Mateo 27.56 y Juan 19.25, textos bíblicos en los que se mencionan datos sobre las mujeres que presenciaron la crucifixión y que fueron en la mañana del domingo al lugar en el que Jesús había sido enterrado, se presume que Salomé fue el

Consecuentemente, ninguno de ellos estaba libre de la seducción del poder, ni se hallaba vacunado contra el virus de la ambición política. Todos estaban pensando en los mismos términos. Fue así porque, según el testimonio lucano, no se trataba en realidad de la primera ocasión en la que los discípulos de Jesús discutían entre sí sobre este asunto, tal como se señala en Lucas 9.46–48: *entraron en discusión sobre quién de ellos sería el mayor* (Lc 9.46).

De acuerdo con el relato de los evangelios sinópticos, la búsqueda de los lugares de privilegio, preeminencia, estatus y poder (un asunto que se expresó claramente en la discusión colectiva sobre quién de ellos sería el más importante o el más grande) se exteriorizó en pasiones tan humanas como la disputa (Lc 22.24) y el enojo (Mt 20.24; Mr 10.41). En otras palabras, dentro de la comunidad de discípulos, la lucha por acceder a las posiciones de preeminencia o a los lugares de prominencia en el reino de Dios, se expresó en acciones humanas egoístas y terrenales que lesionaban las relaciones de hermandad, compañerismo y solidaridad que se suponía debía existir entre los seguidores de Jesús de Nazaret.

El hecho de que se tratara de una disputa o de un altercado respecto a quién de ellos sería el mayor o el más grande, revela que tanto el estado de ánimo de los discípulos como el clima teológico en el que estaba situada la discusión entre ellos, no fueron ni de solidaridad ni de compañerismo. Especialmente, porque la discusión o la disputa entre los discípulos, giró en torno a temas críticos como las posiciones de privilegio que tendrían en el reino terrenal que, según su perspectiva teológica, Jesús pronto inauguraría.

La discusión tenía, por lo tanto, una clara dimensión político-religiosa, relacionada con la capacidad de dominio político y de ejercicio del poder que iban a tener los que se sentarían a la derecha y a la izquierda del trono, precisamente los lugares acostumbrados de preeminencia o de estatus en el mundo antiguo[80]. Pero ¿se trató de un problema exclusivo de los discípulos de ese tiempo o se trata de un problema que todavía continúa afectando las relaciones de hermandad, compañerismo y solidaridad en las comunidades de discípulos de este tiempo?

La naturaleza humana marcada por el egoísmo que se expresa en asuntos concretos como el deseo de poder y la lucha por alcanzar los

---

nombre de la madre de los hijos de Zebedeo.

[80] Los lugares de preeminencia en las cortes reales, en las batallas y en las ceremonias públicas, estaban localizados al lado derecho y al lado izquierdo del trono del monarca o del lugar que ocupaba el líder visible del pueblo. Ver, por ejemplo, textos bíblicos como Éxodo 17.12; 2 Samuel 16.6; 1 Reyes 22.19; Nehemías 8.4.

lugares de preeminencia, dentro y fuera de las comunidades religiosas, no ha cambiado. La experiencia de los discípulos de Jesús de Nazaret continúa siendo la experiencia de los seres humanos —entre ellos los evangélicos— de la aldea global contemporánea. La relevancia de la constatación previa está en sus implicaciones prácticas para el testimonio cristiano en el mundo. Por ejemplo, se puede señalar que asuntos como la lucha por alcanzar las posiciones de prestigio y una tendencia al uso instrumental del poder político o religioso, forman parte de la realidad social y afectan en mayor o en menor grado las relaciones humanas en el escenario público y las relaciones de hermandad y de compañerismo al interior de las comunidades evangélicas.

La constatación de estos hechos no niega, por supuesto, la legitimidad de aspirar a posiciones de preeminencia en las estructuras religiosas y de ejercer responsabilidades públicas en el campo político o en los movimientos sociales. Sin embargo, los discípulos de Jesús deben estar suficientemente conscientes de que el problema básico se encuentra en las motivaciones individuales y colectivas. Principalmente en el *porqué* (la motivación) se aspira llegar a cierta posición de poder dentro de una estructura política o religiosa, y en el *cómo* (la vía, el vehículo o el medio) se llega finalmente a esa posición de poder en el espacio público o en las comunidades religiosas.

Para los discípulos de Jesús de Nazaret, debe estar suficientemente claro que las motivaciones espurias, como la sed de poder o las ambiciones egoístas, y las vías mundanas de acceso al poder, como la manipulación de las voluntades colectivas y la instrumentación de la autoridad espiritual con fines electorales, no son precisamente virtudes evangélicas ni motivaciones santas. Ello porque se trata de un acomodo a la forma corriente de acceder y de ejercer el poder político en la sociedad predominante; y constituyen, por tanto, una negación de la identidad cristiana de aquellos que actúan de esa manera, utilizando incluso un lenguaje religioso, para captar la simpatía y los votos de sus eventuales seguidores.

Particularmente, la incursión de ciudadanos evangélicos en la arena política en distintos lugares de América Latina, durante la última década, indica que no siempre los evangélicos que llegaron a los espacios de poder, siguieron los principios de la ética del reino de Dios cuando estuvieron en la función pública[81]. Este dato revela que

---

[81] Varios ejemplos sobre esta práctica corriente en los círculos evangélicos se pueden encontrar en mi libro *La seducción del poder: Los evangélicos y la política en el Perú de los noventa* (López 2004).

ellos, como los políticos profesionales, fueron seres humanos de carne y hueso de cuya experiencia se aprende que no bastan ni el lenguaje religioso ni las buenas intenciones cuando uno participa en el juego del poder.

Lo mismo se puede decir con respecto al ejercicio de la autoridad espiritual conferida por Dios, ya que con frecuencia, pastores y líderes han utilizado —y utilizan— de manera oportunista y ambiciosa su autoridad espiritual y su poder religioso, para presentarse como candidatos en procesos electorales o hacer propaganda desde el púlpito al partido político de su preferencia. Estas conductas habituales en los últimos años, especialmente cuando se acercan los procesos electorales, revela cuán necesario es conocer los principios éticos del evangelio y practicarlos cotidianamente, dentro de las distintas realidades humanas en las que los creyentes están inmersos, como ciudadanos del reino de Dios y como ciudadanos de la *polis* a la que pertenecen.

Las estructuras de poder

De acuerdo con el relato lucano, Jesús estuvo atento a la disputa que hubo entre los discípulos sobre los lugares de preeminencia en el reino de Dios. La frase, *pero él les dijo*, es suficientemente indicativa sobre este punto. Más aún, las palabras de Jesús registradas en Lucas 22.25, dan cuenta de que en su comentario subyace una interpretación o una lectura política del contexto histórico de ese tiempo. Indican que él no se hizo ilusiones sobre las estructuras de poder y sobre el uso de la violencia en los reinos de este mundo. Esto es así porque en Lucas 22.25 y en los pasajes paralelos de Mateo 20.25 y Marcos 10.42, se precisa enfáticamente que Jesús conocía la forma como los gobernantes paganos —tal vez estuvo pensando en Herodes Antipas y en el propio César romano— manejaban, controlaban y articulaban las relaciones de poder político en las naciones que estaban bajo su señorío[82].

Estas fueron las palabras de Jesús en esa ocasión:

> ...los reyes de las naciones se enseñorean de ellas, y los que sobre ellas tienen autoridad son llamados bienhechores. (Lc 22.25)

---

[82] Para José Míguez Bonino: «En Marcos 10.35–45 y sus paralelos en Mateo y Lucas, nuestro Señor define la naturaleza de su soberanía en contraposición con la imagen de los *reyes* o *gobernantes de los pueblos no judíos*. Fácilmente se puede pensar en la figura del emperador romano (el César) [...]» (Míguez 1999: 29).

O como se traduce en la Versión Popular de la Biblia:

> Entre los paganos, los reyes gobiernan con tiranía a sus súbditos, y
> a los jefes se les da el título de benefactores. (Lc 22.25)

La nota clave en este examen político crítico de Jesús, particularmente la sentencia sobre los abusos de poder por parte de los que dominan en este mundo, es que las personalidades autoritarias formaban parte también de la realidad política de su tiempo. Los reyes gobernaban con tiranía y oprimían a sus súbditos. En ese marco temporal concreto, todo el poder se concentraba en los *basiléus* (reyes), quienes eran los dueños absolutos de las *éthnos* (naciones) que ellos controlaban férreamente, contando para ello con una red de súbditos incondicionales.

Parece también que las palabras de Jesús fueron —si se tiene en cuenta la versión del Evangelio de Marcos— una crítica directa a la forma como ejercía el poder político Herodes Antipas, el autócrata de turno o el señor territorial en ese contexto histórico, especialmente porque el sentido de las palabras de Jesús en Lucas 22.25, sugiere una cierta ironía en su crítica al autócrata de ese tiempo (Cullmann 1980: 20). Como ha señalado Stuhlmueller:

> El verbo griego *kalountai* que Lucas utiliza (Lc 22.25), tomado
> como voz media en vez de pasiva, puede traducirse: *se permiten
> ser llamados euergetés*. Este último término es una transposición
> griega de la palabra latina *benefactor*, título que fue asumido por
> varios reyes sirios. Para los lectores sirios estas palabras tendrían
> un regusto irónico. (Stuhlmueller 1972: 405)

No cabe duda, entonces, que en estas palabras de Jesús subyace una nota política crítica respecto a la conducta pública de los gobernantes temporales. Un dato que se reafirma aún más si consideramos la forma como la Nueva Versión Internacional traduce la frase final del Evangelio de Lucas 22.25: *…se llaman a sí mismos benefactores*. En esta traducción se subraya que los tiranos que ejercen el poder de una manera despótica no reconocen el carácter autoritario de su régimen; por el contrario, presumen de ser gobernantes bondadosos y se dan a sí mismos el título de benefactores o bienhechores del pueblo. En tal sentido, acierta John Yoder cuando afirma que:

> Jesús *desmitifica* o *desenmascara* a los señores, cuando dice con
> tono de ironía que los reyes *se dejan llamar bienhechores*; es decir,
> pretenden y proclaman que su soberanía es ejercida a favor de sus
> súbditos. La pretensión de estar al servicio de sus súbditos es el

tributo hipócrita que pagan los tiranos a la dignidad humana de sus administrados. (Yoder 1992a: 68)

Las prácticas autoritarias no son ni una novedad contemporánea ni una moda pasajera en el complejo mundo de la política. La presencia de autócratas es una de las marcas distintivas de todos los regímenes en los cuales el ejercicio del poder político se concentra en un individuo o en un grupo de individuos que se enseñorean sobre todo el tejido social y sobre la comunidad política, utilizando la estructura del Estado para perpetuarse en el poder.

Más que una casualidad o un accidente político coyuntural, las personalidades y los proyectos políticos autoritarios han sido una constante en la historia de los pueblos. Esto explica por qué ya en Lucas 22.25, según el autor del tercer evangelio, Jesús mismo señaló que en las relaciones de autoridad y en el ejercicio del pode, los que tienen autoridad o gobernantes son llamados, o se llaman a sí mismos, bienhechores o benefactores[83].

Dicho de otra manera, en este texto bíblico se indica que quienes ejercen *exousiázo* (los que tienen autoridad) dentro de un proyecto político absolutista, legitiman y validan su presencia en esos lugares de preeminencia, haciendo concesiones o favores a los cortesanos o a la élite que lo apoya y al pueblo que respalda su gestión, con el fin de asegurar la concentración de todo el poder en sus manos[84]. Particularmente, porque a estos señores terrenales, efímeros y transitorios, les encanta que sus súbditos reconozcan las «bondades» de su gobierno o del régimen que representan, llamándoles *Euergetés* (*bienhechores* o *benefactores*) o llamándose a sí mismos de esa manera. Ha sido así, continúa siendo así y seguramente continuará formando parte de la

---

[83] Esto no es extraño, ya que en el mundo cultural griego se acostumbraba dar el título honorífico de benefactor o de bienhechor del pueblo a los dioses, a los reyes y a otros personajes importantes de ese tiempo. Más aún, los reyes en el mundo antiguo acostumbraban llamarse así mismos *Euergetés* o benefactores. Al respecto, un dato relevante para nuestro estudio es que de todos los documentos del Nuevo Testamento, únicamente en el Evangelio según San Lucas se utiliza esta palabra. Howard Marshall sugiere, con respecto al uso de la palabra benefactor, que «se corresponde con la conocida práctica secular presente en Egipto (Ptolomeo III y Ptolomeo VII), Siria (Antioco VII) y, posteriormente, en Roma (Trajano). El título fue también acuñado para el caso del Sumo Sacerdote Onias III (2Mac 4.2) [...]» (Marshall 1979: 812).

[84] La palabra *exousiázo*, utilizada en Lucas 24.25, aparece solamente en tres ocasiones más en el Nuevo Testamento (Lc 22.25; 1Co 6.12; 7.4), y se traduce como 'tener autoridad', 'dejar dominar' o 'tener potestad'. La otra palabra traducida como autoridad es la palabra *exousía* que se utiliza hasta en 102 ocasiones en el Nuevo Testamento, y se traduce como 'autoridad, poder, potestad, jurisdicción, libertad y derecho'.

manera como las autoridades terrenales hacen sentir a sus súbditos el peso del poder político que tienen.

La realidad de ese hecho se comprueba en la historia de los pueblos. En efecto, la presencia de autócratas y su permanencia en el lugar central de la pirámide del poder político por largos períodos, descansa tanto en una red de cortesanos que apoya y sostiene su proyecto autoritario como en la articulación de una serie de mecanismos coercitivos cuyo fin es asegurar la vigencia del régimen por un tiempo bastante prolongado. Pero, mientras hacen esto, diseñando mecanismos refinados de control social y de represión política, los autócratas de turno pretenden que quienes están bajo su autoridad crean que su mayor preocupación son los intereses del pueblo por el que —según su particular punto de vista— ellos velan en todo tiempo.

No han sido pocos los casos en los que a lo largo de la historia, a los tiranos terrenales que oprimen férreamente a sus súbditos, se les ha llamado, como lo señaló Jesús en su momento, benefactores o bienhechores del pueblo. ¿Por qué fue así? Quizás porque a estos tiranos efímeros y temporales les encanta que el pueblo que sufre la violencia con la que ejecutan el poder absoluto que tienen, los llame protectores o libertadores.

¿No han hecho también lo mismo los autócratas o los dictadores de nuestro tiempo? ¿No ejercen también despóticamente su poder político? Cuando esto ocurre, ¿de qué lado están los miembros, líderes y pastores de las iglesias evangélicas? ¿Del lado de los que ejercen con violencia el poder político o del lado de quienes sufren la violencia de los poderosos?

La ética del reino de Dios

Un análisis de Lucas 22.26–27 permite establecer que Jesús de Nazaret hace una diferenciación entre cómo se ejerce el poder al interior de la comunidad de discípulos y cómo se lo ejerce en las sociedades humanas. Asimismo, se entiende que esta diferenciación se debe realizar sobre la base de dos características fundamentales conectadas entre sí:

➤ Las motivaciones.
➤ La práctica concreta.

Una de las claves interpretativas de Lucas 22.26–27, desde mi punto de vista, se encuentra en las siguientes palabras pronunciadas por Jesús cuando se percató del problema central que estaba detrás de la discusión acalorada de los discípulos sobre rangos y estatus en el reino de Dios: ...*mas no así vosotros* (Lc 22.26). *Mas no así vosotros.* Estas palabras de Jesús indican que los discípulos, como ciudadanos del reino de Dios, tenían que olvidarse de rangos y preeminencias. De este modo, Jesús les previene tanto de la seducción como del peligro del poder, ya que él desea que la comunidad de discípulos sea una contracultura con respecto a la sociedad circundante, y una comunidad alternativa radicalmente distinta de las otras sociedades humanas.

En otras palabras, Jesús esperaba que sus discípulos fueran totalmente diferentes de las otras personas, tanto en las motivaciones que debían tener para alcanzar los lugares de preeminencia como en el ejercicio de la autoridad delegada o conferida. Sin embargo, para ser diferentes, se necesita un cambio radical de mentalidad y de la conducta cotidiana, dos hechos que dan cuenta de un genuino arrepentimiento (*metanoia*) y de una auténtica conversión. Esto es así porque en la comunidad de discípulos la pirámide del poder se invierte, pues la grandeza, cuya base es el amor hasta el sacrificio, expresado en el servicio desinteresado al prójimo, consiste en darse a sí mismo como ofrenda para que otros disfruten de la liberación integral que el reino de Dios ofrece a los que deciden seguir a Jesús de Nazaret encarnado, crucificado, resucitado, exaltado y Rey que viene.

Consecuentemente, los valores de la sociedad circundante y las formas tradicionales de alcanzar los lugares de preeminencia en el mundo, no se aplican en la comunidad de discípulos. Esto es así porque en la comunidad del Reino, las relaciones humanas tienen un marco de referencia y principios éticos completamente distintos de los que predominan en la sociedad circundante, y el acceso a los lugares de privilegio tiene como punto de partida la exigencia de hacerse siervo de los demás siguiendo el ejemplo de Jesús. Como se puntualiza en el Evangelio de Marcos:

> Y el que de vosotros quiera ser el primero, será siervo de todos. Porque el Hijo del Hombre no vino para ser servido, sino para servir, y para dar su vida en rescate por muchos. (Mr 10.44–45)

Jesús no llamó a sus discípulos para que ellos sean *kyrios* (señores), sino *diákonos* (ministros o servidores) y *doulos* (siervos), poniéndose él mismo como paradigma o modelo visible. Esto se expresa claramente en las siguientes palabras de Jesús registradas en Lucas 22.27: *mas yo estoy entre vosotros como el que sirve* (*diakonéo*)[85].

---

[85] En el texto bíblico paralelo de Marcos 10.43–44, se utilizan prácticamente como sinónimos las palabras *diákonos* (Mr 10.43) y *doulos* (Mr. 10.44). Ambas palabras,

Así, Jesús el *diakonéo*, rechaza toda forma humana de lucha por el estatus y demanda a los discípulos que en sus diversas relaciones sociales y cuando estén en el ejercicio del poder, actúen como él actuó, y no como las autoridades terrenales cuya escala de valores es radicalmente distinta a la de los principios del reino de Dios y su justicia[86].

En el mundo antiguo, los personajes públicos, los señores terrenales, se sentaban a las mesas para que las personas que estaban ubicadas en lo más bajo de la estructura social —los *doulos* o el *diakonéo*— les sirvieran o atendieran. Casi lo mismo ocurre en nuestro tiempo, ya que las posiciones de estatus y de poder que cada uno tiene, puede notarse en los lugares que los personajes públicos ocupan en las ceremonias y las recepciones oficiales. Pero en el reino de Dios, la grandeza no se define por el estatus ni por la capacidad de dominio que un individuo tiene sobre los demás, sino por la capacidad de servir de manera sacrificada al prójimo y por la disposición de dar la vida por amor al prójimo[87].

Esto es así porque al interior de la comunidad del reino, la autoridad se legitima en el servicio y el poder tiene sentido solamente como servicio al prójimo (Míguez 1999: 26, 29). Y es que Jesús de Nazaret, con su actitud y sus palabras, puntualiza la necesidad de una transformación radical de la sociedad en una cultura sin rangos ni privilegios. En ese sentido, está en lo cierto John Yoder cuando expresa que Jesús reprende a los discípulos:

> ...porque han malentendido el carácter de ese nuevo orden social que intenta establecer. La novedad de su carácter radica, no en que no sea social o visible, sino en que está marcado por una alternativa a los modelos de liderazgo comúnmente aceptados. La

---

si se tiene en cuenta el contexto, pueden traducirse como 'ministro' o como 'siervo'. Aunque, técnicamente, la palabra *diákonos* está relacionada con la tarea de servir la mesa al empleador o maestro, mientras que la palabra *doulos* significa esclavo y refleja una condición de servidumbre.

[86] La palabra *diakonéo* que aparece 36 veces en el Nuevo Testamento, mayormente en los evangelios y en varias de las Epístolas de San Pablo, puede traducirse como servir, ministrar, expedir, administrar, ejercer el diaconado o ayudar. Los sustantivos son *diákonos* (siervo) y *diaconía* (servicio).

[87] Según John Yoder: «En la vida terrestre de Jesús, ser Siervo tenía una definición bien clara: 1. Servicio a las necesidades corporales; de hambre, de posesión diabólica, de la enfermedad; 2. Servicio a la dignidad humana de los humildes; su respeto particular hacia la mujer, el niño [...] sus palabras que pusieron en tela de juicio las estructuras de dominación; 3. Su rechazo, tanto a la colaboración con la opresión que practicaban los saduceos y los herodianos, como de la rebelión santa que esperaban los zelotes» (Yoder 1992a: 69).

> alternativa ante la manera en que gobiernan los reyes de la tierra
> no es la *espiritualidad* sino la actitud de *servicio.* (Yoder 1985: 39)

El reino de Dios es un reino que tiene un solo Rey. En ese reino, no se acostumbra, como en los reinos humanos, nombrar herederos o sucesores del Rey. Esto es así porque en el reino de Dios todos los miembros comparten una misma identidad como discípulos que sirven a un solo Señor y reconocen a un único Maestro cuyo ejemplo de servicio hasta el sacrificio constituye la norma y el paradigma de grandeza. ¿No es éste un llamado a actuar en todo tiempo como una contracultura en lugar de adecuarse a la mentalidad predominante? ¿No es éste un claro llamado a tener una ética pública radicalmente distinta de la ética corriente en los espacios de poder político?

La ética del reino de Dios tiene, indudablemente, una base y un horizonte totalmente diferentes de los valores que articulan y controlan las relaciones de poder en las distintas sociedades humanas. Se espera, entonces, que en la comunidad de discípulos, el deseo de poder y las prácticas autoritarias tan comunes en la sociedad circundante, sean reemplazados por la motivación evangélica del amor al prójimo y por el servicio desinteresado a todas las personas. Tendría que ser así, entre otras razones, porque para los cristianos el modelo es Jesús de Nazaret y el horizonte es el reino de Dios.

En consecuencia, toda motivación subalterna y toda práctica autoritaria, toda búsqueda enfermiza de los primeros lugares, todo etnocentrismo cultural, político o religioso, constituyen una negación de la identidad cristiana de aquellos que, presentándose a sí mismos como ciudadanos del reino de Dios, no se han apartado todavía de estas prácticas mundanas. Jesús de Nazaret, nuestro modelo de *diákonos*, nos llama a ser radicalmente distintos, tanto de los no cristianos como de los cristianos nominales o de estadística. Consecuentemente, sus palabras *mas no así vosotros*, perfilan la ruta por la que deben transitar todos sus discípulos en todos los espacios sociales en los que se encuentran. Particularmente, porque ellos están llamados a ser distintos de los demás, tanto en las motivaciones como en la práctica concreta.

Las lecciones permanentes

¿Cuáles son las lecciones para nosotros? ¿Qué podemos aprender sobre las aspiraciones humanas, la forma como se utiliza la autoridad en las estructuras de poder y sobre la inversión de valores que el reino de Dios demanda? ¿Es posible articular líneas pastorales sobre las que se afirme y descanse la práctica social y política de los seguidores de Jesús de Nazaret inmersos en los diversos espacios ciudadanos en los que se articulan, formulan y aprueban las políticas públicas?

No se trata de elaborar un manual de funciones infalible o una receta pastoral inapelable. Sin embargo, sí se pueden articular principios que ayuden a los creyentes a sentir, pensar y actuar bíblicamente, dentro de un terreno en el que la presencia evangélica no ha sido necesariamente distinta de la de otros actores colectivos o sujetos sociales y políticos. Especialmente, porque para caminar por los pasillos del poder y actuar en el campo de la política, no son suficientes ni el discurso religioso ni las buenas intenciones, ya que se necesita conocer qué se hace en ese espacio social y cómo se logran los acuerdos y consensos. Entonces, ¿qué se debe tener en cuenta?

En primer lugar, estar conscientes de que tanto la lucha por acceder a los lugares de preeminencia como la ambición de poder, forman parte de la naturaleza humana y han articulado la historia de todos los pueblos. Incluso, los discípulos de Jesús de Nazaret no estuvieron vacunados contra esas pasiones humanas tan reales y tan contemporáneas. Esto mismo se puede constatar también cuando se examina la historia de la iglesia cristiana y la experiencia cotidiana de muchas de las actuales comunidades evangélicas en distintos contextos históricos de América Latina. Precisamente, uno de los problemas frecuentes dentro de las relaciones de autoridad y subordinación, está en las motivaciones que impulsan las acciones humanas debido a que estas motivaciones, con mucha frecuencia, se traducen en una utilización instrumental del poder político o religioso para la obtención de beneficios y ventajas personales o colectivas.

Así que, motivaciones egoístas que buscan la afirmación y satisfacción de los deseos personales y del grupo que auspicia determinado liderazgo, son parte de la realidad social y revelan el rostro humano de la iglesia y la condición humana de los actores políticos. El problema planteado se agudiza cuando uno se percata de que los evangélicos no son tan santos como pretenden y que la mundanalidad se ha metido en las iglesias evangélicas. En otras palabras, las pasiones y las motivaciones carnales se reflejan en el uso que se hace de la autoridad delegada y del poder que se tiene cuando esta autoridad y poder seducen a los actores humanos, moldean la conducta personal y colectiva, y alimentan la ambición y el orgullo.

En segundo lugar, la práctica autoritaria y despótica de los gobernantes de las naciones, constituye un dato de la realidad histórica que jalona el ejercicio del poder político en los reinos de este mundo.

Así, desde las estructuras de poder, los autócratas tejen o hilvanan una amplia red de relaciones sociales y políticas con el claro objetivo de consolidar su poder y el de la élite que lo acompaña en su aventura política. Esta concentración del poder en manos de un individuo —y de los sectores que apoyan y validan el carácter autoritario de su régimen— exige, por un lado, un endurecimiento del papel coercitivo del Estado, y por otro, un perfeccionamiento de los métodos represivos.

Esto es así porque para asegurar la vigencia del régimen, todo signo o señal de resistencia debe ser silenciado o simplemente arrasado, ya que los autócratas no toleran la existencia de opositores, quienes son casi siempre personajes incómodos para su proyecto autoritario. La historia enseña que una de las estrategias utilizadas por los regímenes autoritarios para perpetuarse en el poder, se relaciona con la oferta de favores políticos cuya intención es la búsqueda de popularidad de los *basiléus* (gobernantes) para que estos personajes sean reconocidos —haciendo uso de los mecanismos de presión del Estado o de las necesidades materiales de los pobres— como benefactores o bienhechores.

Al respecto, la experiencia de todos estos años enseña que los gobiernos autoritarios necesitan de un núcleo incondicional de cortesanos que validen el engranaje del régimen y ayuden al autócrata de turno a perpetuarse en el poder o a permanecer en el mismo por un período prolongado. Para este fin, particularmente en las naciones pobres del mundo, se utiliza políticamente a las organizaciones sociales o, en todo caso, se desarticulan los focos de resistencia política y se anulan los derechos ciudadanos fundamentales. En otras palabras, toda la estructura y las instituciones vinculadas al Estado, se ponen al servicio de determinado régimen político para que éste se perpetúe en el poder.

En tercer lugar, una internalización de los valores del reino de Dios que se reflejen claramente en un estilo de vida basado en el servicio desinteresado al prójimo. Esto implica que la práctica social y política de los discípulos de Jesús de Nazaret, tiene que estar permeada profundamente y catalizada en todo momento por valores del evangelio como la verdad, la libertad, la solidaridad, la honestidad, la transparencia, la justicia, entre otros. Esto supone que la santidad cristiana, más que un simple artículo de fe o un mero principio doctrinal, debe ser la marca visible que diferencie el estilo de vida de los discípulos, cuando estos se encuentren en el ejercicio del poder religioso o del poder político, de las otras formas de ejercitar la autoridad espiritual y de hacer política presentes en las sociedades humanas.

La tarea de los discípulos consiste en no dejar que las pasiones y los valores que jalonan las relaciones sociales y la práctica del poder en los reinos de este mundo, cambien sus motivaciones o desfiguren y anulen su identidad como ciudadanos del reino de Dios, cuya base ética es innegociable y cuyo estilo de vida nunca tiene que ser convertido en un simple artículo de consumo sometido a las leyes del mercado político. El modelo concreto de Jesús de Nazaret, como el Rey Siervo, desafía a un servicio de amor hasta el sacrificio que transmite y comparte una nueva vida.

¿Qué significa esto? Que toda personalidad y práctica autoritaria, todo amor al poder, todo anhelo o deseo de enseñorearse sobre los demás, son claras negaciones de los valores del reino de Dios, porque dentro de la comunidad del reino, la autoridad recibida de parte del Señor se legitima en una práctica concreta de servicio al prójimo. Una práctica que debe ser alimentada constantemente por principios irrenunciables de la fe bíblica como la solidaridad, la justicia, la búsqueda del bien común y el compañerismo, entre otros.

A la luz del texto bíblico analizado, se entiende que debe existir una diferencia sustancial entre la forma como se comprende y se practica el poder en los reinos de este mundo, y la manera como los discípulos de Jesús de Nazaret comprenden y ejercitan el poder que les ha sido delegado. En esta diferencia de puntos de partida y principios éticos, bastante ligados entre sí, son fundamentales tanto las motivaciones como la conducta social en la que se expresan estas motivaciones.

Motivaciones egoístas cuyo horizonte es una instrumentalización del poder político o del poder religioso en beneficio de un individuo o de una élite, así como una práctica autoritaria que se manifiesta en actos como la violación de la dignidad humana de los sectores sociales más vulnerables, entre otros, son dos de las marcas que perfilan la forma como se entiende la autoridad delegada y el modo de utilizar el poder en los reinos de este mundo. No tiene que ser así, ni para los discípulos como ciudadanos de una *polis* determinada en la que tienen que dar testimonio del reino de Dios y su justicia, ni como miembros de la comunidad del Reino dentro de la cual tanto la motivación y los valores tienen que ser absolutamente diferentes del estilo de vida de la sociedad predominante.

Finalmente, admitiendo que los evangélicos no están vacunados contra la tentación de un amor al poder y otros problemas humanos endémicos, como la corrupción y la ambición, el nepotismo y el clientelismo, se debe tener en cuenta que el servicio basado en el amor, antes que la búsqueda de beneficios personales o colectivos, debe ser la característica distintiva de la presencia de la comunidad de discípulos como sal de la tierra y luz del mundo. Esto implica que los discípulos de Jesús de Nazaret necesitan entender que la vocación política debe ser tan santa como cualquier otra vocación, una vocación cuyo fundamento está en un claro e inequívoco llamado del Dios de la Vida y Señor de la historia.

Además, no se debe olvidar que siempre será necesario recordar que los discípulos de Jesús de Nazaret tienen que luchar contra la tentación contemporánea de convertir a las iglesias evangélicas en una suerte de «capellanes» del gobierno de turno, en «voceros oficiosos» de un régimen en particular, o en instrumentos religiosos de un Estado. Nunca se debe subordinar el altar a los intereses del poder político.

A la luz de lo señalado anteriormente, siempre será necesario recordar que el modelo de vida es Jesús de Nazaret, el *diákonos* por excelencia, y que nuestro horizonte es el reino de Dios y su justicia. Al respecto, las palabras de Juan Calvino, el reformador de Ginebra, son bastante pertinentes para este tiempo en el que durante las coyunturas electorales emergen candidatos evangélicos. Candidatos mayormente novatos e improvisados, limitados en su comprensión de la cuestión pública y huérfanos de una plataforma programática cuyo horizonte sea el bien común antes que la búsqueda de beneficios temporales para las iglesias evangélicas:

> No se debe poner en duda que el poder civil es una vocación, no solamente santa y legítima delante de Dios, sino también muy sacrosanta y honrosa entre todas las vocaciones. (Calvino 1986: 1171)

Los oportunistas, los improvisados, los despistados, los novatos y los ingenuos en cuestiones políticas que abundan en este tiempo al interior de las iglesias evangélicas, harían bien en reflexionar sobre este sabio consejo de Juan Calvino. Más aún, todos nosotros, los discípulos de Jesús de Nazaret inmersos en marcos temporales concretos, necesitamos entender que la arena política es un espacio legítimo de misión, una frontera misionera particular, un espacio de servicio al prójimo en el que deben estar presentes responsablemente los discípulos que han sido llamados para esta tarea particular, antes que los ambiciosos, los improvisados, los oportunistas y los irresponsables.

Además, se debería tener en cuenta que una atenta lectura de la experiencia del Antiguo Testamento demuestra que:

> José, Daniel y Mardoqueo llegaron al poder no porque lo buscaran o lucharan por él, sino porque su fidelidad a Jehová en medio del

sufrimiento los preparó para ser ensalzados (por el mismo Dios y el mismo poder que actuó en el Mar Rojo) y les permitió mejorar el orden pagano para que fuera una protección a su pueblo y viable como administración. (Yoder 1992b: 135)

En otras palabras, ninguno de ellos fue un novato, un ingenuo, un aprendiz, un improvisado, un oportunista o un ambicioso. Fue así porque todos ellos llegaron a la cúspide del poder con cierta preparación en el manejo de los asuntos públicos y con una solidez ética que los distinguió radicalmente de los otros funcionarios públicos de ese tiempo.

En consecuencia, los discípulos que han sido llamados para servir a Dios y al prójimo en el campo de la política, necesitan entender que se trata de una tarea que exige, por lo menos, los siguientes requisitos:

a) Experiencia previa de gestión ciudadana como dirigentes de los comités vecinales, de las asociaciones de padres de familias de las instituciones educativas, de los comités de vasos de leche o de los comedores populares.

b) Conocimiento bíblico-teológico básico para que preserven su identidad como miembros del pueblo de Dios y para que, desde la plataforma de su fe, articulen, formulen y defiendan políticas públicas orientadas al bien común.

c) Formación política mínima o cultura política básica para que entren con conocimiento de causa en un terreno en el que las leyes y las políticas públicas, que nacen de la negociación y del consenso entre todos los actores políticos, sean estos evangélicos o no evangélicos.

d) Competencia profesional y capacidad técnica para que puedan discutir, sin complejo de minoría, con los otros miembros de los partidos políticos las políticas públicas. Y para que puedan ejercer, con eficiencia y eficacia, la responsabilidad pública que les ha sido encomendada por el voto ciudadano.

e) Solidez ética para que no se dejen seducir por el poder y para que eviten caer en el círculo de la corrupción tan común en un terreno en el que abundan las propuestas indecentes y el soborno se ha convertido en una «práctica normal».

Estas deberían ser las condiciones mínimas que reúnan los discípulos que afirman haber sido llamados para servir a Dios y al prójimo en el campo de la política, particularmente para que no se conviertan en «tontos útiles» de los políticos tradicionales, o de un régimen que busca aliados «estratégicos» y religiosos que legitimen sus acciones sociales y políticas. ¿Hemos entendido todo esto o seguiremos siendo testigos de cómo la improvisación, la ingenuidad, la ambición y el oportunismo dañan la imagen pública de la comunidad evangélica y torpedean el testimonio evangélico?

Capítulo 12

Una comunidad liberada y liberadora

La comunidad de Jesús de Nazaret

Hasta este momento, analizando varios pasajes del Evangelio según San Lucas, se ha insistido en que el tema central y la clave teológica de este documento del Nuevo Testamento es la misión liberadora de Jesús, una misión liberadora en la cual el amor especial de Dios por los pobres y los marginados, y la naturaleza universal del amor de Dios, son dos de sus columnas fundamentales. Corresponde en este momento examinar cómo fue entendida la misión liberadora de Jesús por las primeras comunidades cristianas y, especialmente, si sus dos columnas fundamentales aparecen como notas características de su misión integral en los otros libros del Nuevo Testamento.

Interesa particularmente conocer si la iglesia, como comunidad liberada y liberadora y signo visible de la presencia del reino de Dios en el seno de la historia, comprendió su llamado a ser una comunidad de vida que ama y defiende la vida de todos los seres humanos. Interesa, sobre todo, porque partimos del presupuesto de que la iglesia, como comunidad liberada y liberadora cuyos miembros conocen y disfrutan la plenitud de vida que Cristo ofrece e imparte, está llamada a afirmar y defender la vida como un don de Dios. Ésta es la misión de salvación que le ha sido encomendada, una salvación integral que libera a los seres humanos de todas las opresiones.

Para explicar mi comprensión de la iglesia como comunidad liberada y liberadora, cuya misión tiene como horizonte la salvación del ser humano completo dentro de una realidad histórica concreta, será de mucha ayuda un examen panorámico del Nuevo Testamento. En este examen, para no distraernos en asuntos poco relacionados con nuestro interés específico, nos concentraremos en los temas que a nuestro juicio son claves para captar la textura teológica de la iglesia como comunidad liberada y liberadora. Seguidamente, discutiremos las lecciones concretas que se derivan de este examen, focalizando nuestra reflexión en ciertos aspectos clave de la eclesiología.

El examen bíblico tiene como clave hermenéutica la afirmación evangélica: **Cristo Salva**. Las preguntas concretas que se responderán serán las siguientes: ¿De qué salva Cristo? ¿Para qué salva Cristo? ¿A qué comunidad tienen que integrarse las personas a quienes Cristo ha salvado? ¿Qué mensaje tiene que proclamar la comunidad conformada por las personas que han experimentado la salvación en Cristo? ¿Cuál es su misión en el mundo? ¿Qué dimensiones de su misión integral tienen que enfatizarse en este tiempo en el que miles de seres humanos sufren las consecuencias nocivas de la violencia estructural o de la injusticia institucionalizada?

El testimonio de los evangelios

De acuerdo con el testimonio de los evangelios, durante su recorrido misionero por las ciudades y aldeas de Palestina, Jesús de Nazaret fue formando una nueva comunidad portadora de vida y defensora de la vida; una comunidad que en su composición social y en sus normas y estilo de vida emergió como una sociedad alternativa a la sociedad circundante; una comunidad en la cual tenían cabida todos aquellos que la sociedad del primer siglo marginaba. Según John Yoder:

> …en una sociedad caracterizada por tener lazos familiares muy estables de raíz religiosa, Jesús hace surgir una comunidad de compromiso *voluntario*, dispuesta por causa de su llamado a llevar sobre sí la hostilidad de la sociedad… (Yoder 1985: 38–39)

En esta comunidad de compromiso voluntario, los pobres y los excluidos de la sociedad fueron tratados y valorados como seres humanos plenos y dignos, como destinatarios de la buena noticia de salvación y como sujetos activos en la tarea colectiva de extender el reino de Dios.

¿Quiénes fueron los pobres y los excluidos con los que Jesús de Nazaret se relacionó intencionalmente mientras recorría ciudades y aldeas predicando la buena noticia del reino de Dios? Fueron seres humanos concretos, con necesidades concretas, como los cobradores de impuestos (Mt 9.9–13; Lc 19.1–10), los leprosos (Mt 8.1–4; Lc 17.11–19), las mujeres (Mt 8.14–17; 9.18–26; Mr 12.41–44; Lc 7.11–17; Jn 4.42), los enfermos (Mt 9.1–8; 12.9–14; 14.34–36), los niños (Mt 19.13–15) y los samaritanos (Lc 17.15–19; Jn 4.1–12).

Ésta fue una práctica misionera de opción preferencial por los proscritos de la tierra que, a la larga, provocó serios desencuentros entre Jesús y los líderes de la religión establecida (Mt 9.3; 12.14; Mr 2.6–7; 2.16; 3.3; Lc 5.30; 13.14). Sin embargo, esta práctica misionera radical de Jesús sintonizaba con su plataforma mesiánica expuesta en la sinagoga de Nazaret (Lc 4.16–30), y tenía una relación estrecha con la buena noticia del reino de Dios que él proclamaba en diversos lugares (Mt 9.35; Mr 1.38–39; Lc 4.42–44; 8.1).

El reino de Dios ya estaba entre nosotros. Jesús mismo con su persona y su ministerio lo hacía patente (Mr 1.14–15), y el destino de los pobres y los oprimidos comenzaba a ser revertido, como lo había advertido la doncella María en su canto mesiánico (Lc 1.52–53). Una nueva realidad se había introducido en la historia, una nueva realidad que el ángel enviado a seres humanos excluidos, como los pastores de las montañas de Judea, llamó *nuevas de gran gozo para todo el pueblo* (Lc 2.10). Una nueva realidad que los ancianos Simeón y Ana identificaron como el advenimiento del tiempo de liberación anhelado y evocado por las personas piadosas de Israel (Lc 2.25–32; 38).

La respuesta de Jesús a los mensajeros de Juan el Bautista, con acciones concretas de liberación de personas oprimidas y con palabras que daban cuenta de su mesiazgo, ilustran que en efecto el reino de Dios había irrumpido en la historia:

> Cuando, pues, los hombres vinieron a él, dijeron: Juan el Bautista nos ha enviado a ti, para preguntarte: ¿Eres tú el que había de venir, o esperaremos a otro? En esa misma hora sanó a muchos de enfermedades y plagas, y de espíritus malos, y a muchos ciegos les dio la vista. Y respondiendo Jesús, les dijo: Id, haced saber a Juan lo que habéis visto y oído: los ciegos ven, los cojos andan, los leprosos son limpiados, los sordos oyen, los muertos son resucitados, y a los pobres es anunciado el evangelio. (Lc 7.20–22)

En su respuesta a Juan el Bautista, además de reiterar lo que había manifestado en su programa mesiánico expuesto en la sinagoga de Nazaret, Jesús expresó que el reino de Dios se relacionaba con la liberación de todas las opresiones que afectaban a seres humanos concretos. Para Jesús, la presencia del Reino implicaba, entonces, una confrontación directa con las fuerzas del mal que desfiguraban y distorsionaban el propósito de Dios, es decir, que todos los seres humanos vivan una vida plena y digna como creación de Dios: *Mas si por el dedo de Dios echo yo fuera los demonios, ciertamente el reino de Dios ha llegado a vosotros* (Lc 11.20).

A la luz de este rápido recorrido por los evangelios, se puede afirmar que la comunidad del reino daba cuenta de la misión liberadora de

Jesús de Nazaret, de la imparcialidad y la gratuidad del amor de Dios, del efecto nivelador que traía consigo la proclamación de la buena noticia de salvación, y de la abierta confrontación con el anti-Reino que provocaba el anuncio público del evangelio.

A esta comunidad del Reino o comunidad redentora, como después Cristo resucitado les comisionó a sus discípulos, se ingresaba mediante el bautismo en agua como señal pública de arrepentimiento para recibir perdón de pecados (Mt 28.19; Mr 16.16; Hch 2.38). El bautismo en agua fue entonces el signo sacramental de pertenencia a la iglesia como comunidad redentora, liberada y liberadora. Así lo entendió la iglesia primitiva (Hch 2.38; 8.12, 36–38; 9.18; 16.15, 33) y esa fue también la práctica de comunidades paulinas como la de Corinto (1Co 1.13–17).

El testimonio de Hechos de los Apóstoles

En su relato de la práctica misionera de la iglesia primitiva, Lucas registra que ella siguió el ejemplo de Jesús en cuanto a su preocupación por los pobres y los excluidos. Hubo una clara preocupación personal y colectiva por los pobres y los frágiles como las viudas (Hch 2.44–45; 4.34–37; 6.1; 9.36, 39; 11.28–30; 20.35). Y en su avance misionero, rompiendo con los prejuicios religiosos y culturales característicos de la sociedad judía del primer siglo, como los que tuvo el apóstol Pedro (Hch 10.28), los judíos helenistas convertidos a la fe cristiana proclamaron el evangelio entre los gentiles (Hch 8.8; 11.19–20).

Este dato es valioso porque, según los patrones religiosos y culturales judíos de ese tiempo, los gentiles formaban parte del mundo de los excluidos. Pero estos gentiles, provenientes de los diversos estratos sociales del mundo grecorromano del primer siglo, conformaron las comunidades de discípulos que se fueron estableciendo en diversos puntos del Imperio romano (Hch 13.42–43, 48; 16.14, 27–34; 17.4, 34; 18.8; 1Co 1.26–28).

Además, siguiendo la ruta misionera labrada por Jesús de Nazaret, el reino de Dios fue también el mensaje que la iglesia primitiva proclamó cuando comenzó a extenderse a lo largo y ancho del Imperio romano (Hch 14.22; 28.23). Fue también una doctrina que se transmitió a las comunidades de discípulos que se fueron formando en distintos lugares (Ro 14.17; 1Co 4.20; 6.9; 15.24; Gá 5.21; Ef 5.5; 2Ts 1.5; Heb 12.28; Stg 2.5).

Este anuncio del reino de Dios, cuyo centro era la presentación de Jesús de Nazaret, un judío crucificado por el poder imperial, como *Kyrios* y como *Cristos* (Hch 2.36; 11.17; 15.26), tenía cinco ingredientes precisos: Cristo encarnado, crucificado, resucitado, exaltado y Rey que viene (Hch 3.13–16; 4.10–12, 33; 7.55–56; 10.36–43; 13.27–38).

El testimonio
de la correspondencia paulina

La correspondencia paulina registra también que las iglesias con las cuales Pablo tuvo comunicación escrita tuvieron una preocupación genuina por los pobres y los indefensos (Ro 15.25–28; 1Co 16.1–4; 2Co 8.1–16; Gá 2.10; Ef 4.28; Fil 4.10–20; 1Ti 5.10; Tit 3.14). Da cuenta, además, que Pablo transmitió a los nuevos discípulos el evangelio que él mismo había recibido (1Co 15.1–4), evangelio relacionado con el anuncio del reino de Dios, como Pablo mismo lo reconoció, según el testimonio de Lucas, en su despedida de los ancianos de la iglesia de Éfeso (Hch 20.25), y en varias de sus cartas a las iglesias (1Co 6.9; Gá 5.21; 2Ts 1.5).

Las cartas paulinas puntualizan, asimismo, que la presentación de Jesús como *Kyrios* y como *Cristós* fue central en el *kerygma* que se transmitió a las iglesias localizadas fuera de Palestina, las cuales fueron establecidas por misioneros como Pablo y misioneros anónimos como los que predicaron en Antioquia de Siria (Ro 5.11; 7.25; 1Co 1.10; 5.4; 2Co 1.2; 8.9; Gá 1.3; 6.14; Ef 3.11; 5.20; Fil 2.11; 3.20; Col 3.24; 1Ts 3.11; 5.23; 2Ts 1.1–2, 12). De la correspondencia paulina, emergen también otros temas muy valiosos para dibujar un cuadro aproximado de iglesia como comunidad redentora. Según Samuel Escobar:

> …desde la época del Nuevo Testamento la iglesia aparece como una comunidad nueva que surge en contraste con la sociedad ambiente […]. Las propias epístolas y el libro de los Hechos ofrecen además material que refleja las prácticas alternativas de esta comunidad, respecto al uso del dinero, el poder, el sexo, actitud ante las autoridades y formas diversas de solidaridad social. (Escobar 1999: 123)

Así es en efecto, ya que en el corpus paulino está sumamente claro que la iglesia es una nueva humanidad en Cristo Jesús (Ef 2) y que la práctica de las buenas obras (1Ti 6.18; Tit 3.8, 14) constituye una nota distintiva del seguimiento a Jesús de Nazaret:

> Porque somos hechura suya, creados en Cristo Jesús para buenas obras, las cuales Dios preparó de antemano para que anduviésemos en ellas. (Ef 2.10)

Lo señalado previamente tiene como correlato zanjar claramente con lo que Pablo llama *las obras infructuosas de las tinieblas* (Ef 5.11), porque los discípulos como hijos de luz, tienen que reprender las obras de las tinieblas (Ef 5.8, 11). Dicho de otra manera, para ser coherentes con la fe bíblica, la conducta privada y pública de los creyentes que viven en diversos contextos históricos, tienen que ser radicalmente distinta de las prácticas de muerte que imperan en la sociedad circundante. Tiene que ser así porque:

> Amar a Dios lleva ineludiblemente a querer lo que Él ama, en consecuencia, la práctica de la justicia no se añade del exterior a nuestra amistad con Dios, forma desde dentro parte de nuestra relación con Él [...]. No se puede amar a Dios y practicar la injusticia, porque la explotación y el despojo del pobre, así como el consiguiente rechazo de Dios, significa escoger la muerte. (Gutiérrez 1989: 57)

A la luz de la correspondencia paulina, queda claro que las iglesias como comunidades redentoras, como comunidades liberadas y liberadoras, como primicias de la nueva humanidad, tienen que ser una contracultura que afirma y defiende la vida y la dignidad humana como un don de Dios. En tal sentido, la práctica de las buenas obras orientada al bien común y la resistencia activa a las prácticas de muerte de los poderes fácticos (políticos, militares y religiosos), son dos formas concretas de amar y defender la vida, especialmente una vida digna para los pobres y los excluidos de la sociedad.

El testimonio de las otras cartas

La preocupación por los pobres y los excluidos del mundo, así como la crítica profética a quienes los oprimen, se nota también en el llamado que se hace en la Epístola de Santiago (Stg 2.1–26; 5.1–6). Además, las referencias al reino de Dios que aparecen en estas cartas, aunque con menos frecuencia que en la correspondencia paulina, indican que no fue un tema extraño o periférico en estas iglesias (Stg 2.5; 1P 1.11; Heb 11.28). Asimismo, como en el caso de las comunidades paulinas, la presentación de Jesús de Nazaret como *Kyrios* y *Cristós*, formó parte del *kerygma* que recibieron las iglesias a las cuales estuvieron dirigidas estas cartas (Stg 1.1; 1P 1.3; 2P 1.8, 14, 16; 2.20; 3.18; Jud 4, 21).

Todos estos datos, tomados en conjunto, expresan que las iglesias neotestamentarias tuvieron un piso teológico común del cual se derivó su práctica misionera y la ética privada y pública de los creyentes.

Precisamente, conectada con la ética privada y pública de los creyentes, emerge un tema crítico (la persecución por causa de la fe) que afectó directamente a las iglesias a las cuales Pedro dirigió sus cartas. Esto explica por qué el mensaje de 1 de Pedro se centra en un llamado a perseverar, practicando lo que es bueno, dentro de una sociedad contraria al estilo de vida de los seguidores del Dios de la Vida.

¿Qué pasaba con los creyentes y las iglesias en el momento histórico en el que Pedro escribió su carta? De acuerdo con Donald Senior:

> Los cristianos eran ridiculizados por el cambio en el estilo de vida que había acompañado su conversión […]. Algunos cristianos que vivían en situaciones mucho más vulnerables, como los esclavos y las esposas de los no cristianos, tenían que afrontar más crueles sufrimientos, ya que tenían que caminar por la cuerda floja entre sus deberes sociales y la fidelidad al evangelio. Los cristianos, además, eran grupos pequeños dispersos en un ambiente de masas que a veces eran hostiles… (Senior 1985: 403)

La reconstrucción que hace Senior del marco histórico en el cual estaban situadas las comunidades cristianas a las que Pedro escribe, puede explicar, por un lado, por qué el autor de la carta insiste en subrayar que el seguimiento a Jesús es una ruta de obediencia marcada por el sufrimiento. Y, por otro lado, puede explicar por qué la afirmación de la esperanza cristiana viene a ser una crítica profética a los reinos de este mundo de cuya naturaleza temporal, transitoria y finita, los creyentes deberían estar suficientemente advertidos.

El testimonio del Apocalipsis

Juan Stam, cuando trata sobre la circunstancia histórica en la que fue escrito este libro, precisa que:

> El enfoque de Apocalipsis corresponde […] a la situación de congregaciones que se encuentran bajo amenaza. De la misma manera que el Cordero puso su vida, los fieles también tienen que seguir al Cordero hasta la muerte […]. Aquí la teología de la muerte del Cordero es a la vez una ética del discipulado radical, que llama al creyente a ser fiel hasta las últimas consecuencias […]. Juan de Patmos nos muestra también que él se opone resueltamente a todo esfuerzo por reducir las demandas radicales del evangelio […] o de amortiguar sus denuncias proféticas contra el Imperio […]. A los fieles testigos eso los hace peligrosos para el sistema:

proclamar la victoria del Cordero es, en su contexto, anunciar el fin del Imperio... (Stam 1998: 356, 360–361)

Donald Senior, por su parte, acota que la cristología cósmica de San Juan:

> ...y su preocupación por la redención del mundo le conducen a su teología del testimonio: una teología que no admite componendas [...]. Se pide a los cristianos que soporten la persecución, e incluso el martirio, antes que poner en contingencia su fidelidad a Cristo y su obra de redención [...]. Las consecuencias de tal postura pudieran originar una retirada efectiva de las esferas social y política de la sociedad grecorromana: postura completamente diferente a la de la carta 1 de Pedro [...]. La retirada de los cristianos de la sociedad es un acto profético de testimonio ante la sociedad y a favor de la sociedad. Los cristianos deben proclamar ante el mundo, la buena nueva de salvación universal, y su púlpito es la negativa heroica a entrar en componendas con un sistema que ellos ven que está alineado con las fuerzas del pecado y de la muerte. (Senior 1985: 414–415)

¿Cuál es, entonces, el mensaje que está latente en el Apocalipsis y que abona en favor de una mejor comprensión de la iglesia como una comunidad liberada y liberadora? En el Apocalipsis, se hace un llamado a la iglesia para que sea una comunidad de resistencia activa a las fuerzas del anti-Reino entornilladas en el Imperio romano, distanciándose claramente de las prácticas de muerte promovidas y defendidas por el Imperio y sus agentes políticos, militares y religiosos.

Si las iglesias siguen ese surco misionero, no debería causarle sorpresa que aquellos que tienen en sus manos el poder político y religioso en los reinos de este mundo, se sientan incómodos con su presencia y su mensaje, y traten de silenciarla, perseguirla y exterminarla. Más aún cuando se percatan de que las iglesias se ven a sí mismas como comunidades de resistencia activa a las políticas de muerte impuestas por los señores temporales, e implementadas por sus operadores políticos y legitimadores religiosos.

¿Qué hacer entonces?

Del examen de los documentos del Nuevo Testamento, ciertamente panorámico y poco exhaustivo, se desprende que la iglesia como comunidad liberada y liberadora, llamada a amar la vida y defenderla, tiene cinco características concretas que moldean su misión en el mundo. Estas características son su naturaleza kerygmática, inclusiva, niveladora, desestabilizadora y profética.

¿Qué implicaciones para su misión como comunidad liberada y liberadora tiene cada una de estas características? Mas particularmente, ¿qué implicaciones para la dimensión social y política de su misión como comunidad liberada y liberadora se desprenden de su naturaleza kerygmática, inclusiva, niveladora, desestabilizadora y profética?

a) Su naturaleza kerygmática. La iglesia como comunidad liberada y liberadora tiene una verdad pública que proclamar en los diversos auditorios humanos: el reino de Dios. El núcleo de esa verdad pública es la presentación de Jesús de Nazaret encarnado, crucificado, resucitado, exaltado y Rey que viene, como Señor y Mesías. Se trata de una verdad pública que no tiene por qué acomodarse a los intereses subalternos de los religiosos y los políticos, ni tiene que subastarse como si fuera una mercancía sujeta a la oferta y la demanda del variado mercado religioso contemporáneo.

b) Su naturaleza inclusiva. Una realidad expresada visiblemente en su composición social, particularmente porque en la iglesia, como comunidad liberada y liberadora, se encuentran personas provenientes de diversas realidades sociales, políticas, culturales y religiosas. Una característica que va a contracorriente de los patrones sociales, culturales y religiosos de exclusión, comúnmente aceptados en sociedades asimétricas como las latinoamericanas.

c) Su naturaleza niveladora. Una clara señal de la inversión social que la presencia del reino de Dios trae consigo. En la iglesia como comunidad redentora, tienen que desaparecer todas las diferencias de raza, sexo, edad, o posición económica que la sociedad circundante tiene como «normales», diferencias que condenan al ostracismo social a cientos de indefensos seres humanos.

d) Su naturaleza desestabilizadora. El anuncio del reino de Dios, con palabras y gestos concretos de liberación de los pobres y los oprimidos, constituye una crítica política a los reinos de este mundo y el anuncio de que su fin ha llegado. La sola presencia de la iglesia como comunidad liberada y liberadora, con sus valores y con su estilo de vida radicalmente distintos de los que imperan en la sociedad circundante, desestabiliza y desmantela las pretensiones mesiánicas de quienes presumen tener la última palabra en la historia.

e) Su naturaleza profética. La iglesia como comunidad liberada y liberadora no encaja en la sociedad circundante y resulta sumamente incómoda para quienes están acostumbrados a ejercer despóticamente el poder político y religioso. Esto convierte a la iglesia en una sociedad alternativa que, debido a su carácter contracultural, emerge como una comunidad de resistencia activa al sistema político y religioso predominante.

De la verdad pública que la iglesia como comunidad liberada y liberadora tiene que proclamar en todos los auditorios humanos, la buena noticia del reino de Dios, cuyo centro es la presentación de Jesús de Nazaret como Señor y Cristo, se puede inferir varias tareas concretas para su misión salvadora en los marcos temporales en los cuales se encuentra. Tareas que están conectadas con las afirmaciones Cristológicas presentes en el Nuevo Testamento: Cristo encarnado, crucificado, resucitado, exaltado y Rey que viene.

¿Que indican estas afirmaciones Cristológicas, particularmente, acerca de la dimensión social y política de la misión de la iglesia como comunidad liberada y liberadora? Indican lo siguiente:

a) La encarnación de Cristo da cuenta de que lo humano y los seres humanos tienen un inmenso valor, ya que si así no fuera, Dios mismo no habría puesto su tienda de campaña entre nosotros, insertándose en un marco temporal concreto (Jn 1.14).

b) Si Cristo murió por todos los seres humanos, entonces la vida de cada ser humano tiene un inmenso valor, ya que ha costado la muerte misma del Mesías. Y, por eso mismo, nadie puede menospreciarla, pisotearla o violentarla impunemente.

c) Si Cristo resucitó venciendo a la muerte, entonces la vida y no la muerte tiene la última palabra en la historia. Consecuentemente, los discípulos están llamados a ser embajadores de la vida, y las iglesias defensoras de la dignidad de todos los seres humanos como creación de Dios.

d) La exaltación de Cristo a la diestra del Padre, indica que él gobierna soberanamente sobre todas las cosas, y esto incluye, por supuesto, a los reinos de este mundo que, desde una perspectiva bíblica, son transitorios, temporales, finitos.

e) La promesa del retorno de Cristo constituye en sí misma una crítica política a todos los imperios humanos, ya que si Cristo viene nuevamente, entonces el poder y la autoridad de todos los señores humanos son frágiles, relativos y temporales. Consecuentemente, la iglesia como comunidad redentora no tiene que inclinarse ante ningún poder humano, ni convertirse en legitimadora religiosa de gobiernos corruptos y represivos.

De todo ello, se deduce que la proclamación de Jesús de Nazaret encarnado, crucificado y resucitado, exaltado y Rey que viene, está íntimamente vinculada a la misión integral de la iglesia. Misión integral que debe tener como uno de sus ejes centrales la defensa irrestricta de la dignidad de todos los seres humanos como creación de Dios, especialmente de los pobres y los oprimidos, porque:

> Creer en la Resurrección implica defender la vida de los más frágiles de la sociedad. Buscar al Señor entre los vivos lleva a comprometerse con quienes ven su derecho a la vida violado permanentemente. Afirmar la Resurrección del Señor es afirmar la vida frente a la muerte [...]. El mensaje de la Resurrección del Señor y la nuestra con él, es claro: la vida y no la muerte es la última palabra en la historia. (Gutiérrez 1989: 54)

Luchar activamente para que los pobres y los oprimidos vivan dignamente, como seres humanos creados a la imagen de Dios, no constituye una tarea propia y exclusiva de las «teologías de la liberación», un asunto que le debe preocupar solamente a los activistas sociales vinculados a las organizaciones de derechos humanos, o un tema relacionado con los intereses ideológicos de la izquierda política. Se trata, más bien, de una dimensión legítima de un testimonio cristiano que quiere ser fiel al Dios de la Vida y, por eso mismo, viene a ser una forma concreta de vivir en el poder del Espíritu.

A la luz de la eclesiología evangélica histórica, temas como la defensa de la dignidad de todos los seres humanos como creación de Dios y la lucha frontal contra todas las fuerzas de maldad que oprimen a los seres humanos, deberían ser parte natural de la misión integral de la iglesia. Al respecto, los evangélicos de este tiempo no tienen que olvidar que sus primeras iglesias fueron comunidades kerygmáticas, inclusivas y niveladoras, desestabilizadoras y proféticas. Estas iglesias, como comunidades reconciliadas y reconciliadoras, fueron también comunidades de resistencia activa a prácticas de injusticia institucionalizada como la situación de pobreza y de exclusión en la que se encontraban cientos de seres humanos, muchos de los cuales se integraron a las iglesias que se fueron estableciendo en diversos lugares de la geografía latinoamericana.

Las primeras iglesias evangélicas fueron también comunidades cuyo foco misionero se concentró en los sectores sociales que la sociedad trataba como cosas descartables. En ese piso misionero, hunde sus raíces nuestra historia. Esa «memoria subversiva», sumamente incómoda para los sectores evangélicos que se han convertido en religiosos adictos a los valores de la sociedad de consumo y en legitimadores religiosos de regímenes políticos que oprimen a miles de seres humanos, tiene que ser la clave misionera que nos impulse a amar la vida y defenderla, una «memoria subversiva» irrenunciable para aquellos que se han encontrado cara a cara con el Dios de la Vida y con el Espíritu de vida.

Consecuentemente, a la iglesia como comunidad redentora que le ha dicho un sí rotundo a la vida, le tiene que importar el presente y el futuro de todos los pobres y los oprimidos del mundo que sufren directamente las consecuencias de la injusticia institucionalizada. Y, por eso mismo, no puede ni debe quedarse callada en ningún momento, ya que:

> …el que dice a la vida un sí de verdad, dice no a la guerra. El que ama a fondo la vida, odia la pobreza. Quienes afirman y aman realmente la vida se enfrentan inevitablemente con la violencia y la injusticia. No se acostumbran a ellas, no se acomodan, resisten… (Moltmann 1998: 11)

El evangelio del Reino es buena noticia para los pobres y los oprimidos, y sería una traición al Dios de la Vida quedarse en silencio o permanecer indiferentes cuando miles de seres humanos son sacrificados diariamente para complacer a ídolos contemporáneos como la tecnología, las armas nucleares, la prosperidad material o las ideologías. Afirmar la naturaleza kerygmática, inclusiva, niveladora, desestabilizadora y profética de la iglesia como comunidad redentora, nos obliga a amar la vida y oponernos a toda forma de violencia. Más aún, confesar a Cristo encarnado, crucificado, resucitado, exaltado y Rey que viene, nos tiene que forzar a vivir como miembros de una sociedad alternativa a la sociedad circundante, una sociedad alternativa que tiene un solo Señor y que ante nadie más se inclina.

¡Jesús de Nazaret es *Kyrios* y *Cristos*! Ese es el mensaje que tiene que proclamar y encarnar en su vida y testimonio la iglesia, como comunidad redentora, cualquiera sea la realidad histórica en la que se encuentre. El correlato de esta acción misionera contracultural, viene a ser un desencuentro directo con los valores y las prácticas de muerte que caracterizan a la sociedad circundante. Un desencuentro que convierte a los miembros de las iglesias en personas incómodas y peligrosas para el sistema; y a la iglesia en una contracultura que, con su presencia y su testimonio, anuncia el fin de todos los imperios humanos y de todos los señores terrenales. La salvación en Cristo quiebra, entonces, todas las opresiones y nos libera para liberar a otros de la violencia estructural que desfigura completamente el propósito de Dios: que todos los seres humanos vivan la vida plena y abundante que él les ofrece.

El amor especial de Dios por los pobres y los excluidos

Introducción

Uno de los ejes temáticos transversales de la Sagrada Escritura es el amor especial que Dios tiene por los pobres y los excluidos. Más allá de las presuposiciones teológicas y de los abordajes hermenéuticos particulares, no se puede eludir la centralidad y la trascendencia de este tema clave para la misión integral de la iglesia. El amor especial de Dios por los sectores sociales considerados como insignificantes por los que detentan el poder político, económico y religioso, se constituye —desde la óptica del Reino de Dios— en clave hermenéutica innegociable para la reflexión y la práctica misionera de las iglesias evangélicas en todos los marcos temporales en las que están situadas.

Perspectiva del Antiguo Testamento

La riqueza de contenido subyacente en las palabras que en el Antiguo Testamento se utilizan para identificar a los pobres y a los excluidos es provocadora y desafiante. Provocadora porque exige un examen riguroso de los presupuestos teológicos sobre los que se articula nuestra tarea colectiva. Desafiante porque replantea o rediseña la práctica misionera de las iglesias evangélicas.

En el Antiguo Testamento, pobre es el *dal'*, el débil, el que ha sido despojado de sus bienes, el insignificante que está abatido y no tiene la fuerza suficiente para levantarse[88]. Pobre es también el *ebyón*, el mendigo que se encuentra esperando ayuda del otro, que está humillado en la

---

[88] *Dal'* aparece 48 veces en el Antiguo Testamento, principalmente en Job, Proverbios y en los Profetas (Gn 4.19; Ex 23.3; 30.15; Lv 14.21; 19.15; Jue 6.15; 1S 2.8; 2S 3.1; 13.4; Rt 3.10; Sal 41.2; 72.13; 82.3, 4; 113.7; Pr 10.15; 14.31; 19.4, 17; 21.13; 22.9, 16, 22(2); 28.3, 8, 11, 15; 29.7, 14; Job 5.16; 20.10, 19; 31.16; 34.19, 28; Is 10.2; 11.4; 14.30; 25.4; 26.6; Jer 5.4; 39.10; Am 2.7; 4.1; 5.11; 8.6; Sof 3.12).

más baja condición de pobreza y necesita ser liberado de esa situación[89]. Pobre es igualmente el *aní*, el encorvado que está bajo un peso enorme y no posee toda su capacidad y vigor, es el humillado, el afligido, el miserable[90]. Pobre es también el *anaw* o el humilde ante Dios.

Las viudas, los huérfanos y los extranjeros son los pobres y los excluidos del Antiguo Testamento. Esta tríada o trilogía que representa a estos sectores sociales indefensos y vulnerables, desde la perspectiva del Antiguo Testamento, son seres humanos de carne y hueso cuya dignidad está siendo pisoteada impunemente por los que detentan el poder político, económico y religioso. Múltiples son las ocasiones en las que Dios muestra una preocupación especial por la condición de orfandad material y de violencia en la que se encuentran los indefensos, y expresa su compasión por estos seres humanos, explotados por los ricos y los poderosos (Ex 22.22; Dt 10.17–19; 24.19–22; 26.12, 13; Sal 68.5; 146.9; Is 1.17; 10.2; Jer 7.6; 22.3; Ez 22.7; Zac 7.10; Mal 3.5).

El amor especial de Dios por los pobres y los excluidos explica por qué se le presenta a Dios como padre (Sal 68.5) y como defensor (Sal 146.9) de ellos. Dios «saca la cara» por los indefensos (Sal 68.5; Pr 23.10–11), a él se *acoge el desvalido*, y él es el *amparo del huérfano* (Sal 10.14). O como se precisa en el Deuteronomio:

> Porque Jehová vuestro Dios es Dios de dioses y Señor de señores, Dios grande, poderoso y temible, que no hace acepción de personas, ni toma cohecho; que hace justicia al huérfano y a la viuda; que ama también al extranjero dándole pan y vestido. (Dt 10.17–18)

La afirmación, *Dios no hace acepción de personas*, explica por qué en la legislación mosaica había prescripciones claras para su cuidado (Dt 24.19–22), y por qué los ricos tenían la obligación de velar por los

---

[89] *Ebyón* se usa 61 veces en el Antiguo Testamento. Este término aparece particularmente en los Salmos y los Profetas (Ex 23.6, 11; Dt 15.4, 7 (2), 9, 11(2); 24.14; 1S 2.8; Est 9.22; Sal 9.18; 12.5; 35.10; 37.14; 40.17; 49.2; 69.33; 70.5; 72.12, 13 (2); 74.21; 82.4; 86.1; 107.41; 109.16, 22, 31; 112.9; 113.7; 132.15; 140.12; Pr 14.31; 30.14; 31.9, 20; Job 5.15; 24.4, 14; 29.16; 30.25; 31.19; Is 14.30; 25.4; 29.19; 32.7; 41.17; Jer 2.34; 5.28; 20.13; 22.16; Ez 16.49; 18.18; 22.29; Am 2.6; 4.1; 5.12; 8.4, 6).

[90] *Aní* es la palabra más utilizada en el Antiguo Testamento. Aparece 80 veces fundamentalmente en los Salmos y en los Profetas. (Ex 22.24; Lv 19.10; 23.22; Dt 15.11; 24.12, 14, 15; 2S 22.28; Sal 9.12, 19; 10.2, 9 (2), 12; 12.6; 14.6; 18.28; 22.25; 25.16; 34.7; 35.10 (2); 37.14; 40.18; 68.11; 69.30; 70.5; 72.2, 4, 12; 74.19, 21; 82.3; 86.5; 88.16; 102.1; 109.16, 22; 140.13; Pr 3.34; 14.21; 15.15; 16.19; 22.22; 30.14; 31.9, 20; Job 24.4, 9, 14; 29.12; 34.28; 36.6, 15; Is 3.14, 15; 10.2, 30; 14.32; 26.6; 32.7; 41.17; 49.13; 51.21; 54.11; 58.7; 66.2; Jer 22.16; Ez 16.49; 18.12, 17; 22.29; Am 8.4; Hab 3.14; Sof 3.12; Zac 7.10; 9.9; 11.7, 11).

pobres y los excluidos de la comunidad (Dt 15.1–11). Documentos como Levítico y Deuteronomio contienen mandamientos y ordenanzas específicas para proteger a los sectores sociales indefensos (Dt 5.14; 14.28–29; 23.20, 26.12; Lv 19.9–10; 23.22; 25.2–7; 25.35–37). Las indicaciones éticas del Antiguo Testamento precisan que Dios demanda que la justicia (*sedaqáh*) y el derecho (*misphat*) se cumplan en todo tiempo y que sean una práctica concreta cotidiana en todas las relaciones humanas, ya que Él es *justo y ama la justicia* (Sal 11.7).

En el Antiguo Testamento también se da testimonio de que Dios desnuda la religiosidad hipócrita, denunciando que la injusticia, la explotación, la quiebra del derecho, la cosificación del hombre y la opresión son pecados individuales y colectivos que contradicen su propósito de justicia. Éstas son las razones por las que Dios proclama juicio y castigo para todos aquellos que han infringido su ley, violentando el derecho de los pobres y excluidos, tratándolos como cosas desechables. En palabras de Isaías:

> ¡Ay de los que dictan leyes injustas, y prescriben tiranía, para apartar del juicio a los pobres, y para quitar el derecho a los afligidos de mi pueblo; para despojar a las viudas, y robar a los huérfanos! ¿Y qué haréis en el día del castigo? ¿A quién os acogeréis para que os ayude, cuando venga de lejos el asolamiento?... (Is 10.1–3)

Como en el caso de Isaías, fueron los profetas los que denunciaron públicamente la situación de marginación y opresión en la que se encontraban los sectores sociales indefensos, precisando que los ricos y los poderosos de ese tiempo eran los autores materiales de esa situación de violencia contra la dignidad humana. Dentro de esa realidad de violencia y muerte, los profetas del Antiguo Testamento exigieron la práctica de la justicia y del derecho. Al respecto, Amós, el profeta de Tecoa, fue bastante explícito en su denuncia:

> Oíd esto los que explotáis a los menesterosos y arruináis a los pobres de la tierra, diciendo: ¿Cuándo pasará el mes, y venderemos el trigo; y la semana, y abriremos los graneros del pan, y achicaremos la medida, y subiremos el precio, y falsearemos con engaño la balanza, para comprar los pobres por dinero, y los necesitados por un par de zapatos, y venderemos los desechos del trigo? Jehová juró por la gloria de Jacob: No me olvidaré jamás de todas sus obras. (Am 8.4–7)

La denuncia pública de Miqueas de Moreset no fue menos enérgica que la de Amós, el profeta de Tecoa:

> Dije: Oíd ahora, príncipes de Jacob, y jefes de la casa de Israel: ¿No concierne a vosotros saber lo que es justo? Vosotros que aborrecéis lo bueno y amáis lo malo, que les quitáis su piel y su carne de sobre los huesos; que coméis asimismo la carne de mi pueblo, y les desolláis su piel de sobre ellos, y les quebrantáis los huesos y los rompéis como para el caldero, y como carnes en ollas. Entonces clamaréis a Jehová, y no os responderá, antes esconderá de vosotros su rostro en aquel tiempo, por cuanto hicisteis malvadas obras [...] Oíd ahora estos, jefes de la casa de Jacob, y capitanes de la casa de Israel, que abomináis el juicio, y pervertís todo el derecho; que edificáis a Sión con sangre, y a Jerusalén con injusticia. Sus jefes juzgan por cohecho, y sus sacerdotes enseñan por precio, y sus profetas adivinan por dinero, y se apoyan en Jehová, diciendo: ¿No está Jehová entre nosotros? No vendrá mal sobre nosotros. Por tanto, a causa de vosotros Sión será arada como campo, y Jerusalén vendrá a ser montones de ruinas, y el monte de la casa como cumbres de bosque. (Mi 3.1–4, 9–12)

La enérgica denuncia de los profetas indica que realidades como el paulatino abandono de la ley de Dios, tuvieron como correlato una cruda situación de inmoralidad e injusticia que afectó especialmente a los pobres y los excluidos. Fue así porque la clase dirigente los condenó al ostracismo social, tratándolos como cosas desechables y como artículos sobrantes, según las palabras de Amós y Miqueas. Al interior de esa situación de opresión, presentando a Dios como el protector de los débiles y de los indefensos, los profetas denunciaron la conducta social voraz y la religión hipócrita de la clase dirigente de ese tiempo. El profeta Sofonías fue sumamente claro:

> ¡Ay de la ciudad rebelde y contaminada y opresora! No escuchó la voz, ni recibió la corrección, no confió en Jehová, no se acercó a su Dios. Sus príncipes en medio de ellos son leones rugientes; sus jueces lobos nocturnos que no dejan hueso para la mañana. Sus profetas son livianos, hombres prevaricadores; sus sacerdotes contaminaron el santuario; falsearon la ley. Jehová en medio de ella es justo, no hará iniquidad; de mañana sacará a la luz su juicio, nunca faltará; pero el perverso no conoce la vergüenza. (Sof 3.1–5)

Y la denuncia de Habacuc tiene la misma vena profética:

> ¡Ay del que codicia injusta ganancia para su casa, para poner en alto su nido, para escaparse del poder del mal! Tomaste consejo

vergonzoso para tu casa, asolaste muchos pueblos, y has pecado contra tu vida. Porque la piedra clamará desde el muro, y la tabla del enmaderado le responderá. ¡Ay del que edifica la ciudad con sangre, y del que funda una ciudad con iniquidad! (Hab 2.9–12)

Los profetas en su denuncia pública dibujaron un cuadro desgarrador de corrupción y violencia, explotación y degradación moral, acaparamiento de tierras y de alimentos, injusticia y cohecho, ruptura del derecho y economía abusiva, usura y cosificación del ser humano (Is 3.14, 15; 5.26–31; 22.14–17; Am 2.6; 4.1; 5.11, 12; Mi 3.1–12; 6.6–12). Ése fue el contexto concreto de muerte y violencia en el que se encontraban los pobres y los excluidos, como las viudas, los huérfanos y los extranjeros.

Pero Dios no los abandonó. En el Antiguo Testamento se lo presenta como su *goʾel*, su liberador, su refugio, su vindicador y su protector. En la legislación mosaica y en el mensaje de los profetas, está claro que Dios es el que libera a los sectores sociales indefensos y desprotegidos (huérfanos, viudas y extranjeros) de la condición infrahumana en la que se encuentran (Sal 146.5–9).

No se trata, sin embargo, de un aspecto del carácter de Dios restringido al marco cultural del Antiguo Testamento. También en este mundo globalizado en el que los pobres y los excluidos son tratados como cosas descartables y han sido confinados al estercolero de la historia y al basural de las relaciones sociales, Dios los valora y trata como seres humanos creados a su imagen. La dignidad humana de estos sectores sociales indefensos, creados a la imagen de Dios, no puede ser menoscabada ni pisoteada, ya sea por razones de Estado o por las exigencias de las políticas económicas. Dios no ha dejado de ser el *goʾel* de los indefensos y los desvalidos.

Huérfanos, viudas y extranjeros, la trilogía que representa a los pobres y los excluidos, son objeto del amor especial de Dios y sujetos activos dentro de su propósito de reconstruir todas las relaciones humanas. Dios dignifica a los pobres y los excluidos, reconoce su condición de seres humanos y exige a su pueblo que haga lo mismo. Consecuentemente, según el horizonte del Antiguo Testamento, los pobres materiales y los insignificantes de la historia tienen un lugar preferente en el propósito salvífico de Dios. Sin embargo, los discípulos del Dios de la Vida no tenemos que ignorar que existen dos acepciones de pobreza —material y espiritual— que, tomadas en conjunto, vertebran la perspectiva del Antiguo Testamento sobre este tema.

Así, por un lado, están los pobres materiales, que no tienen los bienes económicos necesarios para vivir dignamente, y, por otro, los pobres en espíritu o los humildes ante Dios. A la luz de lo señalado previamente, está claro que la expresión pobre fue adquiriendo, paulatinamente, una significación ya no sólo en el sentido material, sino también una dimensión espiritual, equiparándose el término pobre casi como sinónimo de justo, tal como se perfila en el salmo 14.5–6: pobreza material y pobreza espiritual. Por un lado, una situación de explotación, marginación y violencia; por otro, un estado de apertura, disposición y acogimiento de la voluntad de Dios. Ambas son las dos grandes acepciones de la palabra pobreza que hilvanan el horizonte teológico del Antiguo Testamento.

Pero tiene que aclararse que hechos concretos como la realidad lacerante de pobreza material y la existencia de pobres como las viudas y los huérfanos no pueden ignorarse ni «espiritualizarse». Así lo demuestran tanto la innegable preocupación social subyacente en la legislación de Moisés como la enérgica protesta de los profetas. Lo mismo puede indicarse con respecto a la perspectiva del Nuevo Testamento, en el que, si bien se encuentran presentes —como en el caso del Antiguo Testamento— las dos acepciones de pobreza (material y espiritual), está claro, además, que los pobres, en el sentido económico del término, también existen y que son seres humanos que viven en condiciones objetivas de explotación, opresión y miseria material. En tal sentido, no se pueden ignorar, y menos aún "espiritualizar", las causas estructurales que explican la condición infrahumana —contraria al propósito de Dios— en la que ellos se encuentran postrados.

Perspectiva del Nuevo Testamento

En el Nuevo Testamento la palabra más frecuente para designar al pobre es *ptojós*, el indigente y encorvado, el que no tiene lo necesario para subsistir, el miserable obligado a la mendicidad[91]. Pobre es también el *penicrós* (muy pobre, desdichado, necesitado), *usteréo* (pobre) y *pénes* (pobre o necesitado)[92].

---

[91] La palabra *ptojós* se utiliza 34 veces en el Nuevo Testamento, mayormente en los evangelios (Mt 5.3; 11.5; 19.21; 26.9, 11; Mr 10.21; 12.42, 43; 14.5, 7; Lc 4.18; 6.20; 7.22; 14.13, 21; 16.20, 22; 18.22; 19.8; 21.3; Jn 12.5, 6, 8; 13.29; Ro 15.26; 2Co 6.10; Gá 2.10; 4.9; Stg 2.2, 3, 5, 6; Ap 3.17; 13.16).

[92] *Penicrós* se utiliza únicamente en Lc 21.2. *Usteréo* aparece 16 veces en textos bíblicos, como Mt 19.20; Mr 10.21; Lc 15.14; 22.35; 2Co 11.5, 9; Heb 11.37. *Pénes* se consigna únicamente en 2Co 9.9.

Para referirse a la pobreza se utilizan las palabras *ptojeía* (2Co 8.2, 9; Ap 2.9) y *ustérema*, dos términos que incluyen la idea de ausencia, escasez, necesidad y deficiencia (Lc 21.4; 1Co 16.17; 2Co 8.14; 9.12; 11.9; Fil 2.30; Col 1.24; 1Ts 3.10). También se utiliza la palabra *ustéresis*, que significa indigencia y necesidad (Mr 12.44; Fil 4.11).

De todas estas palabras, *ptojós* es la que más se acerca al meollo de lo que implica ser pobre en el Nuevo Testamento. Así lo indican las referencias y el soporte bíblico correspondiente, principalmente el testimonio de los evangelios en los que se describe la manera en que Jesús de Nazaret se relacionó con los pobres, tratándolos y valorándolos como seres humanos creados a la imagen de Dios.

Los evangelios sinópticos, particularmente el testimonio lucano, subrayan que durante su ministerio itinerante por ciudades y aldeas, Jesús de Nazaret se relacionó permanentemente con los pobres y los excluidos, como los publicanos (Mt 9.9–13; Lc 19.1–10), los leprosos (Mt 8.1–4; Lc 17.11–19), las mujeres (Mt 8.14–17; 9.18–26; 15.21–28; 26.6–13; 28.1–10; Mr 12.41–44; Lc 7.11–17), los enfermos (Mt 9.1–8; 12.9–14; 14.34–36; 20.29–34), los niños (Mt 19.13–15) y los samaritanos (Lc 17.17–19; Jn 4.1–12). Ellos fueron el centro de su amor especial y de su preocupación misionera.

Esta práctica misionera radical de Jesús (Mt 13.55; Mr 6.3) provocó constantes enfrentamientos con los líderes religiosos del pueblo judío (Mt 9.1–8; 9.9–13; 12.9–14; Mr 2.1–12; 2.13–17; 3.1–3; Lc 5.27–32; 6.6–11; 13.10–17). La compasión de Jesús de Nazaret contrastó profundamente con la miopía social y con la ceguera espiritual de escribas y fariseos, los representantes de la religión establecida. Se puede afirmar, entonces, que para Jesús de Nazaret fue bastante claro que, a la luz del reino que iba a venir, la diferencia entre ricos y pobres era contraria a la voluntad divina.

Sin embargo, no fue únicamente Jesús de Nazaret el que manifestó una preocupación especial por los indigentes y los insignificantes de la sociedad, ya que la iglesia apostólica siguió en la misma línea de atención a las necesidades materiales de los pobres y los excluidos (Hch 2.41–47; 4.32–37; 6.1–7; 9.36–43; 11.29–30; 20.35). Así lo reconoció el apóstol Pablo en una de sus primeras Epístolas cuando relata su encuentro con los líderes de la iglesia de Jerusalén: *Solamente nos pidieron que nos acordásemos de los **ptojós** (pobres); lo cual también procuré con diligencia hacer* (Gá 2.10).

La misma práctica y preocupación se percibe en el ministerio del apóstol Pablo, tanto en su enseñanza como en el efecto concreto de esta, para la vida y el testimonio de las comunidades de discípulos localizadas en los distintos lugares en los que la buena noticia del reino de Dios fue dada públicamente (Ro 15.25-29; 1Co 16.1-4; 2Co 8.9; Gá 2.10; Ef 4.28; Col 3.25; 1Ts 4.11, 12; 2Ts 3.6-13; Fil 4.10-20; 1Ti 5.10; Tit 3.14; Flm 8-22).

Asimismo, la Epístola de Santiago precisa claramente cuál tiene que ser la actitud y la práctica evangélica en concordancia con el propósito de Dios (Stg 2.1-26). Particularmente, la vena profética de este documento del Nuevo Testamento es bastante explícita en el siguiente pasaje:

> ¡Vamos ahora, ricos! Llorad y aullad por las miserias que os vendrán. Vuestras riquezas están podridas, y vuestras ropas están comidas de polilla. Vuestro oro y vuestra plata están enmohecidos; y su moho testificará contra vosotros, y devorará del todo vuestras carnes como fuego. Habéis acumulado tesoros para los días postreros. He aquí clama el jornal de los obreros que han cosechado vuestras tierras, el cual por engaño no les ha sido pagado por vosotros; y los clamores de los que habían segado han entrado en los oídos del Señor de los ejércitos. Habéis vivido en deleites sobre la tierra, y sido disolutos; habéis engordado vuestros corazones como en día de matanza. Habéis condenado y dado muerte al justo, y él no os hace resistencia. (Stg 5.1-6)

Se tiene que precisar, además, que en la discusión sobre la perspectiva del Nuevo Testamento acerca de la pobreza no se puede eludir el tema de la aparente contradicción que, según ciertos autores, parece existir en la acepción de pobre que se utiliza en los evangelios de Mateo y Lucas. Éste es un tema crítico que ha generado un amplio debate entre los especialistas. Al respecto, las exégesis de los textos bíblicos clave de ambos evangelios, varían según la orientación teológica de los expertos en estudios del Nuevo Testamento. Sin embargo, si se tiene en cuenta el horizonte del Antiguo Testamento, la discusión sobre la perspectiva acerca de la pobreza en el Nuevo Testamento, está vinculada también a las dos acepciones de pobreza que hilvana todo el mensaje de la Sagrada Escritura: pobreza material y pobreza espiritual.

Los evangelios sinópticos dejan constancia de la opción galilea de Jesús y de su amor especial por los insignificantes, los oprimidos, los excluidos, los pobres de la tierra. La iglesia apostólica siguió en esa misma línea, entendiendo su vocación en la historia como seguimiento al Señor que: ... *por amor a vosotros se hizo pobre, siendo rico, para que vosotros con su pobreza fueseis enriquecidos* (2Co 8.9). Precisamente de eso se trata, es decir, de encarnarse en una situación histórica concreta y de tomar la cruz cada día insertándose en la ruta del seguimiento a tiempo completo, como discípulos fieles y obedientes a Jesús de Nazaret encarnado, crucificado y resucitado. Como creyentes en el Dios de la Vida, no tenemos otra opción, no tenemos otro camino, no tenemos otro llamado.

Nuestro compromiso

La existencia de pobres y excluidos no es un mero dato estadístico o una realidad carente de un contenido social y político específico. Tampoco una simple moda teológica o un asunto referencial para la reflexión teológica y la práctica de amor al prójimo. Ambos hechos expresan realidades concretas que constituyen enormes desafíos para la misión de las iglesias evangélicas situadas en el sur del mundo.

Frente al escándalo de la abyecta pobreza en la que se encuentran millones de seres humanos y a la innegable condición de exclusión social y política de millones de seres humanos de carne y hueso, los discípulos de Jesús de Nazaret no pueden permanecer impasibles o quedarse en silencio. La enérgica denuncia de los profetas del Antiguo Testamento que sacudió la sociedad de su tiempo, la solidaridad de Jesús de Nazaret con los pobres y los oprimidos, la práctica solidaria de la iglesia apostólica y de las comunidades de discípulos que se fueron formando como consecuencia de la proclamación de la buena noticia del reino de Dios fuera de los límites de Palestina, constituye suficiente combustible espiritual para forjar modelos concretos de servicio al prójimo.

La ruta está trazada y los modelos se hallan delineados tanto en el Antiguo como en el Nuevo Testamento. Pero hace falta que los discípulos del Maestro de Galilea corran el riesgo de ser obedientes a todo el consejo de Dios en los distintos contextos históricos en los que están situados para ser amigos de la vida, artífices de la paz, embajadores de la justicia, ejemplos vivientes de solidaridad con el ser humano concreto, constructores de nuevas relaciones humanas, arquitectos de una sociedad justa y solidaria.

Dios es amigo de la vida. Es el Dios de la Vida. Las formas refinadas y sutiles de asesinar a millones de inocentes y de devaluar la dignidad humana de los huérfanos, las viudas y extranjeros (migrantes) de este tiempo, forman parte del círculo diabólico de muerte y violencia, contrario al propósito liberador de Dios. De acuerdo con la enseñanza bíblica, los seres humanos concretos tienen un valor intrínseco incuestionable, valor innegociable que no puede ser rebajado ni subastado, según los criterios de la oferta y la demanda. La vida de un ser humano tiene mucho más valor que los prejuicios y la miopía teológica de los modernos fariseos, para quienes los pobres y los excluidos constituyen únicamente objetos de discusión teológica o un buen pretexto para conseguir ayuda material de los organismos financieros y de los canales de cooperación internacional.

Tanto en el Antiguo como en el Nuevo Testamento se enseña que Dios se preocupa, vela, protege y saca la cara por todos aquellos que los poderosos de este mundo consideran como desechables o basura descartable. Dios se preocupa por los sectores sociales a los cuales quienes detentan el poder político y económico marginan, excluyen y condenan al estercolero de la historia. El desafío está planteado. Quienes se arriesgan a seguir a Jesús de Nazaret Crucificado y Resucitado por los polvorientos caminos de las ciudades y aldeas contemporáneas, caminando entre dos o más fuegos en situaciones límites de muerte y violencia, quizás descubran que Dios tiene una «preferencia por los pobres» (Escobar 1992: 9), lo cual todavía les parece inaceptable a un significativo número de pastores y líderes evangélicos.

La perspectiva bíblica es explícita y contundente. El amor especial de Dios por los indefensos, los débiles, los insignificantes, los menesterosos, según el discurso oficial, desafía a la iglesia cristiana a sacudirse de sus cómodos presupuestos teológicos y lineamentos misionales, dejando que el Dios de la Vida hable por la fuerza de su Palabra, para que en el poder de su Espíritu, proclame con palabras y hechos las buenas nuevas del reino de Dios, allí donde el pan es comunión entrañable, amor definitivo: la mesa de los pobres y de los excluidos.

La opción galilea es vocación para hoy. La renuncia voluntaria por causa de Jesús, al pie de la cruz, nos convoca a un seguimiento radical que tiene como uno de sus ejes centrales el llamado a gastarnos por los pobres y los excluidos, a ser una contracultura o una comunidad alternativa dentro de una sociedad que rinde culto al éxito y al mercado como valores supremos. Cruz y resurrección, peligro de muerte y esperanza, se entretejen y fertilizan mutuamente en la ruta del Seguimiento fiel y obediente a Jesús Crucificado y Resucitado. El Dios de la Vida nos desafía a seguirlo en las Galileas de este tiempo. Él nos desafía también a seguirlo en la Jerusalén de este tiempo, para que insertados en los círculos de poder y sin renunciar a nuestra identidad como discípulos de Jesús de Nazaret, forjemos modelos concretos de compromiso con el prójimo, particularmente de servicio desinteresado a los pobres y los excluidos de nuestro tiempo.

Capítulo 14

La política del imperio

La domesticación de los vencidos

Daniel 1.1–21

Introducción

Para mantenerse en vigencia los imperios necesitan refinar continuamente sus mecanismos sociales y políticos de coerción para que «los vencidos» no luchen por su libertad. Una política de asimilación, domesticación y control de las personas incómodas para el sistema, de las minorías proféticas y de las mentes más lucidas de los pueblos vencidos, ha sido, con frecuencia, una de las armas más eficaces que han utilizado los imperios.

Uno de los pasajes bíblicos en el que se registra la forma en que un imperio asimila, domestica y controla a las personas más valiosas de un país y a las mentes más lucidas de un pueblo vencido, es Daniel 1.1–21. En este texto bíblico bastante sugerente para reflexionar sobre la política de los imperios se entrecruzan dos temas:

a)   La oferta del imperio dominante.
b)   La respuesta de los vencidos.

El contexto histórico y la situación de los vencidos

El reino de Judá había sido conquistado en el año 597 a. C. por el Imperio caldeo-asirio (2R 24.8–10; 25.1–21; 2Cr 36.5–21). Esta nueva situación política, la pérdida de la libertad y la opresión a que estuvieron sometidos, ocasionaron una crisis nacional que se expresó en el derrumbe de la monarquía y del sacerdocio, las dos principales instituciones del país. Para el pueblo judío, más que un simple terremoto social y político, fue una experiencia traumática que quedó grabada en su memoria colectiva como un desastre nacional, tal como se expresa en el cántico de los cautivos de Babilonia:

> Junto a los ríos de Babilonia, allí nos sentábamos, y aun llorábamos, acordándonos de Sion. Sobre los sauces en medio de ella colgamos nuestras arpas. Y los que nos habían llevado cautivos nos pedían que cantásemos, y los que nos habían desolado nos pedían alegría, diciendo: Cantadnos algunos de los cánticos de Sion. ¿Cómo cantaremos cántico de Jehová en tierra de extraños?... (Sal 137.1–4)

Muchos judíos fueron llevados como prisioneros de guerra a Babilonia; entre ellos, Daniel y sus amigos, jóvenes de la nobleza que fueron conducidos como inmigrantes forzados a una tierra extraña. Ellos formaron parte del grupo de «los vencidos», de los derrotados, que fueron llevados como botín de guerra y como señal de superioridad militar y cultural, al centro del poder de la civilización caldeo-asiria: Babilonia.

Los deportados a Babilonia, desarraigados completamente de su tierra, tuvieron que adaptarse a una nueva realidad. El exilio los obligó a pasar por un proceso de aculturación (Dn 1.1–21; Jer 29.1–14). Esta situación les planteó desafíos concretos relacionados con su identidad y su misión como miembros del pueblo de Dios. ¿Qué oferta material les hizo el imperio a los vencidos?

La oferta del imperio dominante

El Imperio caldeo-asirio —el dominante de ese tiempo— se había impuesto política y militarmente sobre otros pueblos como el reino de Judá. Como todo imperio, y siendo el centro del mundo en esos años, estaba acostumbrado a imponer su cosmovisión y su cultura a los pueblos vencidos. Tenía la capacidad política y militar para obligar a los elementos más destacados de las culturas vencidas, llevados como cautivos a Babilonia (la capital del imperio), a aculturalizarse o asimilarse forzadamente a la cultura vencedora. Lo que buscaban, como buscan siempre los vencedores, era domesticar a los cautivos para que fueran instrumentos útiles a la política de predominio total del imperio. Como parte de una política de Estado, una política de aculturación de los vencidos, el imperio ofreció a los cautivos sus mejores productos culturales:

> Y dijo el rey a Aspenaz, jefe de sus eunucos, que trajese de los hijos de Israel, del linaje real de los príncipes, muchachos en quienes no

> hubiese tacha alguna, de buen parecer, enseñados en toda sabiduría, sabios en ciencia y de buen entendimiento, e idóneos para estar en el palacio del rey, y que les enseñasen las letras y la lengua de los caldeos. Y les señaló el rey ración para cada día, de la provisión de la comida del rey, y del vino que él bebía; y que los criase tres años… (Dn 1.3–5)

Fueron en realidad mecanismos de presión social y de ablandamiento político, disfrazados de «buena voluntad», para absorber o asimilar lentamente a los cautivos. En otras palabras, como todo imperio, los caldeos-asirios sabían que los desarraigados de una cultura o los cautivos en tierra extraña no tenían otras opciones que las del acomodo, la resignación o la adaptación. ¿Cuál fue la respuesta de los vencidos a la oferta tentadora del imperio dominante?

La respuesta de los vencidos

Los cautivos, como Daniel y sus amigos, entendieron que debían ubicarse en una nueva situación social y política. Esto implicaba la necesidad de aprender la cultura del imperio predominante, sin que esto significara, necesariamente, una aceptación acrítica y dócil de todos los productos culturales que los vencedores les ofrecían como valores superiores.

Para no ser domesticados ni engullidos por el imperio, Daniel y sus amigos tenían que decidir entre aceptar todo el paquete cultural que el imperio les ofrecía «gratuitamente», o examinar con cuidado qué elementos de ese paquete cultural se podían aceptar, y cuáles se tenían que rechazar porque colisionaban con su cosmovisión como miembros del pueblo de Dios.

Para el Imperio caldeo-asirio, estaba claro que el proceso de asimilación y domesticación de los vencidos comenzaba con el aprendizaje del idioma (Dn 1.4), particularmente porque la aculturización tiene como uno de sus pilares la comunicación, y ésta descansa precisamente en el idioma. El siguiente paso fue la transmisión de los contenidos o la transferencia forzada de los valores culturales del imperio predominante a las culturas vencidas como una forma visible de superioridad cultural (Dn 1.4), una transferencia en la que el idioma jugaba un papel importante.

Además, para el caso de Daniel y sus amigos, la adopción de un nuevo nombre constituía en sí mismo una clara señal de imposición cultural-religiosa e, incluso, de domesticación fríamente calculada.

Esto explica por qué, dándose cuenta de lo que estaba en juego, si bien aceptaron que se les enseñase las letras y la lengua del imperio, rechazaron la comida del rey, pues entendieron que esto atentaba contra su fe en el Dios de su pueblo (Dn 1.8). Para Daniel y los otros jóvenes judíos que estaban cautivos en la capital del imperio, estaba claro que las creencias y las prácticas religiosas que forman parte de la cultura, no se negociaban en ningún momento, incluso cuando uno se encontraba en situaciones de desventaja material y en una tierra extraña. La experiencia de Daniel y sus amigos nos advierte que siempre existen riesgos cuando uno se atreve a rechazar la política de imposición cultural —de arriba hacia abajo— del imperio dominante (Dn 1.9–18).

Para los judíos cautivos en Babilonia, como Daniel y sus amigos, la fe en el Dios de la Vida fue la columna vertebral que les dio sentido a su existencia y esperanza a pesar de la situación de opresión en la que se encontraban. Su fe en Dios fue para ellos un bien irrenunciable, un bien innegociable, un bien invalorable. Esa fe los ayudó a resistir a pie firme la política de imposición cultural y religiosa del imperio.

Para pensar juntos

Como el Imperio caldeo-asirio, los imperios dominantes y todos los operadores políticos y religiosos de los países satélites tienen también una oferta material para los «vencidos». El lema político-económico del imperio actual: ¡salvo el mercado todo es ilusión!, parece haberse impuesto en todo el mundo. Al modelo económico que el imperio promueve, y sus operadores políticos implementan con el apoyo entusiasta de religiosos que legitiman su discurso, no le importa que la pobreza y la desigualdad se incrementen y que miles de seres humanos mueran de hambre y vivan en condiciones infrahumanas.

Como lo hicieron en su momento Daniel y sus amigos, tenemos que resistir a la oferta seductora del paquete político-cultural del imperio, no dejando que las ventajas materiales que se ofrecen en ese paquete vulneren nuestros principios ético-morales. Jamás debemos dejar que los bienes y las ventajas materiales se conviertan en la meta suprema de la vida. Tenemos que vencer al imperio con lo único que el imperio no puede arrebatarnos o secuestrar totalmente: una fe inquebrantable en el Dios de la Vida y un compromiso firme con los principios ético-morales que de esa fe se derivan.

Capítulo 15

La religión en el espacio público

Amos 7.10–17

Introducción

Para tratar sobre el papel de la religión en el espacio público, examinaré una experiencia particular, la del profeta Amós de Tecoa, y la contrastaré con la práctica política del sacerdote Amasías de Bet-el. El pasaje que analizaré será Amós 7.10–17. En este texto clave se confrontan dos prácticas políticas distintas y distantes entre sí:

a) El sacerdote Amasías de Bet-el, que emergió en el espacio público como operador político-religioso del sistema.

b) El profeta Amós de Tecoa, que surgió en el espacio público como comisionado del Dios de la Vida.

Interesa de manera particular la experiencia del profeta Amós porque fue una figura pública bastante incómoda para religiosos como Amasías y para los políticos de su tiempo como el rey Jeroboam II. Este profeta, en lugar de acomodarse al *statu quo* y de legitimar «teológicamente» las acciones políticas de los poderosos, resistió de manera activa a los poderes que oprimían y explotaban a los sectores sociales indefensos de Israel de mediados del siglo VIII a. C.

El mensaje de Amós

Amós provenía de Tecoa (Am 1.1), una aldea situada como a 10 kilómetros al sur de Belén y unos 17 kilómetros al sur de Jerusalén, en Judá, el reino del sur. Antes de su llamamiento para que fuera profeta, trabajaba como un pastor de ovejas y recogía higos silvestres (Am 7.14–15). Su actividad profética ocurrió entre los años 760–750 a. C. ¿Qué sucedía en ese tiempo en el reino del norte, Israel, cuya capital era Samaria? ¿Qué factores sociales, políticos, económicos y religiosos dibujaban el rostro público del país al cual Amós dirigió sus palabras?

Unos cuarenta años antes del reinado de Jeroboam ii, bajo el mando de Adad-Nirari iii, Asiria había aplastado militarmente a Siria, eliminando así a la principal potencia que limitaba los planes de expansión geográfica del rey de Israel. Jeroboam ii comenzó entonces una política de expansión territorial (2R 14.25), cuyo correlato fue que unos pocos se enriquecieron rápidamente, mientras que otros apenas podían sobrevivir. Los ricos compraban a los profetas, a los sacerdotes y a los jueces (Am 2.12; 5.7, 12). La opresión de los pobres era común (Am 2.6ss.), la justicia estaba del lado de los pudientes (Am 2.6; 8.6), los pobres tenían que recurrir a los prestamistas en tiempos de sequía (Am 5.11ss.; 8.4, 6) y con frecuencia se veían obligados a hipotecar su tierra y hasta su propia persona y familia (Am 2.6; 8.6).

Dos pasajes de Amós son bastante reveladores sobre la situación de opresión y explotación en la cual se encontraban los pobres de la tierra:

> …porque vendieron por dinero al justo, y al pobre por un par de zapatos. Pisotean en el polvo de la tierra las cabezas de los desvalidos, y tuercen el camino de los humildes… (Am 2.6–7)

> Por tanto, puesto que vejáis al pobre y recibís de él carga de trigo edificasteis casas de piedra labrada, mas no las habitaréis; plantasteis hermosas viñas, mas no beberéis el vino de ellas. Porque yo sé de vuestras muchas rebeliones, y de vuestros grandes pecados, sé que afligís al justo, y recibís cohecho, y en los tribunales hacéis perder su causa a los pobres. (Am 5.11–12)

Fue en ese marco histórico concreto en el cual irrumpió Amós con su mensaje de justicia y juicio, viendo la situación de opresión, explotación y abandono en la que se encontraban los pobres y los indefensos. Amós sacó la cara por los pobres de la tierra, demandando que el derecho y la justicia prevalecieran sobre la arbitrariedad y la impunidad con la que a menudo actuaban los príncipes, los sacerdotes, los falsos profetas y los comerciantes. Esta cruda realidad de injusticia institucionalizada o injusticia legalizada explica por qué Amós denunció públicamente la insensibilidad, el derroche y el lujo con el que vivían los ricos y la clase gobernante:

> Duermen en casas de marfil, y reposan sobre sus lechos; y comen los corderos del rebaño, y los novillos de en medio del engordadero; gorjean al son de la flauta, e inventan instrumentos musicales, como David; beben vino en tazones y se ungen con los ungüentos más preciosos; y no se afligen por el quebrantamiento de José. (Am 6.4–6)

El profeta Amós denunció que el mal social no solamente radicaba en el corazón del ser humano, sino que se manifestaba y se visibilizaba en instituciones concretas de la vida social, política, económica, jurídica y religiosa de un país, las cuales necesitaban ser abolidas (esclavitud, préstamos) o cambiadas profundamente para que beneficiaran a todos (impuestos, tribunales). ¿Hemos entendido así el mensaje de Amós o lo hemos «espiritualizado» para justificar nuestro punto de vista político partidario o nuestra perspectiva teológica defensora a ultranza del *statu quo*?

Dos prácticas políticas distintas y distantes entre sí

Amasías: el operador político-religioso del sistema

En la figura del sacerdote Amasías, el «capellán» del rey Jeroboam II de Samaria, se puede notar hasta qué punto la religión se puede convertir en un instrumento político del Estado y los religiosos en operadores políticos del sistema predominante. Las acciones públicas de este personaje indican que la religión oficial de ese tiempo, uno de sus cuyos santuarios era Bet-el, estaba subordinada al poder político, al cual le convenía tener un dios títere del Estado, un dios sujeto a los designios de las autoridades temporales y legitimador de sus acciones políticas.

¿Qué características tuvo la presencia del sacerdote Amasías en el espacio público?

En primer lugar, de Amós 7.10–17 se deduce que, como sacerdote de Bet-el, el santuario real o la catedral nacional del reino del norte, Amasías tuvo que haber sido un personaje público de mucha influencia en Israel; un personaje acostumbrado a codearse con lo más graneado de la sociedad de su tiempo, habituado a transitar en los pasillos del poder y con acceso directo al rey Jeroboam II. Esto explica por qué envió a decir a Jeroboam rey de Israel: Amós se ha levantado contra ti en medio de la casa de Israel; la tierra no puede sufrir todas sus palabras (Am 7.10).

El sacerdote Amasías, valiéndose de las relaciones y los contactos que tenía en los niveles más altos del poder político, advirtió al rey Jeroboam II del peligro que significaba dejar que Amós siguiera proclamando públicamente el juicio inminente de Dios sobre la casa real e Israel (Am 7.1). ¿Qué pretendía Amasías? Del pasaje se puede deducir que esperaba que el rey tomara alguna acción política en contra de Amós, como amenazarlo, sobornarlo, silenciarlo o deportarlo. Sin embargo, como aparentemente Jeroboam ii no hizo nada en contra del profeta Amós, el sacerdote Amasías tomó la iniciativa, ordenando a Amós que se fuera a otro lugar (huye a tierra de Judá) y que se ganase allí la vida profetizando (come allá tu pan). Fue una manera directa de silenciar al profeta y de intentar deportarlo para que no siguiera incomodando con su mensaje a los que oprimían y explotaban a los pobres.

Actualmente se puede también encontrar en distintos contextos a personajes como el sacerdote Amasías, cuyo papel como operadores político-religiosos del sistema, les permite desacreditar, acusar, silenciar o desaparecer de la escena pública a los que no encajan con sus preferencias políticas. Estos personajes, acostumbrados a ser las únicas «figuras estelares» en la escena pública o los únicos «voceros autorizados» de Dios ante las autoridades políticas, «mueven» sus contactos para continuar siendo los únicos nexos entre el mundo religioso y los que detentan el poder político.

En segundo lugar, el sacerdote Amasías había captado tanto la textura como las implicaciones sociales y políticas del mensaje profético de Amós, un mensaje que, según su opinión particular, atentaba contra la «seguridad nacional». Fue una lectura política sesgada —desde su posición privilegiada en la estructura política del Israel— del mensaje del profeta que lo condujo a acusar a Amós del delito de conspiración: *Porque así ha dicho Amós: Jeroboam morirá a espada, e Israel será llevado de su tierra en cautiverio* (Am 7.11).

En el texto bíblico no aparece ningún indicio de que Amós estuviera conspirando. Lo que sí está claro es que, como vocero del Dios de la Vida, proclamó públicamente que Dios había decretado su juicio inminente sobre la casa de Jeroboam ii y sobre Israel. El sacerdote Amasías, sin embargo, acomodó las palabras de Amós a sus intereses políticos y religiosos, una práctica que con mucha frecuencia acompaña las acciones políticas de los que defienden el *statu quo* y que anteponen sus intereses personales a los intereses de los que sufren las consecuencias de la injusticia legalizada.

El sacerdote Amasías utilizó, entonces, un recurso político bastante habitual en los pasillos del poder cuando se quiere desprestigiar o anular al oponente potencial o real. En realidad, parece que lo que Amasías buscaba era, además de cuidar su propio espacio en el escenario público y en el epicentro del poder, desprestigiar al profeta Amós, a quien veía como un personaje público sumamente peligroso para su proyecto personal de seguir siendo el único vocero religioso autorizado ante las autoridades políticas. ¿No ocurre lo mismo en este tiempo?

En tercer lugar, las palabras y la conducta de Amasías revelan que se trataba de un religioso acostumbrado a disfrutar de los privilegios temporales que da el poder, y de un personaje que creía tener el derecho de delimitar las acciones de Dios en la historia de los pueblos. Amasías pretendía ajustar la palabra de Dios a sus presupuestos teológicos y a sus intereses políticos particulares y, por eso mismo, consideraba que él podía decidir quién tenía que hablar en nombre de Dios y cuál debía ser el contenido del mensaje que debía anunciar públicamente. Lo dicho previamente puede explicar por qué le ordenó lo siguiente al profeta Amós: *Vidente, vete, huye a tierra de Judá, y come allá tu pan, y profetiza allá; y no profetices más en Bet-el, porque es santuario del rey, y capital del reino* (Am 7.12–13).

Las palabras del sacerdote Amasías revelan que este religioso confundió a Amós con los profetas asalariados que había en ese tiempo acostumbrados a complacer con sus palabras a los monarcas que los contrataban y habituados a acomodar sus predicciones al gusto de sus eventuales clientes políticos. El profeta Amós no era de ese tipo de profeta mercenario, dispuesto a venderse al mejor postor y siempre listo para acomodar sus palabras a las preferencias de los políticos de turno; una conducta pública que siempre deben tener en cuenta aquellos que acomodan su mensaje según el auditorio humano en el que se encuentran. Estos oscuros personajes evitan denunciar los pecados sociales y la injusticia institucionalizada, debido a que les interesan más las ventajas personales que pueden obtener por sus servicios al poder de turno, y porque quieren contar con el beneplácito de los políticos.

En cuarto lugar, Amasías creía que Dios era propiedad del Estado y que estaba obligado a bendecir todas sus acciones políticas. Esto explica por qué, luego de ordenarle al profeta Amós que se fuera a la tierra de Judá (Am 7.12), le exigió también lo siguiente: ... *y no profetices más en Bet-el, porque es santuario del rey, y capital del reino* (Am 7.13); una actitud que revela por qué este líder religioso fue tan complaciente con el régimen de turno y por qué se presentó a sí mismo como uno de sus defensores incondicionales.

Consecuentemente, desde la óptica político-religiosa del sacerdote Amasías, el mensaje de figuras públicas como el profeta Amos, tenía que estar en sintonía con el discurso religioso oficial, debía amoldarse a los requerimientos de las autoridades de turno, y legitimar las acciones sociales y políticas de los que estaban en la cima del poder. Según Amasías, Amós tenía que ajustarse a las exigencias propias del santuario nacional de Israel, o irse a otro lugar en el que su mensaje encajara mejor.

La mala noticia para todos aquellos que se alinean en la óptica político-religiosa del sacerdote Amasías, es que el Dios de la Vida no es propiedad de ningún Estado. Él no está obligado a bendecir todas sus acciones políticas. Tampoco se encuentra obligado a asistir a las ceremonias públicas que organizan en su nombre los religiosos a quienes poco o nada les importa denunciar la injusticia institucionalizada y la condición infrahumana en la que viven miles de seres humanos. El Dios de la Vida no está amarrado tampoco a ninguna teología en particular, a una ideología política o a los intereses de las burocracias religiosas. Nadie puede ponerle límites a su acción soberana en los procesos sociales y políticos de los pueblos. Nadie puede amordazar sus palabras o silenciar a los profetas que Él mismo ha llamado y comisionado. Nadie puede encerrar a Dios en un templo, presuponiendo que a Él no le interesan los problemas estructurales, y que se desatiende de asuntos críticos como la violencia legalizada o la situación de carencias materiales en la que se encuentran los pobres y los oprimidos.

Amós: el comisionado del Dios de la Vida

El sacerdote Amasías definió su campo de acción y de influencia político-religiosa apostando por la defensa del orden establecido y legitimando los intereses de los que detentaban el poder político y económico. Pero Amasías no estaba solo en el espacio público. En ese mismo escenario emergió Amós, una figura pública cuyo mensaje subvertía el *statu quo*. Amós irrumpió en la sociedad israelita de mediados del siglo VIII a. C., como una figura pública bastante incómoda para los que oprimían y explotaban a los pobres de la tierra.

¿Qué vio Amós en el marco temporal en el cual vivió y qué lo impulsó a proclamar la justicia de Dios y su inminente juicio? ¿Por qué, en vez de acomodarse al *statu quo*, resistió de manera no violenta a la tentación de convertirse en un profeta asalariado del régimen de turno y en un religioso complaciente con las acciones de los poderosos de ese tiempo?

Frente al cuadro desgarrador de un país en el cual el derecho se había pervertido y la justicia estaba notablemente ausente (Am 5.7), un país en el que los sectores pudientes habían encontrado en Amasías al instrumento religioso dispuesto a justificar «teológicamente» la opresión y explotación, no exagera Amós cuando «pone el dedo en la llaga» y opta por Dios y los débiles, en contra de quienes tenían todo el dinero y el poder. Fue así porque para Amós, la justicia y la integridad eran ingredientes claves de una verdadera adoración a Dios y no podían ser sustituidas por ninguna ventaja material.

¿Qué características particulares modelaban el ministerio profético de Amós? ¿De dónde le venían las fuerzas y el coraje para resistir a pie firme los embates de la oposición político-religiosa de figuras públicas como el sacerdote Amasías? ¿Por qué no aceptó la oferta, aparentemente «conveniente» en términos económicos y de seguridad física, que le hizo Amasías como representante del *statu quo*? ¿Qué podemos aprender de las palabras y de la conducta pública de Amós?

En primer lugar, del análisis del texto bíblico, se deduce que Amós tenía conocimiento de primera mano de la realidad histórica en la que estaba situado como ser humano de carne y hueso. Conocía no solamente los pecados sociales de Israel (Am 2.6–16). Tenía también conocimiento directo de la escena mundial de su tiempo, particularmente de las prácticas de injusticia de los países extranjeros (Am 1.3–2.5).

Amós no fue entonces un profeta desenchufado del entorno de misión, ajeno a las relatividades de su tiempo, alienado del marco temporal en el que le tocó vivir. Lo que se nota en sus palabras y en su conducta pública es que articuló un discurso público basado en un fino análisis de la realidad social, política, económica, jurídica y religiosa de su tiempo.

De esa manera, con su mensaje y con su práctica profética, Amós articuló todo un modelo de conducta social y política. Un modelo en el que se subraya que aquellos que quieren incursionar en el espacio público deben tener conocimiento de primera mano de la realidad histórica y han de ser capaces de traducir esa información en acciones sociales y políticas orientadas a una transformación radical de las estructuras de pecado y de las prácticas corrientes de injusticia institucionalizada.

En segundo lugar, de una lectura del texto bíblico, queda claro que Amós tenía una profunda conciencia de su llamado y sabía quién le había enviado como profeta al reino del norte. Amós no se había autoconvocado o autodesignado, ni se había autoenviado o autocomisionado. Él sabía cuál era su tarea específica, su misión concreta y, por eso mismo, no se distraía en asuntos secundarios. No confundía los papeles. No tambaleaba ni se acobardaba frente al peligro. Así, cuando el sacerdote Amasías le dijo: *Vidente, vete, huye a tierra de Judá, y come allí tu pan, y profetiza allá; y no profetices más en Bet-el...* (Am 7.12–13), Amós fue capaz de responderle con estas palabras: *No soy profeta, ni soy hijo de profeta, sino que soy boyero, y recojo higos silvestres* (Am 7.14).

Las palabras de Amós al sacerdote Amasías dan cuenta de que él sabía quién era y cuál era su misión concreta en la sociedad de su tiempo.

Amós tenía plena conciencia de que Dios mismo lo había llamado y comisionado como su profeta en un contexto histórico específico, y estuvo dispuesto a pagar el precio que esa tarea exigía. Como en el caso de Amós, la misma conciencia de llamado y de envío se exige a los profetas de Dios de este tiempo para que no capitulen frente al peligro y no rebajen ni acomoden el contenido de su mensaje cuando tengan que enfrentarse públicamente a los que tienen en sus manos el poder político, económico y religioso.

En tercer lugar, de la respuesta de Amós a los requerimientos políticos de Amasías (… *no profetices más en Bet-el, porque es santuario del rey, y capital del reino*), se deduce que, para él, el Dios de la Vida a quien representaba era también Señor del Estado y de las autoridades temporales: *Y Jehová me tomó de detrás del ganado, y me dijo: Ve y profetiza a mi pueblo Israel* (Am 7.15). La comprensión que tenía Amós de la Soberanía de Dios, explica por qué habló claramente, por qué no subastó su mensaje, y por qué no se vendió al poder político de ese tiempo. Amós no era de aquellos que convierten a la religión en un instrumento político del Estado, ni de aquellos que se venden al sistema, como en muchas ocasiones a lo largo de la historia lo han hecho los profetas espurios que a menudo se vendían —y se venden todavía— por un «plato de lentejas».

En cuarto lugar, Amós habló directamente; no disfrazó ni maquilló el mensaje que debía anunciar, no contemporizó ni se alquiló al poder de turno. No retrocedió, no pactó con el poder, no rebajó su mensaje, no fue un timorato, no tembló cuando tuvo que hablar de parte de Dios: *Ahora, pues, oye la palabra de Jehová. Tú dices: No profetices contra Israel ni hables contra la casa de Isaac. Por tanto, así ha dicho Jehová…* (Am 7.16–17).

¿Por qué actuó así Amós y por qué no le tuvo miedo al representante de la religión establecida? Porque, como ya se ha señalado, teniendo conciencia de su llamado, sabía que su fuerza para la misión encomendada le venía de Aquel que lo había sacado de su trabajo habitual para convertirlo en su vocero autorizado; sabía que estaba en las manos de Dios, que Él lo guardaba y sostenía. ¿Tenemos la misma seguridad nosotros? ¿Denunciamos, sin hacer concesiones de ningún tipo, las distintas formas de injusticia institucionalizada que atropellan y despedazan impunemente la dignidad humana de los pobres y los oprimidos?

Finalmente, el mensaje de Amós fue un mensaje que enjuiciaba y denunciaba las acciones sociales y políticas injustas de los opresores y los explotadores, dentro y fuera de Israel. Esto está sumamente claro en las palabras que Amós pronunció, de parte de Dios, delante del sacerdote Amasías: *Tu mujer será ramera en medio de la ciudad, y tus hijos y tus hijas caerán a espada, y tu tierra será repartida por suertes; y tú morirás en tierra inmunda, e Israel será llevado cautivo lejos de su tierra* (Am 7.17). Años después, cuando Asiria derrotó al reino de Israel y capturó su capital Samaria entre los años 722–721 a. C., se cumplirían las palabras del profeta Amós con respecto a Amasías y su familia.

El profeta Amós no claudicó del encargo que había recibido de parte de Dios, no cedió ni un milímetro, incluso cuando rondaba sobre él el peligro de muerte. No aprovechó las «condiciones objetivas favorables» para venderse al poder de turno. No amordazó la palabra de Dios. No se amoldó al *statu quo* ni se convirtió en un legitimador religioso de las acciones sociales y políticas de los explotadores y los opresores. Apostó por el Dios de la Vida y sacó la cara por los pobres de la tierra.

Las lecciones para este tiempo

Hemos examinado en este artículo dos modelos distintos entre sí de religiosos en el espacio público, dos personajes con teologías completamente diferentes, dos vías por las cuales los religiosos se relacionan con el poder político. Uno de ellos somete a Dios a la ideología predominante, y el otro proclama la soberanía y la justicia de Dios. Uno opta por ser complaciente con el régimen de turno y el otro desacomoda a los acomodados del mundo. Uno se convierte en un instrumento servil al sistema y el otro resiste de manera no violenta a la violencia de los opresores y los explotadores. ¿De qué lado estamos nosotros? ¿Cuál de estos dos personajes describe mejor nuestra teología y nuestra conducta pública?

El sacerdote Amasías señala una ruta específica, y el profeta Amós, otra completamente distinta. Ambas rutas han marcado y jalonado el peregrinaje público de la religión y de los religiosos a lo largo de la historia. En ocasiones, siguiendo la vereda que transitó el sacerdote Amasías de Bet-el, la religión y los religiosos se convirtieron en instrumentos políticos de un Estado y de los gobernantes temporales, justificando y legitimando teológicamente todos sus atropellos. En otros momentos, siguiendo la calzada que caminó el profeta Amós, las minorías proféticas cambiaron el rumbo de la historia, defendiendo el derecho y la justicia; a pesar de los insultos, la persecución y las amenazas de muerte de los defensores del *statu quo*.

Así, una y otra vez en todos estos años, ambas rutas fueron dibujando el papel público de la religión y la conducta pública de los religiosos. ¿Qué ruta estamos siguiendo nosotros en nuestros contextos particulares de misión? ¿La del Dios de la Vida o la de las fuerzas de la muerte? ¿La del reino de Dios y su justicia o la del sistema predominante? ¿La de la defensa de los pobres y los oprimidos o de la defensa del *statu quo*? ¿La del derecho y la justicia o la de injusticia institucionalizada?

Bibliografía

Arias, Mortimer
1998 *Anunciando el Reinado de Dios: Evangelización integral desde la memoria de Jesús*. San José: Visión Mundial Internacional.

Arrastía, Cecilio
1980 *Itinerario de la pasión: Meditaciones para la Semana Santa*. El Paso (Texas): Casa Bautista de Publicaciones.

Barclay, William
1972 *Lucas. Volumen IV. El Nuevo Testamento comentado*. Buenos Aires: Editorial Aurora.
1973 *Cristo y nuestra época*. Nashville: TIDINGS.

Barton, C. S.
1992 «Child, children». En *Dictionary of Jesus and the Gospels*. Eds. Joel B. Green, Scot McKnight, Howard Marshall. Downers Grove-Leicester: InterVarsity Press. 100–104.

Bock, Darrell
1994 *Luke*. Downers Grove-Leicester: InterVarsity Press.

Bonhoeffer, Dietrich
1986 *El precio de la gracia: El seguimiento*. Salamanca: Ediciones Sígueme.

Brown R.E., Donfried K.P., Fitzmyer J.A., Reumann J.
1994 *María en el Nuevo Testamento: Una evaluación conjunta de estudiosos católicos y luteranos*. Salamanca: Ediciones Sígueme.

Bosch, David
1989 «Mission in Jesus way: A perspective from Luke´s Gospel». *Misionalia* 17: 1 (abril): 3–21.
2000 *Misión en transformación: Cambios de paradigma en la teología de la misión*. Grand Rapids: Libros Desafío.

Bruce, F. F.
1975 *El mensaje del Nuevo Testamento*. Buenos Aires: Ediciones Certeza.

Carroll, Stuhlmueller
1972 «Evangelio según San Lucas». En *Comentario bíblico San Jerónimo Tomo III Nuevo Testamento I*. Eds. Raymond Brown, Joseph Fitzmyer, Roland Murphy. Madrid: Ediciones Cristiandad. 295–420.

Cassidy, Richard
1978 *Jesus, Politics, and Society*. Maryknoll: Orbis Books.

Cook, Guillermo

    1989   *Profundidad en la evangelización: La comunicación del evangelio y el crecimiento integral de la iglesia en la perspectiva del reino de Dios.* Jenison: TELL.

    1992   «Ver, juzgar y actuar: La evangelización al estilo de Jesús en Juan 9». En *Misión en el camino: Ensayos en homenaje a Orlando E. Costas.* Samuel Escobar et. al. Buenos Aires: Fraternidad Teológica Latinoamericana: 95–101.

Cole, Alan

    1995   *Mark.* Leicester-Grand Rapids. InterVarsity Press-William B. Eerdmans.

Conzelmann, Hans

    1974   *El centro del tiempo: Estudio de la teología de Lucas.* Madrid: Ediciones Fax.

Costas, Orlando

    1982   «La misión como discipulado». *Boletín teológico* N.º 6 (marzo–abril): 45–59.

Craddock, Fred

    1990   *Luke.* Louis: John Knox Press.

Cullmann, Oscar

    1980   *Jesús y los revolucionarios de su tiempo.* Barcelona: Herder.

Daniélou, Jean

    1969   *Los evangelios de la infancia.* Barcelona: Editorial Herder.

Egido, Teófanes

    2001   «El Magníficat». En *Lutero: Obras.* Salamanca: Ediciones Sígueme. 176–204.

Escobar, Samuel

    1992   «Avancemos en la plenitud de la misión: un comentario latinoamericano sobre la misiología de San Pablo». En *Misión en el camino: Ensayos en homenaje a Orlando E. Costas.* Samuel Escobar et. al. Buenos Aires: Fraternidad Teológica Latinoamericana: 1–6.

    1999   *Tiempo de misión: América Latina y la misión cristiana hoy.* Santafé de Bogotá-Ciudad de Guatemala: Ediciones Clara Semilla.

Escudero, Carlos

    1978   *Devolver el evangelio a los pobres: A propósito de Lc 1–2.* Salamanca: Ediciones Sígueme.

Esler, Philip

    1987   *Community and Gospel in Luke-Acts: The Social and Political Motivations of Lukan Theology.* Cambridge: Cambridge University Press.

Feinberg, C. L.

    1991   «Sinagoga». En *Nuevo diccionario bíblico.* Eds. J. D. Douglas, N. Hillyer. Buenos Aires-Barcelona-Downers Grove: Ediciones Certeza. 1302–1304.

Fitzmyer, Joseph

    1981   *The Gospel According to Luke I–IX.* New York: The Anchor Bible.

1986   *El Evangelio según San Lucas: Introducción general.* Tomo I. Madrid: Ediciones Cristiandad.

Ford, Massyngbaerde. J.

1983   «Reconciliation and Forgiveness in Luke's Gospel. En *Political Issues in Luke-Acts*. Eds. Cassidy, Richard y Scharper, Philip. Maryknoll, New York: Orbis Books. 80–98.

1984   *My enemy is my guest: Jesus and violence in Luke.* Maryknoll (New York): Orbis Books.

France, R. T.

1994   *Matthew.* Leicester-Grand Rapids: InterVarsity Press-William B. Eerdmans.

Gnilka, Joachim

1992   *El Evangelio según San Marcos: Mr 1.1–8.26.* Vol. I. Salamanca: Ediciones Sígueme.

1993   *El Evangelio según San Marcos: Mr 8.27–16.20.* Vol. II. Salamanca: Ediciones Sígueme.

Gooding, David

1987   *According to Luke: A new exposition of the Third Gospel.* Leicester-Grand Rapids: InterVarsity Press-William B. Eerdmans.

Green, Joel

1997   *The Gospel of Luke. The new International Commentary on the New Testament.* Grand Rapids-Cambridge: William B. Eerdmans.

Grelot, Pierre

1987   *Los evangelios y la historia.* Barcelona: Editorial Herder.

Gutiérrez, Gustavo

1988a   *Teología de la liberación: Perspectivas.* Lima: Centro de Estudios y Publicaciones. 6ta. Edición.

1988b   «La primera declaración mesiánica». *Páginas* N.° 92 (agosto): 6–9.

1989   *El Dios de la Vida.* Lima: CEP.

Hendriksen, Guillermo

1987   *Comentario del Nuevo Testamento: Exposición del Evangelio según Marcos.* Grand Rapids: Subcomisión de Literatura Reformada.

1996   *El Evangelio según San Lucas.* Grand Rapids: Libros Desafío.

Hertig, Paul

1997   «The Galilee Theme in Matthew: Transforming Mission through Marginality». *Missiology: An International Review* Vol. XXV N.° 2 (abril): 155–163.

1998   «The Jubilee Mission of Jesus in the Gospel of Luke: Reversals of Fortunes». *Missiology. An International Review* Vol. XXVI N.° 2 (Abril): 167–179.

Jeremias, Joachim

1983   *Abba: El mensaje central del Nuevo Testamento.* Salamanca: Sígueme.

1986   *Las parábolas de Jesús.* Estella (Navarra): Editorial Verbo Divino.

Kane, J. P.
1991   «Capernaúm». En *Nuevo diccionario bíblico*. Eds. J. D. Douglas, N. Hillyer. Buenos Aires-Barcelona-Downers Grove: Ediciones Certeza. 221–223.

Kruger, René
1988   «El Magnificat de Lucas 1.46–55» En *Cuadernos de teología* Vol. IX No. 1 (Primer semestre): 77–83.

Laconi, Mauro
1987   *San Lucas y su iglesia*. Estella (Navarra): Editorial Verbo Divino.

López, Darío
2004   *La seducción del poder: Los evangélicos y la política en el Perú de los noventa*. Lima: Instituto de Ciencias Políticas, Investigación y Promoción del Desarrollo Nueva Humanidad.

Mackay, John
1957   *Prefacio a la teología cristiana*. México: Casa Unida de Publicaciones.
1964   «*…Mas yo os digo:*». México-Buenos Aires: Casa Unida de Publicaciones-Editorial La Aurora.

Marshall, Howard
1978   *The Gospel of Luke: A Commentary on the Greek Text*. Grand Rapids: The Paternoster Press-William B. Eerdmans Publishing Company.
1992   *Luke: Historian & Theologian*. Exeter: The Paternoster Press.

Míguez Bonino, José
1999   *Poder del evangelio y poder político: La participación de los evangélicos en la vida política en América Latina*. Buenos Aires: Ediciones Kairós.

Morris, Leon
1992   *The Gospel According to Mathew*. Grand Rapids-Leicester: William B. Eerdmand-InterVarsity Press.
1997   *Luke: An Introduction and Commentary*. Leicester-Grand Rapids: InterVarsity Press-William B. Eerdmans Publishing Company.

Moltmann, Jurgen
1993   *La dignidad humana*. Salamanca: Ediciones Sígueme.
1998   *El Espíritu de la vida: Una pneumatología integral*. Salamanca: Ediciones Sígueme.

Moule, C. F. D.
1977   *Mark. The Cambridge Bible Commentary on the New English Bible*. Cambridge: Cambridge University Press.

O' Toole, Robert F.
1983   «Luke's Position on Politics and Society in Luke-Acts». En *Political Issues in Luke-Acts*. Eds. Cassidy, Richard y Scharper, Philip. Maryknoll, New York: Orbis Books. 1–17.

Padilla, C. René
1975   «El evangelio de los pobres». *Certeza* N.º 60 (octubre–diciembre): 96–97.
1978   «Ser prójimo». *Certeza* N.º 69 (enero–marzo): 147–150.

1980   «Jesús y los pobres». *Certeza* N.º 77 (abril–junio): 151–156.

1986   *Misión integral: Ensayos sobre el Reino y la iglesia.* Grand Rapids-Buenos Aires: Nueva Creación.

Perkins, John

1988   *Justicia para todos.* Buenos Aires-Grand Rapids: Nueva Creación-William B. Eerdmans.

Pikaza, Xabier

1985   *Anunciar libertad a los cautivos: Palabra de Dios y catequesis.* Salamanca: Ediciones Sígueme.

Rigaux, Beda

1973   *Para una historia de Jesús: El testimonio del Evangelio de Lucas.* Bilbao: Descleé de Brouwer.

Richter, Ivoni

2003   «Lucas 1–2 bajo una perspectiva feminista: …y la salvación se hace cuerpo» *Revista de interpretación bíblica latinoamericana: Evangelio de Lucas* No. 44 (enero):32–52.

Rivera, Luis

2002   *Fe y cultura en Puerto Rico.* Quito: CLAI.

Ryan, Rosalie CSJ

1985   «The women from Galilee and discipleship in Luke». *Biblical Theology Bulletin* N.º 21 (abril): 56–59.

Saracco, Norberto

1982   «Las opciones liberadoras de Jesús». *Misión* N.º 3 (octubre-diciembre): 8–12.

Schottroff Luise, Stegemann Wolfgang

1981   *Jesús de Nazaret, Esperanza de los pobres.* Salamanca: Ediciones Sígueme.

Senior, Donald

1985   «Los fundamentos de la misión en el Nuevo Testamento». En *Biblia y misión: Fundamentos bíblicos de la misión.* Senior Donald, Carroll Stuhlmueller. Estella: Editorial Verbo Divino. 188–422.

Stam, Juan

1998   «La misión en el Apocalipsis». En *Bases bíblicas de la misión: Perspectivas latinoamericanas.* Ed. C. René Padilla. Buenos Aires-Grand Rapids: Nueva Creación-William B. Eerdmans Publishing Company. 351–380.

2004   *Profecía bíblica y misión de la iglesia.* Quito: CLAI Ediciones.

Steuernagel, Valdir

2006   *Hacer teología junto a María.* Buenos Aires: Ediciones Kairós.

Storkey, Alan

2005   *Jesus and Politics: Confronting the Powers.* Grand Rapids: Baker Academic.

Stott, John

1984   *Contracultura cristiana: El mensaje del sermón del monte.* Buenos Aires-Downers Grove: Ediciones Certeza.

1987   *La nueva humanidad: El mensaje de Efesios.* Buenos Aires-Downers Grove: Ediciones Certeza.

Strange, W. A.
   1996   *Children in the Early Church: Children in the ancient world, the New Testament, and the Early Church.* Carlisle: Paternoster Press.

Theissen, Gerd
   1976   *Sociología del movimiento de Jesús: el nacimiento del cristianismo primitivo.* Santander: Editorial Sal Terrae.

Von Allmen, Jean Jacques
   1973   *Vocabulario bíblico.* Madrid: Ediciones Marova S.L.

Wenham, David
   1989   *The parables of Jesus.* Downers Grove: InterVarsity Press.
   1995   «How Jesus understood the Last Supper: A parable in action». *Themelios* Vol. 20 N.º 2 (enero): 11–16.

Wright, Christopher
   2009   *La misión de Dios: descubriendo el gran mensaje de la Biblia.* Buenos Aires-Barcelona-La Paz-Lima: Certeza Unida.

Yoder, John
   1985   *Jesús y la realidad política.* Buenos Aires-Downers Grove: Ediciones Certeza.
   1992a   *Reinos en conflicto… Jesús: Autoridad, poder y no violencia.* Ciudad de Guatemala: Ediciones Semilla-Clara.
   1992b   «Retirada y diáspora: Las dos caras de la liberación». En *Al servicio del Reino: Compendio de artículos de autores no latinoamericanos sobre la misión integral de la iglesia.* Eds. Manfred Grellert, Bryant Myers, Thomas McAlpine. 127–139.